农村金融创新团队系列丛书

农村信用社产权改革效果研究

——以陕西省为例

张珩 著

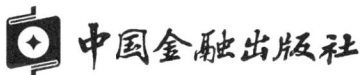
中国金融出版社

责任编辑:张怡姮
责任校对:孙 蕊
责任印制:程 颖

图书在版编目(CIP)数据

农村信用社产权改革效果研究(Nongcun Xinyongshe Chanquan Gaige Xiaoguo Yanjiu)——以陕西省为例/张珩著. —北京:中国金融出版社,2017.8

(农村金融创新团队系列丛书)

ISBN 978-7-5049-9091-4

Ⅰ.①农… Ⅱ.①张… Ⅲ.①农村信用社—金融改革—研究—陕西 Ⅳ.①F832.741

中国版本图书馆 CIP 数据核字(2017)第 162176 号

出版 中国金融出版社
发行
社址 北京市丰台区益泽路 2 号
市场开发部 (010)63266347,63805472,63439533(传真)
网上书店 http://www.chinafph.com
　　　　　(010)63286832,63365686(传真)
读者服务部 (010)66070833,62568380
邮编 100071
经销 新华书店
印刷 北京市松源印刷有限公司
尺寸 169 毫米×239 毫米
印张 13.25
字数 196 千
版次 2017 年 8 月第 1 版
印次 2017 年 8 月第 1 次印刷
定价 46.00 元
ISBN 978-7-5049-9091-4
如出现印装错误本社负责调换 联系电话 (010)63263947

农村金融创新团队系列丛书编委会

名誉主任：韩 俊

编委会主任：罗剑朝

编委会委员：（按姓氏笔画为序）

马九杰　王　静　王志彬　王青锋
王曙光　孔　荣　史清华　吕德宏
刘亚相　祁绍斌　孙宗宽　李　林
杨立社　杨俊凯　何广文　罗剑朝
姜长云　姜宝军　胡文莲　赵永军
贾金荣　高　波　郭新明　黄　河
霍学喜

序言一

农村金融是农村经济发展的"润滑剂",农村金融市场是农村市场体系的核心。党和国家历来重视农村金融发展,党的十八届三中全会明确提出了扩大金融业对内对外开放,在加强监管的前提下,允许具备条件的民间资本依法发起设立中小型银行等金融机构,进一步发展普惠金融,鼓励金融创新,丰富农村金融市场层次和产品,同时赋予农民对承包地占有、使用、收益、流转及承包经营权抵押、担保权能,为下一步农村金融改革指明了方向。2004—2014年连续11个中央"一号文件"从不同角度提出了加快农村金融改革、完善农村金融服务、推动农村金融制度创新,这些农村金融改革创新的政策、决定对建立现代农村金融市场体系、完善农村金融服务、提升农村金融市场效率起到了积极的推动作用。但是,当前农村金融发展现状距离发展现代农业、建设社会主义新农村和全面建成小康社会的目标要求仍有较大差距,突出表现在:农村金融有效供给不足且资金外流严重、农村金融需求抑制、市场竞争不充分、市场效率低下、担保抵押物缺乏等,农村金融无法有效满足当前农村发展、农业增产和农民增收的现实需要。进一步推动农村金融改革、缓解农村金融抑制、加快农村金融深化、鼓励农村金融创新以及提升农村金融服务效率,任重道远。

根据世界各国经济发展的经验,在城市化进程中,伴随着各类生产要素不断向城市和非农产业的流动,农村和农业必然会发生深刻的变化。改革开放以来,中国经济取得了举世瞩目的成就,农村经济体制改革极大地调动了亿万农民的积极性,经济活力显著增强。经济快速发展的同时,城乡发展不平衡、城乡收入差距扩大、农村经济落后等问题也日渐凸显,"三农"问题则是对这些突出矛盾的集中概括。"三农"问题事关国家的发展、安全、稳定和综合国力的提升,历来是党和政府工作的重中之重。金融是现代经济的核心,农村金融发展对农村经济发展至关重要,解决"三农"问题离不开农村金融支持。由于中国农村金融不合理的制度安排,农村金融抑制现象严重,农村金融与农村经济并未形成互动共生、协调发展的局面，农村金融资源配置功能并未真正得到发挥，滞后的农村金融在一定程度上抑制了农村经济的发展。

1978年改革开放至今，农村金融改革的步伐不断加快，经历了农村金融市场组织的多元化和竞争状态的初步形成、分工协作的农村金融体系框架构建、农村信用社主体地位的形成，以及探索试点开放农村金融市场的增量改革四个阶段。农村金融改革取得初步成效，多层次、多元化、广覆盖的农村金融体系基本形成，农村金融供求矛盾逐步缓解，农村金融服务水平显著提高，农村金融机构的经营效率明显提升，农村信用环境得到有效改善。然而，农村金融仍然是农村经济体系中最为薄弱的环节，资金约束仍然是制约现代农业发展和新农村建设的主要的"瓶颈"。在统筹城乡发展、加快建设社会主义新农村以及推进现代农业发展的大背景下，农村金融如何适应农村及农业环境的快速变化、如何形成"多层次、广覆盖、可持续"的农村金融体系、如何破解农村"抵押难、担保难、贷款难"的困境，推动农村金融更好地为农村经济发展服务，让改革的红利惠及6.5亿农民，依然是需要研究和解决的重大课题。

可喜的是，在西北农林科技大学，以罗剑朝教授为带头人的科研创新团队，2011年12月以"西部地区农村金融市场配置效率、供求均衡与产权抵押融资模式研究"为主攻方向，申报并获批教育部"长江学者和创新团队发展计划"创新团队项目（项目编号：IRT 1176）。近3年来，该团队紧紧围绕农村金融这一主题，对农村金融领域的相关问题进行长期、深入调查和分析，先后奔赴陕西、宁夏等地开展实地调研10余次，实地调查农户5 000余户、涉农企业500余家，走访各类农村金融机构50余家，获得了大量的实地调研数据和第一手材料。同时，还与中国人民银行西安分行、中国人民银行宁夏分行、陕西农村信用社联合社、杨凌示范区金融工作办公室、杨凌示范区农村商业银行、高陵县农村产权交易中心等机构签订了合作协议，目前已拥有杨凌、高陵和宁夏同心、平罗4个农村金融研究固定观察点。针对调查数据和资料，该团队对西部地区农村金融问题展开了系统深入的研究，通过对西部地区农村金融市场开放度与配置效率评价、金融市场供求均衡、农村产权抵押融资试验模式等的研究，提出以农村产权抵押融资、产业链融资为突破口的农村金融工具与金融模式的创新方案，进而形成"可复制、易推广、广覆盖"的现代农村金融体系，能够为提高农村金融市场配置效率及农村金融改革政策的制定和实施提供依据。本项目调查研究取得了比较丰硕的科研成果,其中一部分纳入本套系列丛书以专著的形式出版。虽然其中的部分观点可能还有待探讨和商榷,但作者敏锐的观察视角、务实的研究作风、扎实的逻辑推导、可靠的数据基础,使得研究成果极具原创性和启发性,这些成果的出版,必然会对深刻认识农村金融现实、把握农村金融的运作规律提供有益的依据参考和借鉴。

实现全面建成小康社会的宏伟目标,最繁重、最艰巨的任务在农村。要解决农村发展问题,需要一大批学者投入到农村问题的研究当中,以"忧劳兴国"的精神深入农村,深刻观察和认识农村,以创新的思维发现和分析农村经济发展中的问题,把握农村经济发展的规律,揭示农业、农村、农民问题的真谛,以扎实的研究结论为决策部门提供参考,积极推动农村经济又好又快发展,以不辱时代赋予的历史使命。

我相信,此套农村金融创新团队系列丛书的出版,对于完善西部地区农村金融体系、提高西部地区农村金融市场配置效率、推动西部地区农村经济社会发展具有重要意义。同时我也期待此套丛书的出版,能够引起相关政策的制定者、研究者和实践者对西部地区农村金融及农村金融改革问题的关注、积极参与和探索,共同推进西部地区农村金融改革的创新和金融市场配置效率的提高。

是为序。

中央财经领导小组办公室副主任、研究员 韩俊

二〇一五年三月二十六日

序言二

金融是现代经济的核心，农村金融是现代金融体系的重要组成部分，是中国农业现代化的关键。当前，我国人均国民生产总值（GDP）已超过4 000美元，总量超过日本，成为世界第二大经济体。如何在新的发展阶段特别是在工业化、信息化、城镇化深入发展中同步推进农业现代化，构建起由市场配置各种要素、公共资源均衡覆盖、经济社会协调发展的新型工农关系、城乡关系，破解推进农业现代化的金融难题和资金"瓶颈"，是实现"中国梦"绕不过去的难题。

改革开放以来，党中央、国务院先后制定并出台了一系列促进农业和农村发展的政策与文件，在农村金融领域进行了深入的探索，特别是党的十八大、十八届三中全会提出"完善金融市场体系""发展普惠金融""赋予农民对承包地占有、使用、收益、流转及承包经营权抵押、担保权能"，农村金融产品与服务方式创新变化，农户和农村中小企业金融满足度逐步提高，农村金融引领和推动农村经济社会发展的新格局正在形成。但是，客观地说，农村信贷约束，资金外流，农村金融供给与需求不相适应、不匹配等问题依然存在，高效率的农村资本形成机制还没有形成，农村金融与农村经济良性互动发展的新机制尚待建立，农村金融依然是我国经济社会发展的一块短板，主要表现在以下几个方面：

1. 金融需求不满足与资金外流并存。据调查，农户从正规金融机构获得的信贷服务占30%左右，农村中小企业贷款满足度不到10%。同时，在中西部地区，县域金融机构存贷差较大，资金外流估计在15%~20%。农村资金并未得到有效利用，农村金融促进储蓄有效转化为投资的内生机制并没有形成。

2. 农村金融需求具有层次性、差异性与动态性，不同类型农户和中小企业金融需求存在不同，多层次的农村金融机构与农村金融需求主体供求对接的有效机制尚待形成。农户资金需求具有生产性、生活性并重且以生活性为主的特点，农村中小企业多属小规模民营企业，对小额信贷需求强烈，加之都没有符合金融机构要求的抵（质）押品，正规金融服务"断层"现象依然存在。

3. 农村金融市场供求结构性矛盾突出，市场垄断、过度竞争与供给不足同时并存。从供给角度看，农村金融的供给主体以农业银行、农村信用社、邮储银行等正规金融为主，其基本特征是资金的机会成本较高、管理规范，要求的担保条件比较严格；从需求的角度看，农村金融需求主体的收入、资产水平较低，借贷所能产生的利润水平不高，且其金融交易的信息不足。尽管存在着借款意愿和贷款供给，但供求双方的交易却很难达成，金融交易水平较低。因此，要消除这种结构性供求失衡，就要充分考虑不同供给与需求主体的特点及它们之间达成交易可能性，采取更加积极的宏观政策与规范，建立多层次、全方位、高效率、供求均衡的现代农村金融体系。

必须改变用城市金融推动农村金融的理念和做法，以及单方面强调金融机构的调整、重组和监管的政策，从全方位满足"三农"金融需求和充分发挥农村金融功能的视角，建立农村金融供求均衡的、竞争与合作有效耦合的现代农村金融体系。按照农村金融供求均衡理念，对农村金融机构服务"三农"和农村中小企业做适当市场细分，实现四个"有效对接"，推进农村金融均衡发展。

第一，实现正规金融供给与农业产业化龙头企业金融需求的有效对接。由于农村正规金融机构的商业信贷供给与农业产业化龙头企业的金融需求相适应，正规金融机构的商业信贷交易费用较高，交易规模较大，客户不能过于分散，担保条件要求严格，而龙头企业在很大程度上已参与到了城市经济的市场分工中，在利润水平及担保资格都能够符合正规金融机构要求的情况下，有些企业甚至能够得到政府的隐性担保，加之建立有相对完善的会计信息系统，能够提供其经营状况的财务信息，信贷信息不对称现象也能有所缓解，因此，二者具有相互对接的可行性。尽管农村正规金融发展存在诸多问题，但从其本身特点以及龙头企业发展角度看，实现正规金融供给与龙头企业金融需求对接具有必然性。所以，中国农业银行应定位为农村高端商业银行，在坚持商业化经营的前提下，加大对农业产业化龙头企业的支持力度，主要满足大规模的资金需求。通过政策引导，把农业银行在农村吸收的存款拿出一定比例用于农业信贷，把农业银行办成全面支持农业和农村经济发展的综合性银行。

第二，实现正规中小金融机构的信贷供给与市场型农户、乡镇企业、中小型民营企业金融需求的有效对接。由于正规中小型金融机构的小额信贷与市场型农户、乡镇企业、中小型民营企业的金融需求相应，市场型农户、乡镇企业、中小型民营企业的金融需求主要用于扩大再生产，所需要的资金数额相对较大，借贷风险较大，不易从非正规金融机构获得贷款；由于其自身在资产水平存在的有限性，它们不能像龙头企业那样，从正规金融机构获得商业贷款。而正规中小型金融机构，尤其是农村商业银行、农村合作银行、村镇银行等，相对于大银行，在成本控制上存在较大优势，而且较易了解市场型农户、乡镇企业、中小型民营企业的生产经营状况，可根据其还款的信誉状况来控制贷款额度，降低金融风险；中小型金融机构倾向于通过市场交易过程，发放面向中小企业的贷款，按市场利率取得更高收益，市场型农户、乡镇企业、中小型民营企业是以市场为导向的，接受市场利率，也倾向于通过市场交易过程获得贷款，二者之间交易易于达成。另外，正规中小金融机构具有一定优势：其资金"取之当地、用之当地"；员工是融入到社区生活的成员，熟悉本地客户；组织架构灵活简单，能有效解决信息不对称问题；贷款方式以"零售"为主，成本低廉、创新速度快；决策灵活，能更好地提供金融服务，二者之间实现金融交易对接具有必然性。目前，农村正规中小型金融机构发展较为迅速，应继续鼓励和引导农村商业银行、农村合作银行、村镇银行发展，构建起民营的、独资的、合伙的、外资的正规中小型金融机构，大力开展涉农金融业务。

第三，实现正规金融、非正规金融机构的小额信贷供给与温饱型农户金融需求的有效对接。农村小额信贷，主要指农村信用合作社等正规金融机构、非正规金融机构提供的农户小额信贷，是以农户的信誉状况为依据，在核定的期限内向农户发放的无抵押或少抵押担保的贷款。正规金融机构、非正规金融机构的小额信贷供给与温饱型农户金融需求相应，它们之间的交易对接具有充分的可行性。目前，温饱型农户占整个农户的40%~50%，他们的借贷需求并不高，还贷能力较强，二者之间的信贷交易易于达成。农信社和其他非正规金融机构的比较优势决定其生存空间在农村，从国外银行业的发展情况看，即使服务于弱势群体，也有盈利和发展空间。农信社应牢固树立服务"三农"的宗旨，通过建立良好的公司治理机制、科学的内部激励机制，切实发挥农村金融主力军作用；适应农村温饱型农户金融需求的特点，建立和完善以信用为基础的信贷交易机制，提高农户贷款覆盖面；通过农户小额信贷、联户贷款等方式，不断增加对温饱型农户的信贷支持力度。当前，农户小额信贷存在的问题主要有：资金缺口大、贷款使用方向单一、贷款期限无法适应农业生产周期的需要、小额信贷额度低等。针对这些问题，应采取措施逐步扩大无抵押贷款和联保贷款业务；尝试打破农户小额信贷期限管理的限制，合理确定贷款期限；尝试分等级确定农户的授信额度，适当提高贷款额；拓展农信社小额信贷的领域，由单纯的农业生产扩大到农户的生产、生活、消费、养殖、加工、运输、助学等方面，扩大到农村工业、建筑业、餐饮业、娱乐业等领域。

第四，实现非正规金融机构的小额信贷与温饱型、贫困型农户金融需求的有效对接。民间自由借贷的机会成本相对较低，加上共有的社区信息、共同的价值观、生产交易等社会关系，且可接受的担保物品种类灵活，甚至担保品市场价值不高也能够较好地制约违约，与温饱型、贫困型农户信贷交易易于达成，实现二者之间的有效对接具有必然性。发达地区的非正规金融，其交易规模较大、参与者组织化程度较高，以专业放贷组织和广大民营企业为主，交易方式规范，具备良好的契约信用，对这类非正规金融可予以合法化，使其交易、信用关系及产权形式等非正式制度得到法律的认可和保护，并使其成为农村金融市场的重要参与者和竞争者；欠发达地区的非正规金融，其规模较小、参与者大多是分散的温饱型、贫困型农户，资金主要用于农户生产和生活需要，对此类非正规金融应给予鼓励和合理引导，防止其转化成"高利贷"。同时，积极发展小规模的资金互助组织，通过社员入股方式把资金集中起来实行互助，可以有效解决农民短期融资困难。应鼓励和允许条件成熟的地方通过吸引民间资本、社会资本、外资发展民间借贷，使其在法律框架内开展小额信贷金融服务。

总之，由于商业金融在很大程度上不能完全适应农村发展的实际需求，上述市场细分和四个"有效对接"在不同地区可实现不同形式组合，不同对接之间也可实现适当组合，哪种对接多一点、哪种对接少一点，可根据情况区别对待，其判断标准是以金融资本效率为先，有效率的"有效对接"就优先发展。

为了实现以上四个"有效对接"，还必须采取以下配套政策：一是建立新型农村贷款抵押担保机制，分担农业信贷风险。在全面总结农户联保、小组担保、担保公司代为担保等成功经验的基础上，积极探索农村土地使用权抵押担保、农业生物资产（包括农作物收获权、动物活体等）、农业知识产权和专利、大型农业设施、设备抵押担保等新型农村贷款抵押担保方式，降低农贷抵押担保限制性门槛，鼓励引导商业担保机构开展农村抵押担保业务。二是深化政策性金融改革，引导农业发展银行将更多资金投向农村基础设施领域。通过发行农业金融债券、建立农业发展基金、进行境外融资等途径，拓展农业发展银行资金来源，统一国家支农资金的管理，增加农业政策性贷款种类，把农业政策性金融机构办成真正的服务农村基础设施等公共物品、准公共物品投融资的银行。三是建立政府主导的政策性农业保险制度。运用政府和市场相结合的方式，制定统一的农业保险制度框架，允许各种符合资格的保险机构在总框架中经营农业保险和再保险业务，并给予适当财政补贴和税收优惠。四是加强农村金融立法，完善农村金融法律和监管制度。目前，农村金融发展法律体系滞后，亟须加以完善。建议在《中华人民共和国公司法》《中华人民共和国商业银行法》中增加农村金融准入条款，制定《民间借贷法》，将暗流涌动的农村民间金融纳入法制化轨道。适当修改《中华人民共和国银行业监督管理法》，鼓励农村金融机构充分竞争，防范农村金融风险；以法律形式明晰农业银行支农责任，督促其履行法定义务，确认其正当要求权；明确农业发展银行开展商业性金融业务范围，拓展农村基础设施业务，以法律形式分别规制其商业性、政策性业务，对政策性业务进行补贴；限制邮储银行高昂的利率浮动，加强对其利率执行情况的监督、检查力度。制定《金融机构破产法》，建立农村金融市场退出机制，形成公平、公正的农村金融市场竞争环境。制定《农村合作金融法》，规范农村合作金融机构性质、治理结构、监管办法，促进农村信用社等农村合作金融机构规范运行。

教育部2011年度"长江学者和创新团队发展计划"
创新团队（IRT 1176）带头人
西北农林科技大学经管学院教授、博士生导师
西北农林科技大学农村金融研究所所长

二〇一五年三月二十八日

前　言

长期以来，中国农村信用社作为农村金融市场中的正规金融机构之一，对解决农村贷款难、农民增收慢、农业现代化发展等农村现实问题发挥了重要作用。2003年国务院印发了《深化农村信用社改革试点方案》（国发〔2003〕15号），要求按照"明晰产权关系、强化约束机制、增强服务功能、国家适当支持、地方政府负责"的原则对农村信用社进行改革，自此，以积极推进股份制改革为核心内容的新一轮农村信用社改革正式揭开序幕。从2003年改革至今，不难发现，此次改革成效显著，是农村金融体制改革的一项"破冰"之举，对推动农村信用社转型与可持续发展具有标志性价值。与此同时，学术界对农村信用社产权改革效果如何进行有效分析一直争论不休。因此，构建科学的理论分析框架，对农村信用社改革的实施效果进行分析，显得尤为重要。

作为首批深化改革试点省份之一，陕西省农信社经过10多年发展，总体势头较好，经营实力逐步提高，均高于全国平均水平，改革成效较为明显。鉴于此，本书以陕西省农村信用社为例，在构建农村信用社产权改革效果理论分析框架的基础上，归纳总结了农村信用社发展历程、发展现状和存在问题，并从总体生产效率变化及收敛性、内部资本充足率和外部普惠金融服务水平三个维度综合分析改革效果，同时设计提出具有可操作性和前瞻性，且符合陕西省地方特色的农村信用社改革的总体战略方案构想与对策建议。这些研究不仅是当前迫切需要解决的重大问题，也是学术界对农村信用社改革相呼应的前沿问题之一，具有重要的理论价值与现实意义。

按照上述逻辑关系，本书研究结论如下：

第一，在分析产权改革与农村信用社总体生产效率变化及收敛方面，发现考察期内陕西省农村信用社总体上保持着静态效率提升与动态全要素生产率增长态势，但生产效率水平并不高，静态生产效率和动态GML指数年均值分别为0.600和1.071。不同地区和不同产权组织形式农村信用社静态效率与动态生产率表现出不同特征。不同地区中，一级法人农村信用社动态生产率增长最快，但静态效率却出现严重异化，说明深化改革应因地制宜，切忌"一刀切"；不同产权组织形式中，一级法人农村信用社静态效率低于农合行和农商行，但动态生产率增长最快，"追赶效应"明显；此外，陕西省农村信用社生产效率表现出显著的收敛性特征，随着时间的推移，不同地区和不同产权组织形式农村信用社生产效率差异逐步缩小，产权改革对农村信用社效率的影响呈倒 U 形变化趋势，并出现相对停滞状态，需引起关注。

第二，在分析产权改革与农村信用社内部资本充足率变化方面，发现考察期内一级法人农村信用社的改制对提升资本充足率有显著影响，农村信用社产权改革显著降低了农村合作银行资本充足率水平，但对农村商业银行作用不明显，说明农村合作银行产权体制具有明显的过渡性特征，农村商业银行改革的滞后效果还有待关注。从时间和地区的影响结果发现，虽然农村信用社产权改革有效改善了其资产质量与资本充足性，但影响效果已呈现出明显的弱化趋势。这主要来自于中央政府的政策性补偿和地方政府的资金捐赠等外部政策影响，而不是自身产权组织形式的变化。随着内外部环境的变化，农村信用社发展依然存在诸多困难。政府主导的农村信用社产权改革已取得明显效果，但仅仅是局部受益，而非全部受益。

第三，在分析产权改革与农村信用社外部普惠金融服务水平方面，从普惠渗透度、使用度、效用度与承受度四个维度构建农村信用社普惠金融服务水平评价指标体系，运用 Cov – AHP 方法确定各指标权重，并借助 Oaxaca – Blinder 分解方法，深入探讨了不同地区和不同产权组织形式农村信用社普惠金融服务水平差异的主要原因。分析发现：中间业务交易金额与当地生产总值之比、农户拥有农信社银行卡数量、存款加权利率水平和贷款加权利率水平是提高农村信用社普惠金融服务水平最重要的四个指标；陕西省农村信用社普惠金融总体服务水平较低，年均值仅为 0.196，不同地区和不同产权组织形式农村信用社提供普惠金融服务水平差异较大，并呈现出分化格局；投资环境、产业结构、竞争环境、政府财政支出和城乡收入差距对农村信用社普惠金融服务总体水平有显著影响。

第四，提出深化陕西省农村信用社改革的金融控股集团化模式战略、多元化经营战略、资本运营战略和区域协同战略等总体战略方案设计，并提出加快省联社管理体制改革;提高农村信用社资本聚集能力;提高农村信用社普惠金融产品与服务渗透度;建立政府诱导型市场改革机制和政策体系;加大农村金融市场开放力度;实行差异的去"内卷化"监管制度;加快农村金融法律法规的修订;优化农村金融生态环境等促进陕西省农村信用社改革方案实施的对策建议。

目 录

第一章 绪论/001

1.1 研究背景/001
  1.1.1 现实背景/001
  1.1.2 理论背景/006

1.2 研究目的与意义/006
  1.2.1 研究目的/006
  1.2.2 研究意义/007

1.3 国内外研究动态/008
  1.3.1 国外研究动态/008
  1.3.2 国外研究动态评述/011
  1.3.3 国内研究动态/011
  1.3.4 国内研究动态评述/016
  1.3.5 研究发展动态分析/016

1.4 研究思路与内容、拟解决关键问题与研究方法/017
  1.4.1 研究思路与内容/017
  1.4.2 拟解决的关键科学问题/019
  1.4.3 研究方法/020

1.5 研究数据的使用说明/021
  1.5.1 数据来源/021
  1.5.2 时间范围/021
  1.5.3 研究区域/022

1.6 本书的可能创新之处/023

第二章 农村信用社产权改革效果理论基础/025

2.1 相关概念界定/025
    2.1.1 产权及农村信用社产权内涵的界定/025
    2.1.2 产权改革及农村信用社产权改革内涵的界定/027
    2.1.3 农村信用社产权改革效果内涵的界定/027

2.2 农村信用社产权改革的理论依据/030
    2.2.1 农村信用社产权改革与制度变迁理论/030
    2.2.2 农村信用社产权改革与金融产业组织理论/031
    2.2.3 农村信用社产权改革与农村金融发展理论/032
    2.2.4 农村信用社产权改革与业绩评价理论/033

2.3 农村信用社产权改革的理论模式/034
    2.3.1 合作制/035
    2.3.2 股份合作制/036
    2.3.3 股份制/036

2.4 农村信用社产权改革效果的分析维度、影响机理和理论框架/039
    2.4.1 农村信用社产权改革效果的分析维度/039
    2.4.2 农村信用社产权改革效果的影响机理分析/040
    2.4.3 农村信用社产权改革效果的理论框架/044

2.5 本章小结/045

第三章 陕西省农村信用社发展历程、现状与存在问题/046

3.1 农村信用社发展历程/046
    3.1.1 创立与普及阶段/046
    3.1.2 事业曲折阶段/047
    3.1.3 初步改革阶段/048
    3.1.4 改革过渡阶段/049
    3.1.5 深化改革阶段/050

3.2 农村信用社发展路径分析/052

目 录

  3.2.1 政府主导的强制性变迁路径/052
  3.2.2 渐进式推进的变迁路径/052
  3.2.3 逐步多元化的变迁路径/053
 3.3 陕西省农村信用社发展现状分析/053
  3.3.1 存贷款规模分析/053
  3.3.2 财务可持续状况分析/055
  3.3.3 "三农"金融服务状况分析/057
 3.4 陕西省农村信用社产权改革中存在的问题分析/059
  3.4.1 管理体制不顺/059
  3.4.2 经营管理能力低下/060
  3.4.3 金融产品与服务创新能力不足/061
  3.4.4 过于注重产权组织形式导致改革呈现"一刀切"
     倾向/062
  3.4.5 政府"过度干预"农村信用社改革及功能定位/063
  3.4.6 农村金融市场缺乏功能上的竞争机制/064
  3.4.7 农村金融监管体系与法律制度不健全/065
  3.4.8 农村金融生态环境有待进一步优化/066
 3.5 本章小结/067

第四章　产权改革与陕西省农村信用社生产效率变化及收敛性实证分析/069

 4.1 农村信用社生产效率变化分析/069
  4.1.1 农村信用社生产效率评价的指标选取/069
  4.1.2 农村信用社生产效率评价的模型构建/071
  4.1.3 农村信用社静态效率的实证分析/074
  4.1.4 农村信用社动态生产效率的实证分析/079
 4.2 产权改革对生产效率的影响分析/084
  4.2.1 产权改革对生产效率影响的指标选取/084
  4.2.2 产权改革对生产效率影响的模型构建/085

4.2.3 产权改革对生产效率影响的实证分析/086
4.3 生产效率的收敛性分析/088
　4.3.1 生产效率收敛的指标选取/088
　4.3.2 生产效率收敛的模型构建/090
　4.3.3 生产效率收敛的实证分析/091
4.4 本章小结/095

第五章　产权改革与陕西省农村信用社资本充足率变化实证分析/097

5.1 农村信用社产权改革对其资本充足率影响的指标选取/097
5.2 农村信用社资本充足率演变趋势分析/100
　5.2.1 分产权组织形式分析/100
　5.2.2 实际变化路径分析/101
　5.2.3 时间演进趋势分析/103
　5.2.4 分地区分析/106
5.3 农村信用社产权改革对资本充足率影响的模型构建/108
　5.3.1 计量模型的构建/108
　5.3.2 模型设定的进一步说明/109
5.4 农村信用社产权改革对资本充足率影响的实证分析/110
　5.4.1 产权改革对资本充足率影响的实证分析/112
　5.4.2 资本充足率影响因素的实证分析/114
　5.4.3 时间和地区差异进一步影响的实证分析/115
5.5 本章小结/119

第六章　产权改革与陕西省农村信用社普惠金融服务水平变化实证分析/120

6.1 农村信用社普惠金融服务水平分析/120
　6.1.1 普惠金融服务水平的指标体系构建/120

6.1.2 普惠金融服务水平评价指标权重的确定/122
6.1.3 普惠金融服务水平的实证分析/126
6.2 农村信用社产权改革对普惠金融服务水平的影响分析/129
6.2.1 产权改革对普惠金融服务水平影响的理论分析/129
6.2.2 产权改革对普惠金融服务水平影响的模型构建/131
6.2.3 产权改革对普惠金融服务水平影响的实证分析/131
6.3 农村信用社普惠金融服务水平影响因素及差异性分析/133
6.3.1 普惠金融服务水平影响因素的指标选取/133
6.3.2 普惠金融服务水平影响因素的模型构建/134
6.3.3 普惠金融服务水平影响因素的实证分析/135
6.4 本章小结/139

第七章 深化陕西省农村信用社改革的总体战略方案构想/141

7.1 深化陕西省农村信用社改革的基本原则/141
7.1.1 坚持立足服务"三农"原则/141
7.1.2 坚持政企分开原则/141
7.1.3 坚持市场化发展原则/142
7.1.4 坚持政策扶持原则/142
7.1.5 坚持分类指导与因地制宜原则/142
7.2 深化陕西省农村信用社改革的总体战略方案设计/143
7.2.1 深化陕西省农村信用社改革的金融控股集团化模式战略/143
7.2.2 深化陕西省农村信用社改革的多元化经营战略/146
7.2.3 深化陕西省农村信用社改革的资本运营战略/148
7.2.4 深化陕西省农村信用社改革的区域协同战略/149
7.3 本章小结/150

第八章 促进陕西省农村信用社改革方案实施的政策建议与对策/152

8.1　加快省联社体制改革/152
8.2　提高农村信用社资本聚集能力/153
8.3　提高农村信用社普惠金融产品与服务渗透度/154
　　8.3.1　鼓励多元化的普惠金融产品创新/154
　　8.3.2　稳妥发展农村金融新型服务模式/155
8.4　建立政府诱导型市场改革机制和政策体系/155
8.5　加大农村金融市场开放力度/156
　　8.5.1　激活农村金融市场竞争机制/157
　　8.5.2　建立农村信用社重组及退出机制/158
8.6　实行差异的去"内卷化"监管制度/158
8.7　加快农村金融法律法规的修订/159
8.8　优化农村金融生态环境/160
　　8.8.1　完善农村信用体系/160
　　8.8.2　夯实农村金融基础设施/161
　　8.8.3　打造农村成熟金融生态/161
8.9　本章小结/162

◎ 结束语/163

◎ 参考文献/166

◎ 后记/181

第一章　绪　　论

解决农村金融供求失衡，促进农村经济快速发展，有赖于建立完整高效、功能齐全的农村金融市场体系。作为农村金融市场的主力军，农村信用社长期扎根县域、立足"三农"，对有效解决"三农"金融问题发挥着重要作用。2003年8月，国务院印发了《深化农村信用社改革试点方案》，要求按照"明晰产权关系、强化约束机制、增强服务功能、国家适当支持、地方政府负责"的原则对农村信用社进行改革，不仅有效推动了农村信用社可持续发展，也对促进中国农村金融的改革具有重要意义。然而，在经济较为落后的陕西省，农村信用社管理体制不顺、产权不明晰、公司治理不完善、金融创新不足等问题依然存在，严重制约了农村信用社改革的步伐。此外，农村金融市场体系不健全、政府过度干预农村信用社改革、农村信用社所处的金融生态环境十分脆弱等问题也是当前影响农村信用社发展的主要因素。因此，在当前背景下，本书选择以陕西省农村信用社为代表，研究其产权改革效果，并在阐述研究陕西省农村信用社产权改革效果的目的和意义、国内外研究动态的基础上，对研究内容、技术路线、拟解决的关键科学问题和可能的创新之处进行了诠释。

1.1　研究背景

1.1.1　现实背景

改革开放以来，我国第一产业生产总值平均每年以12.18%的速度增长，为农村经济的发展创造了举世瞩目的"经济奇迹"。毫无疑问，作为联系农民的金融枢纽和农村金融的主力军，我国农村信用社（简称农信社，下同）对这一奇迹做出了巨大贡献。然而，农信社也在这一过程中经历了曲折而又漫长的发展历程，其改革成效并不尽如人意。2003年8月，国务院印发了《深化农村信用社改革试点方案》（国发〔2008〕

15号),要求按照"明晰产权关系、强化约束机制、增强服务功能、国家适当支持、地方政府负责"的原则对农信社进行改革,自此,以积极推进股份制改革为核心内容的新一轮农信社改革揭开序幕。于是,重庆、江苏、贵州、吉林、山东、陕西等首批农信社深化改革地区陆续成立了省级农村信用社联合社(简称省联社),负责管理农信社[①]。同时,各省级政府根据当地农信社实际发展情况,按照"因地制宜、分类指导"原则分别对农信社实施股份制、股份合作制、合作制等多种产权改革,组建起了一级法人农村信用社(简称一级法人农信社)、农村合作银行(简称农合行)、农村商业银行(简称农商行)等多种产权组织形式,并在产权明晰的基础上构建有效的公司治理体系,改善农信社内部管理与服务水平。此外,中央政府针对资产质量差、经营困难和潜在风险较大的农信社,采用专项票据、专项贷款等政策工具,核销不良资产,化解历史包袱,提高资产质量。回顾这10年来改革历程,不难发现,此次改革成效显著,是农村金融体制改革的一项"破冰"之举,对推动农信社转型与可持续发展具有标志性价值。

与此同时,对农信社产权改革效果如何进行科学有效的分析,学术界和金融实践部门自改革以来一直未曾停止过。谢平等(2006)、宋磊(2007)、褚保金(2007)、王俊芹(2010)、谢志忠(2011)、黄惠春(2014)等认为通过财务数据分析农信社的效率变化能直观反映农信社产权改革效果;张振海(2011)、王文莉(2013)、师荣蓉(2013)、王晨曦(2014)等,从社会责任与功能性目标等方面进行综合判断,认为研究农信社支农服务效果也是十分有必要的。鉴于此,构建科学的理论分析框架,并对农信社改革实施效果进行有效分析,显得尤为重要。

从现阶段农信社发展现状以及监管部门出台的相关政策措施来看,农信社改革实施效果可从以下三个方面进行分析:

[①] 省联社是由所在省份内的农村信用社市(地)联合社、县(市、区)联合社、县(市、区)农村信用社、农村合作银行、农村商业银行自愿入股组成,实行民主管理,主要履行行业自律管理和服务职能,具有独立企业法人资格的地方性金融机构,其运行费用由各股份单位认缴。农合行是由辖内农民、农村工商户、企业法人和其他经济组织入股组成的股份合作制社区性地方金融机构。农商行是由辖内农民、农村工商户、企业法人和其他经济组织共同发起成立的股份制地方性金融机构。

第一章 绪 论

(1) 农信社生产效率及收敛性。2007年1月以来,中央政府全面加快了农信社改革步伐,越来越多的农信社逐渐改制成农商行,使得农商行在农信社系统内法人机构数量中的占比逐年上升。截至2015年末,全国2 303家农信社系统中,一级法人农信社共1 373家,农合行共51家,正式获批开业与筹建的农商行共946家,其中,北京、天津、上海、重庆、江苏、安徽、湖北7个省(市)已全面完成农商行改制。通过上述举措,在国家政策引导下,农信社财务绩效得以较大改善,并出现了明显差异化。《中国农村金融服务报告:2014》数据显示,截至2014年末,全国一级法人农信社、农合行和农商行的资产利润率分别为0.95%、1.15%和1.38%,较2007年同期分别提升了0.5%、0.31%和0.68%,资本利润率分别为17.37%、13.0%和17.23%,较2007年同期分别提升了7.01%、-0.29%和4.26%。那么,产权改革后,中国农信社生产效率是否真的得到了有效提高,不同产权组织形式之间农信社生产效率是否又存在明显差异,这一差异是否又随时间变化逐渐缩小,这些问题需要学术研究予以及时跟进。鉴于此,从农信社总体视角出发,首先分析农信社产权改革对其生产效率变化及收敛性的影响,对剖析农信社改革效果具有重要意义。

(2) 农信社资本充足率水平。为进一步加强农信社业务管理,金融监管部门2004年以来从资产安全性、资本充足性和收益合理性等方面对农信社设置了一系列监管指标,对防范农信社信贷风险暴露、提高资产质量等起到了较为显著效果。2013年1月,随着《巴塞尔协议Ⅲ》的出台,中国银行业监督管理委员会(简称银监会)要求改制为农合行和农商行的农信社资本充足率必须在短时间实行现行资本标准,并按照《商业银行资本管理办法》要求操作管理,这使农信社对资本补充需求日益迫切。与此同时,银监会对农信社提出了新的目标,要求农信社在2015年底前要全面完成股权改造。于是各地农信社机构积极采取措施,不断削减资格股来增强资本实力。银监会数据统计显示,全国1/3以上的农信社资本充足率现已达到要求,但由于改革不彻底,农信社资本水平仅在表面得到补充,实质上还存在股金存款化、民有资本官营化等问题①。那么，如何继续坚持和深化农信社改革，深层次地实现农信社可持续发展、解决农信社资本边缘化问题？一个重要的方面就是农信社充实资本金、保持足够的资本充足率（周小川，2012）。因此，从农信社内部发展路径出发，分析农信社产权改革对其资本充足率变化的影响效果，有助于检验农信社制度变迁实际效果，意义重大。

（3）农信社普惠金融服务水平。2013年11月，中共十八届三中全会审议通过了《关于全面深化改革若干重大问题的决定》，首次将普惠金融理念正式纳入党的决议，可见发展普惠金融势在必行②。其后的中央"一号文件"、《政府工作报告》和其他政策文件也多次强调了发展普惠金融的重要性与迫切性，并制定了相应的战略规划，为发展普惠金融提供了政策指引。然而，在现实中，农村普惠金融顶层设计不完善、农村金融生态环境脆弱、农村地区金融知识普及率低、金融排斥现象严重等依然是当前制约农村普惠金融发展的主要因素。作为农村金融服务供给方的典型代表，农信社长期扎根县域、立足"三农"，对有效解决"三农"金融问题发挥着重要作用。2008年1月以来，农信社不断创新支农惠农产品，发挥网点优势，扩大服务覆盖面，有效推动了普惠金融发展。《中国农村金融服务报告：2014》数据显示，农信社系统机构数量合计2 350家，营业网点数量达近8万个，从业人员数量高达83万人，弥补了全国90%以上的乡镇

---

① 2004年，银监会下发《农村合作金融机构风险评价和预警指标体系（试行）》和《农村合作金融机构资产负债比例管理试行办法》等文件，规定农信社资本充足率不得低于8%，核心资本充足率不低于4%；2009年，为应付金融危机，银监会要求中小银行最低资本充足率为10%，同年下发《农村中小金融机构风险管理机制建设指引》（银监发〔2009〕107号）；2011年，为进一步推动农商行和农合行同步推进《新资本协议》与《巴塞尔协议Ⅲ》，提高资本监管的风险敏感度和灵活性，有效改进风险管理体系，银监会颁布《关于农村银行机构实施巴塞尔新资本协议的指导意见》（银监办发〔2011〕215号）。2013年，为了与国际新监管标准接轨，银监会开始实施《商业银行资本管理办法（试行）》，要求资本充足率不得低于8%，核心一级资本充足率不得低于5%，还要加上缓冲资本2.5%，非系统重要性银行（含一级法人农信社、农合行和农商行）的资本充足率不低于10.5%。但由于系统重要性银行实际资本压力较大，银监会放松了执行口径，并制订了6年的过渡期计划。

② 资料来源：《中共中央关于全面深化改革若干重大问题的决定》，http://news.xinhuanet.com/politics.html。

金融服务空白点①。可见，发展农村普惠金融，不仅是农信社拓展经营业务的需要，更是推进金融创新、适应经济新常态的重要举措。鉴于此背景，从农信社外部发展方向出发，在构建农信社普惠金融服务水平指标体系的基础上，进一步分析农信社产权改革对其普惠金融服务水平的影响效果，不仅能有效检验农信社支农服务效果，而且有助于明确农信社深化改革的重点领域与方向，意义重大。

随着中国经济逐渐步入新常态，在分析农信社改革实施效果的同时，国家对下一步如何深化农信社改革也给予了高度重视。2016年1月，中央政府发布"一号文件"，并明确指出"稳定农信社县域法人地位，提高治理水平和服务能力。开展农信社省联社试点改革，逐步淡出行政管理，强化服务职能"，为下一步深化农信社改革提供了重要的政策依据。然而，仅有政策依据是远远不够的，农信社未来到底应该怎么走？选择何种模式是适合当前农信社发展呢？从现有模式来看，全国农信社已初步形成了以传统为主的"省联社"管理模式、以北京、天津、重庆农商行为代表的"统一法人"模式、以宁夏黄河农商行为代表的"金融控股公司"模式、以杭州联合农商行为代表的"联合银行"模式4种模式。那么，上述模式具有哪些优劣势？能否在实现农信社商业化可持续发展的同时，确保其更好地服务"三农"呢？这些问题的解答至关重要，值得进一步关注与探讨。

作为首批深化改革试点省份之一，陕西省农信社经过10多年发展，整体势头较好，经营实力逐步提高，各项主要经营指标均高于全国平均水平，改革成效较为明显。同时，陕西各地农信社结合自身经营水平与地方经济特色均不断推进支农服务工作，涌现出许多创新性金融产品，农村普惠金融发展取得了有效进展。但由于不同地区经济发展水平、信用环境与市场竞争存在较大差异，且不同产权组织形式农信社在改革过程中出现明显异化，使得农信社总体生产效率变化及收敛性、内部资本充足率、外部普惠金融服务水平等方面存在较大差异。基于此，本书以陕西实地调查数据为基础，从农信社生产效率变化及收敛性、资本充足率变化和普惠金融服务水平等多个层面综合分析陕西省农信社改革效果，同时探索设计出具

---

① 资料来源：《中国人民银行发布〈中国农村金融服务报告（2014）〉》，http://www.pbc.gov.cn/。

有可靠性、可操作性和前瞻性，且符合现代农村金融特色的深化陕西省农信社改革方案与对策建议，这些不仅是当前迫切需要解决的重大问题，也是学术界对农信社改革相呼应的理论前沿问题之一，具有重要的理论价值和现实意义。

1.1.2 理论背景

作为农村金融市场的主力军，农信社的改革问题是农村金融理论界和实践部门关注的焦点之一，目前关于农信社产权改革效果的研究主要是以业绩评价理论为基础。在农村经济快速发展、农业现代化水平不断提高、城乡一体化发展的趋势下，对农信社产权改革效果进行有效分析，不仅是进一步实现农信社可持续发展的基本要求，同时也是未来推动农信社逐步走向市场化的必然结果。作为农村金融市场的金融企业，要进一步推进农信社自身发展，不仅需要转变农信社传统经营体制、明晰现有产权制度、提高金融服务精细度，以此增强农信社在农村金融市场中的核心竞争力，而且还要有效处理改革中政府与市场之间的关系，以此促进农信社在产权改革中的步伐。鉴于此，本书尝试将产权理论、制度变迁理论、金融产业组织理论、农村金融发展等理论引入到研究农信社产权改革效果中，通过在梳理陕西省农村信用社改革历程、特征与发展现状的基础上，从总体生产效率及收敛性、内部资本充足率、外部普惠金融服务水平三个维度综合分析农信社产权改革效果，同时设计提出深化陕西省农信社改革方案与对策建议，不仅能够有效检验其改革效果，对进一步完善农村金融相关理论也具有深远意义。

1.2 研究目的与意义

1.2.1 研究目的

本书综合运用多种分析方法，对陕西省农信社产权改革效果进行分析，以期实现以下目的：

（1）构建农信社产权改革效果理论分析框架，并在此基础上，试图从总体生产效率变化及收敛性、内部资本充足率变化、外部普惠金融服务水平三个维度，综合分析农信社产权改革效果，为深化农信社改革提供理论与实证支撑。

（2）深入剖析农信社产权改革过程中存在的问题，并设计提出既具可操作性和前瞻性又符合陕西省地方特色的深化农信社改革的总体战略方案。

（3）基于农信社改革利益主体"共赢"的视角，从发挥农信社改革正效果的现实需要出发，提出促进陕西省农信社改革方案实施的对策建议，包括理顺管理体制、激活经营机制、创新金融服务、加大政策支持、强化行业监管、优化金融生态等。

1.2.2 研究意义

1.2.2.1 理论意义

（1）基于现有理论基础，构建了农信社产权改革效果的理论分析框架，将总体生产效率变化及收敛性、内部资本充足率变化、普惠金融服务水平三个维度嵌入研究范畴，不仅可以加深对农信社改革的认识并达成共识，进而化解争议，同时在一定程度上给予对应的学术启示。

（2）以农信社产权改革为切入点，以效果分析为主线，针对农信社产权改革进程中存在的问题和实证分析结果，设计提出既具可操作性和前瞻性又符合陕西省地方特色的深化农信社改革方案构想与配套支持政策，不仅能为农信社改革方向提供全新的思路与视角，也促进和丰富了农村金融相关理论研究。

1.2.2.2 现实意义

（1）通过综合分析农信社产权改革效果，深入比较不同地区和不同产权组织形式农信社改革效果的差异性，并分析产权改革效果过程中存在的问题，不仅可以提出针对性较强的深化农信社改革政策支持体系，也为进一步引导农信社进入稳健、高效的发展轨道提供决策参考。

（2）由于不同地区经济社会发展水平的差异，使得农信社发展呈现多样性。本研究通过深入分析不同地区和不同产权组织形式农信社产权改革效果的同一性与差异性，并设计提出差异性的总体战略方案，可以为因地制宜地促进农信社改革提供政策指引。

1.3 国内外研究动态

1.3.1 国外研究动态

1.3.1.1 农村合作金融组织经营与发展模式研究

Jessen & Meckling（1976）、Cochran & Wartick（1988）认为，将农村合作金融组织完全按公司化模式运转，不仅能有效完善其公司治理结构，还能平衡管理者与所有者之间的利益冲突，使农村合作金融组织更好地提高运作效率，实现利润最大化。Bonus（1989）采用案例分析法对欧洲农村合作金融组织进行分析发现，向农村合作金融组织社员以外的群体提供金融产品与服务能有效降低农村合作金融组织经营成本，提高利润。Verstegen et al.（1995）通过调查农户对农村合作金融合作组织提供的金融产品与服务的需求状况发现，农村合作金融合作组织具有独特的地域优势。通过梳理国外合作金融组织发展模式的相关文献，可以归纳出五种典型模式，主要有以德国为代表的单一金字塔模式，以法国为代表的上官下民模式，以美国为代表的多元复合模式，以日本为代表的附属式合作模式，以印度为代表的农村合作金融发展模式。

1.3.1.2 农村信用合作组织效率研究

自信用合作组织产生以来，国外学者们围绕合作组织发展体制、体系建设和结构绩效等方面进行了大量研究，一些文献也对农村信用合作组织效率及其影响因素给予了关注。Fukuyama（1996、1999）运用随机前沿函数和数据包络分析方法对日本信用协会1992年和1992—1996年数据的研究表明，纯技术效率和规模效率低下是造成日本信用协会总体效率低效的主要原因，并且外资控股的信用合作社效率相对更高。Westley & Shaffer（1997）对拉丁美洲农村合作金融组织20世纪90年代初期数据的研究表明，员工工资水平、存款利率水平和债务人还款意愿与能力对提高信用合作社技术效率有显著影响。Esho（2001）、Worthington（2004）对澳大利亚合作金融机构20世纪90年代初期数据的研究得出，资产规模、盈利能力、经营年限等对农村信用合作组织的成本效率和技术效率有显著影响。Jaffry et al.（2007）采用DEA方法对中亚三个国家中小银行的数据（1993—2001年）研究表明，巴基斯坦与印度中小银行的效率水平呈上升趋势,而孟加拉国效率水平则呈现 U 形变化态势。Bergendahl & Lindblom (2008) 采用 DEA 方法对瑞典储蓄银行数据(1997—2001 年)研究表明,客户服务水平对提高储蓄银行的效率有重要影响。Glass et al.(2010)使用 2006 年 424 个爱尔兰信用组织数据研究表明,2/3 以上的信用组织的不良贷款率对成本效率不产生任何影响。Hermes et al.(2011)采用随机前沿函数模型对全球 435 个(1997—2007 年)小额信贷机构数据的研究表明,服务范围与所有制形式对效率有显著影响。Grifell-Tatjé(2011)针对西班牙商业银行、储蓄银行和合作金融组织的数据(1994—2004 年)研究表明,放松金融管制、实行市场自由化政策能有效缩小商业银行、储蓄银行和合作金融组织之间的效率差异。Fu Xiaolan(2013)通过对印度农村信贷机构和合作银行的研究发现,信息技术成本、人力资本水平和员工技能培训次数对农村信贷机构和合作银行的经营效率有正向影响。

1.3.1.3 资本充足率影响因素研究

自《巴塞尔协议》颁布以来,资本充足率问题一直受到世界各国金融机构的持续关注。近年来,随着资本协议要求的不断演变,国外学者对此问题进行了大量研究,但这些研究的对象主要为商业银行,对农村合作金融组织研究甚少。理论研究表明,有效、严格的资本监管制度能有效约束商业银行经营的短视行为,商业银行可以通过调整贷款供给和加权风险资产,来改善其自身信贷质量、提高资本水平,这一观点得到众多学者的认可。例如,Shrieves et al.(1992)、Jacques & Nigro(1997)、Marques & Santos(2004)和 Stolz & Wedow(2011)通过理论分析均支持该观点。来自一些发达国家和中国的研究发现,商业银行的自身禀赋会影响其资本水平。目前的主要影响因素有:(1)资产规模。关于这一变量还存在较大争议。一种观点认为,商业银行资产规模与资本充足率存在显著负相关(Marcus,1983)。而另一种观点则认为,商业银行资产规模与资本充足率存在显著正相关,商业银行规模有助于规避经营风险,提高资本水平(Shrieves et al.,1992)。(2)风险水平。资本与风险之间存在显著关系的观点也得到了一些学者的验证。例如,Martin et al.(2013)通过理论推导、Shrieves & Dahl(1992)以 1 800 家美国联邦存款银行的数据(1983—1987 年)、Godlewski(2005)以西欧、亚洲和南美 30 家银行为例(1996—2001 年)为例,均发现商业银行资本充足率与风险水平存在显著负相关。(3) 盈利能力。Marcus(1983)认为,资本充足率并不完全取决于资本的盈利能力,不同类型的商业银行的资本盈利能力对资本充足率产生的影响程度不同。(4) 市场竞争和存贷款利率水平。Schaeck et al.(2012)认为,建立竞争性的市场结构有利于改善商业银行资本缓冲水平,并促进商业银行资本充足率保持在较高水平(Schaeck et al., 2012)。Moddaloni et al.(2011)分别以欧盟国家(2002—2007年)和美国(1991—2006年)的商业银行放贷数据为例,认为存贷款利率水平对商业银行的资本监管制度会产生正向影响。

1.3.1.4 普惠金融服务水平研究

国外大量研究表明,普惠金融服务水平可从需求和供给两个维度度量。在需求维度,Beck et al.(2007)从金融服务渗透度与使用度两个层面,选取了银行网点数量、ATM机数量、存款账户数量、贷款账户数量、人均存款余额与GDP之比、人均贷款额与GDP之比等构建普惠金融服务水平评价指标体系。Sarma(2008)从地理渗透度、产品使用度与服务效用度三个层面度量了普惠金融服务水平。Chakravarty & Pal(2010)在借鉴现有研究的基础上,运用1972—2009年印度银行业数据,测度了其普惠金融服务水平和对当地经济发展水平的贡献度。Gupte et al.(2012)从服务覆盖面、产品效用性、交易便利性与交易成本等维度拓展了Sarma(2008)提出的普惠金融服务水平评价指标体系,并分析了印度国家不同时间金融机构的普惠金融服务水平变化情况。在供给维度,国际上权威的金融组织均对普惠金融服务水平评价体系给予了关注。如,普惠金融全球合作伙伴组织(The Global Partnership for Financial Inclusion, GPFI)、国际货币基金组织(International Monetary Fund, IMF)和普惠金融联盟(Alliance for Financial Inclusion, AFI)均从产品可得性与使用度两个维度,选取了账户数量、ATM数量、金融机构数量、当地人口数量等指标,构建了普惠金融服务水平评价指标体系。此外,还有学者认为不应忽略交易成本与便利程度对普惠金融服务水平的影响(Arora, 2010)。

国外学者对欧盟地区、发展中国家(如印度)的普惠金融发展现状与制约因素进行了分析。例如,Anderloni & Vandone(2008)测算了欧盟地区各个国家的普惠金融服务水平,认为金融发展程度、政策扶持力度、劳动力技能水平、人口数量、收入差距是主要影响因素。Beck et al.(2009)

认为，金融服务交易成本、信贷决策行为、存贷款利率水平、产品创新能力和经济增长速度等对发展中国家金融机构普惠金融服务水平有重要影响。Priyadarshee et al.（2010）指出，政府政策激励与基础设施建设是影响印度金融机构普惠金融服务水平的关键因素。

1.3.2 国外研究动态评述

梳理已有文献可以看出，国外学者从不同的研究视角对农村信用合作组织的效率、资本充足率、普惠金融服务水平和发展模式进行了理论与实证研究，提出了大量富有启发性的观点和思路，虽然与中国现实发展不同，但其对基础理论的把握、分析方法的运用等都对本书的研究具有借鉴之处。

（1）现有国外文献对农村信用合作组织的理论与实证研究已经相对成熟，可以为从效率、资本充足率、普惠金融服务水平三个方面分析农信社产权改革效果提供理论、方法借鉴。

（2）虽然在不同经济体制与不同国情背景下，德国、美国、日本、法国、印度等国家农村信用合作组织发展存在巨大差异，但其相对完善的发展模式与经验，对深层次研究国内农信社发展模式和支持政策的设计都有一定的参考价值。

1.3.3 国内研究动态

与农信社改革相呼应，近年来学术界关于农信社改革方面的研究开始大量增加，在产权改革效果与发展模式方面形成了较为丰富的文献：

1.3.3.1 农村信用社效率及收敛性研究

在农信社效率研究方面，中国农信社新一轮改革开展已有10多年时间，学者们就农信社产权改革的效率或绩效问题开展了大量的研究。谢平等（2006）、宋磊和王家传（2007）从定性的角度分别就中国72个（2000—2004年）和山东120个农信社的改革效果进行了探讨，王俊芹等（2010）、谢志忠等（2011）运用传统DEA方法分别就河北（1997—2008年）和福建农信社（2005—2009年）的效率进行了测度，师荣蓉和徐璋勇（2011，2012）采用SFA方法分别对陕西省86个县（区）农信社的利润效率和成本效率进行了分析，蓝虹和穆争社（2014）基于三阶段DEA方法对中国115家农信社的改革绩效进行了研究,均得到了较为一致的结论:产权改革整体上提高了农信社的效率或绩效水平。但是,这些研究更多从投入产出效率的视角关注农信社改革效率或绩效的研究,忽视不良贷款等"坏"产出对农信社改革效率或绩效的影响,仅有少数部分学者探讨了在不良贷款约束下的农信社效率。褚保金等(2007)针对14家农信社(1998—2003年)的数据研究表明,在引入非期望产出的条件下,发现改革后经济欠发达的苏北农信社效率在逐步提高。一项通过建立SBM-Undesirable模型针对江苏50家农信社2000—2011年的数据研究也表明,在不考虑不良贷款作为"坏"产出的情况下,农信社效率值会被低估。

上述研究更多关注的是农信社静态效率,因此多数研究使用传统DEA参数方法进行了分析。但是,这种方法存在一个缺陷:无法对一定时间内农信社动态生产率变化进行估计,只能测算出其在同一生产前沿面上的整体技术效率,或者更进一步,对技术效率进行分解考察,不能有效解决农信社全要素生产率动态变化的问题。鲜有学者关注了该问题。李婧等(2015)运用SBM-Undesirable模型和Malmquist-Luenberger指数对陕西省86个县(区)农信社的2000—2008年数据研究表明,考察期内农信社处于静态低效率和动态生产率增长状态,不考虑不良贷款会使农信社静态效率高估和动态生产率低估等结论。但由于选择的样本不是整体样本,其结论的代表性尚需进一步讨论。

在农信社效率收敛性研究方面,仅有个别学者探讨了该问题。陈伟平和冯宗宪(2015)针对中国24家农商行2008—2013年的研究表明,中国农商行动态生产率存在β收敛,业务创新能力与当地经济发展水平能有效促进农商行动态生产率增长。但该研究仅对农商行的收敛性进行了探讨,其结论不能完全说明农信社总体效率的收敛性。

1.3.3.2 农村信用社改革与资本充足率变化研究

在农信社资本充足率方面:陈小玲(2003)、文维虎(2006)、穆争社(2010)、周小川(2012)认为不良贷款率高、资本内在补充机制缺失、产权制度不明晰和外源融资难度较大等是造成农信社资本充足率较低的主要原因。甄少民(2005)提出优化农信社法人治理结构、建立动态的资本补充机制和完善农信社内部评级体系是解决当前农信社资本边缘化的有效途径。冉晓东和帅旭(2014)从资本质量与经营绩效的角度,对四川省159

家农信社的数据实证分析发现，资本充足率对农信社风险行为和经营绩效的影响取决于股权集中度与资本充足率的协同性，其中，协同性主要依赖于存款机会成本与股金成本之间的差异。陈宏卫和朱迪星（2014）从资本质量和法人治理角度分析了农信社改革效果，认为农信社资本质量的提升具有明显的短期价值效应。张珩和罗剑朝（2015）从资本充足率影响因素角度，对陕西省农村合作金融机构数据分析发现，资产规模、流动性比例、成本收入比、财政支出比重、农村人口密度和资本充足率的一阶滞后项均存在统计显著性。以上研究虽然从资本结构、资本质量等角度开展了讨论，但由于数据获取较难，对农信社资本充足率研究并不充分。

在农信社改革方面，一部分学者将不同产权组织形式的农信社综合起来进行分析（谢志钟，2011），另一部分学者单独分析了某一种产权形式的农信社（宋磊等，2007），还有学者通过设定虚拟变量方式来比较改革前后和不同产权组织形式之间的差异（师荣蓉、徐璋勇，2012；黄惠春等，2015）。然而，采用以上方法存在的缺陷是，仅能从总体上反映出改革前后变化情况，其本质是基于农信社改革静态效应的思路，并没有考虑到现实中农信社直接改为农合行和农商行、农信社先改制为农合行再改制为农商行、农合行改制为农商行等多元化变迁路径的现实问题。国内个别学者在研究农信社时探讨了该问题，例如，付朝干和朱建华（2014）利用 2009—2013 年广西 90 家农村合作金融机构数据，在同一个计量模型中同时引入静态效应、选择效应和动态效应，并深入分析了农信社改革对其经营绩效的影响，发现农合行体制对经营绩效影响不显著，农商行体制长期会提升盈利能力。但该研究仅分析了农信社产权改革对经营绩效的影响，而对资本充足率分析依然不足，并且选择的样本不是全样本数据，使得研究的广度略有不足。

在农信社产权改革对其资本充足率的影响机制研究方面，有学者通过理论研究认为，由于历史原因，巨额的亏损挂账和大量不良贷款使得农信社包袱过重，会严重抑制农信社资本充足率的提升（穆争社，2011）。产权改革通过中央政府政策性补偿和地方政府资产捐赠等政策优惠，努力压缩了农信社不良资产规模，有效降低了加权风险资产，提高了资本充足率水平。另外，通过地方政府返还营业税，并以财政资金注入，促使农信社实际利润的增加，在一定程度上也有助于资本金的补充。为数不多的学者也从实证层面探讨了该问题,例如,许国玉(2008)针对江苏省苏北地区25家一级法人联社2001—2006年的研究表明,在央行专项票据和支农再贷款等政策优惠的条件下,改革后的苏北农信社资本充足率存在明显上升趋势,平均比改制前提高了10.05%,并且改制为农合行的资本充足率提升程度远高于未改制的农信社。

1.3.3.3 农村信用社改革与普惠金融服务水平研究

普惠金融作为一种新型的金融发展理念,近年来受到国内大量学者的关注。而农信社支农功能可以通过发展普惠金融来实现,因此需对农信社普惠金融服务水平及影响因素也进行分析。在普惠金融服务水平指标体系构建研究方面,国内学者主要是在借鉴Sarma的指标体系的基础上,对供给维度的普惠金融发展水平评价指标体系作了探讨,分别从地理渗透性、产品可接触性、使用效用性、可负担性(王修华、关键,2014;蔡洋萍,2015a,2015b)等方面直接度量普惠金融实际服务水平或间接评价其金融排斥程度。目前主要代表性指标有金融机构数量、员工数量、营业网点数量、ATM数量、存款余额与国内生产总值之比、贷款余额与国内生产总值之比、涉农贷款余额占贷款余额之比等。

对于金融机构普惠金融服务水平评价指标体系的指标权重确定的方法应用已十分成熟。目前,国内目前有两类方法:一类是主观确权法,包括等权重法(田杰、陶建平,2012;谢升峰、路万忠,2014)、不等权重法(黎洁、邰秀军,2009;刘波等,2014)和层次分析法(焦瑾璞等,2015)等;另一类是客观确权法,有主成分分析法(田霖,2012)、变异系数法(高沛星、王修华,2011)和因子分析法(粟勤等,2015)等。层次分析法(Analytic Hierarchy Process,AHP)是一种将复杂系统的决策思维逐步层级化,通过建立判断矩阵和一致性检验,将定量分析结果进行计算而得到最终结果的一种方法,目前已被广泛应用于经济学领域。谢忠秋(2015)在传统AHP的基础上,提出了Cov-AHP方法,该方法以原始数据协方差矩阵为基础,通过变换构造判断矩阵得到分析结果,有效解决了以往主观确定指标权重的问题,使计算结果不仅符合实际,而且更具可操作性与说服力。

已有文献对金融机构普惠金融服务水平影响因素的研究相对较少,国内学者大多在理论层面作了分析,认为顶层设计欠缺、政策扶持不足、信用制度缺失和基础设施落后是普惠金融服务水平提升的主要制约因素（张世春，2010；董晓林、徐虹，2012）。个别学者从实证角度分析了影响普惠金融服务水平的因素，如王婧、胡国晖（2013）分析2002—2011年银行业数据发现，第一产业对经济的拉动率和交通便利度正向影响普惠金融服务水平，城乡居民收入差距和法定存款准备金率调整频率负向影响普惠金融服务水平。

1.3.3.4　农村信用社存在问题与发展模式研究

在存在问题研究方面，何广文（2009）认为现有农信社改革更多拘泥于形式与数量上的调整和改革中利益的重新分配，并且提出政府过多干预农信社改革、农信社外部治理机制发育不全、农信社改革中的市场目标定位与商业化运作相互冲突等是目前影响农信社发展中存在的主要问题。汪小亚（2009、2013）认为，虽然在国家政府的引导下，农信社改革取得了较好成效，但农信社产权制度和产权组织形式改革呈现"一刀切"倾向、金融创新动力不足、金融风险处置责任虚置等问题依然存在。

在发展模式研究方面，现有学者开始关注农信社管理体制的模式选择问题，并形成了几种不同的观点。巴曙松等（2007）、王淑云（2012）总结出现有农信社管理体制主要有4种模式：省级农商行模式、金融控股公司模式、金融服务公司和农信社行业协会模式。何勇（2006）、庄岁林等（2007）在借鉴商业银行发展模式的理论和实践经验的基础上，认为构建全国农信社联合社、区域农信社联合社和基层农信社在内的农信体系能有效解决现有个别农信社风险能力较差和地方政府干预问题，对促进农信社发展最为有效。肖四如（2009）认为，应尽快对省联社进行改制，并实行统一法人模式，同时在现有基础上组建联合银行，从而使省联社成为集管理、服务和经营功能于一身的现代农村金融机构。李伏安（2011）认为，目前的县级法人农信社在软件开发、资金清算、产品设计与员工培训等方面需要支付较大的运作成本，且操作难度很大。通过实行金融控股公司模式，将省联社改制为县级法人农信社经营的母公司，不仅能有效强化省联社服务职能，也在一定程度上避免了现有省联社对县级法人农信社实行的行政干预问题。穆争社（2016）认为，目前省联社淡出行政管理的条件已基本成熟，但实行金融控股公司模式并不利于改革目标的实现，其本质上是强化了省联社对农信社的行政管理，应优先在已经全部完成股份制改制的地区试点成立金融服务公司，从而强化省联社服务职能。

1.3.4 国内研究动态评述

综上所述，国内学者对农信社产权改革、发展模式的研究已取得明显进展，其结论为本书的研究提供了重要参考依据，但受制于样本数据与指标选取的限制，也存在一些不足：

（1）在农信社产权改革效果研究方面，学者们的定量实证研究较为深入，但多侧重于农信社效率变化，对内部资本充足率变化和外部普惠金融服务水平的研究分析依然较少，这种单方面从农信社效率变化的分析来评价农信社产权改革效果可能会使研究结论不够全面、充分；此外，大多研究采用的数据不是全样本数据，可能使农信社产权改革效果的研究结论产生偏误，因此以陕西省农信社全机构数据为依托，为系统地研究农信社改革效果创造了基础条件。

（2）已有研究更多是从宏观定性视角对农信社改革效果情况的总结、归纳，研究范围较宽泛，缺乏对某一省份的实际分析，特别是针对不同地区和不同产权组织形式农信社效率及收敛性、资本充足率变化和普惠金融服务水平等方面改革效果的比较分析依然不够充分。

（3）在2016年中央"一号文件"明确提出"稳定农村信用社县域法人地位，提高治理水平和服务能力。开展农村信用社省联社改革试点，逐步淡出行政管理，强化服务职能"的政策指导背景下，设计提出进一步深化农信社改革方案与配套政策支持体系，尚需随着农信社发展进程进行动态跟踪研究。

1.3.5 研究发展动态分析

目前，学者研究已从最初对农信社产权改革效果拓展到农信社发展模式等层面。这些研究虽然使农信社改革得到了一定关注，并在实践中得以响应，但在总体上尚未形成较为系统连贯的理论体系，而且已有实践经验的梳理总结仍缺乏全机构数据的佐证，导致研究结论存在一定偏误，因此，需要进一步深化对农信社产权改革效果的研究。

同时，由于农信社改革缺乏整体性、协调性，使得不同地区和不同产权组织形式的农信社经营能力、发展水平存在较大差异，由此来看，亟待健全与完善深化农信社改革的配套支持政策。同时在对现行相关政策进行科学分类研究的基础上，对深化农信社改革的政策支持进行系统研究，继而从内部机制、顶层设计、制度安排、生态环境建设等方面进行探索，是今后研究应重点关注的方向。

1.4 研究思路与内容、拟解决关键问题与研究方法

1.4.1 研究思路与内容

本书以陕西省农信社为研究对象，以构建农信社产权改革效果为主线，以进一步深化农信社改革为导向展开研究。具体研究思路如下：第一，梳理国内外已有研究成果，并立足农信社实际发展现状，寻求本书切入点，通过阐述相关理论，构建本书的理论分析框架，并作为本书的理论基础；第二，对陕西省农信社发展历程、发展现状与存在问题进行全方位阐述；第三，在构建的农信社产权效果分析的维度上，分别从总体生产效率、内部资本充足率和外部普惠金融服务水平三个方面，对农信社产权改革效果进行实证分析；第四，在设计深化农信社改革的基本原则和总体战略方案构想，同时提出促进陕西省农信社改革实施方案的政策建议与对策。

基于以上研究思路，本书核心研究内容共分为八章，具体如下：

第一章，绪论。主要介绍本书的研究背景、研究目的和意义、研究方法、文献评述和数据来源。通过系统地评述国内外农信社产权改革效果的相关文献，特别从农信社效率及收敛性、资本充足率变化、普惠金融服务水平方面进行重点梳理，挖掘现有研究的不足之处。

第二章，农信社产权改革效果的理论基础。首先对本书涉及的农信社产权改革效果相关内涵进行界定，并阐述农信社产权改革的相关理论，然后分析农信社产权改革的理论模式，最后就农信社产权改革效果的分析维度、影响机理进行综述，并在此基础上提出了本书的理论分析框架。

第三章，陕西省农信社发展历程、发展现状与存在问题。选取首批深化改革试点之一的陕西省农信社作为研究对象，详细阐述了农信社发展历程，然后在此基础上总结凝练陕西省农信社发展路径，然后从存贷款规模、财务可持续状况、"三农"金融服务状况等方面详细分析了陕西省农

信社的发展现状,最后分析了陕西省农信社在产权改革中存在的问题。

第四章,产权改革与陕西省农信社生产效率变化及收敛性实证分析。本章基于农信社总体视角,引入全域生产可能性集合,测算在不良贷款约束下的农信社静态效率变化与动态全要素生产率增长情况,并实证检验农信社产权改革对生产效率影响的静态效应、选择效应和动态效应,以此揭示农信社产权改革对其生产效率的影响机理,并在此基础上判断陕西总体、不同地区和不同产权组织形式农信社生产效率的 β 收敛和俱乐部收敛趋势,分析农信社产权改革对其效率收敛的影响效果。

第五章,产权改革与陕西省农信社资本充足率变化实证分析。本章基于农信社内部视角,首先运用统计分析方法,直观剖析陕西总体、不同产权组织形式、不同地区和时间的农信社资本充足率演变趋势,然后实证检验农信社产权改革对资本充足率影响的静态效应、选择效应和动态效应,以此反映农信社产权改革对资本充足率的影响机理;最后,加入静态效应、选择效应和动态效应,与时间、地区的交叉变量,进一步阐释农信社产权改革对资本充足率的影响效果在不同时间和不同地区存在差异的原因与作用机制。

第六章,产权改革与陕西省农信社普惠金融服务水平变化实证分析。本章基于外部视角,首先从普惠渗透度、使用度、效用度与承受度四个维度构建农信社普惠金融服务水平指标体系,采用 Cov – AHP 方法对指标确定权重,并计算分析农信社普惠金融服务水平,然后实证检验农信社产权改革对普惠金融服务水平影响的静态效应、选择效应和动态效应,以此反映农信社产权改革对普惠金融服务水平的影响机理,最后借助 Tobit 回归模型和 Oaxaca – Blinder 方法,检验并甄别不同地区和不同产权组织形式农信社普惠金融水平影响因素及其差异程度,具体量化农信社产权改革对其普惠金融水平的影响结果。

第七章,深化陕西省农信社改革的总体战略方案构想。本章在对陕西省农信社产权改革效果相关实证的基础上,并在借鉴当前国内外农村信用合作组织发展经验的基础上,从深化农信社改革的基础原则和总体战略方案构想等方面对陕西省农信社改革优化完善,拟设计提出既具可操作性和前瞻性又符合陕西省地方特色的深化农信社改革的总体战略方案构想。

第八章,促进陕西省农信社改革实施方案的政策建议与对策。针对前面拟提出的深化农信社改革总体战略方案构想,基于"顶层设计、机制创新、多层联动、产融结合"理念,从管理体制、法人治理、金融创新、政策支持、金融监管、市场竞争、法律法规、生态环境等方面,系统提出促进陕西省农信社改革方案的配套政策与对策建议,以期引导农信社进入稳健、高效的发展轨道。

根据以上研究思路与内容,可以得到陕西省农信社产权改革效果研究的技术路线,如图1-1所示。

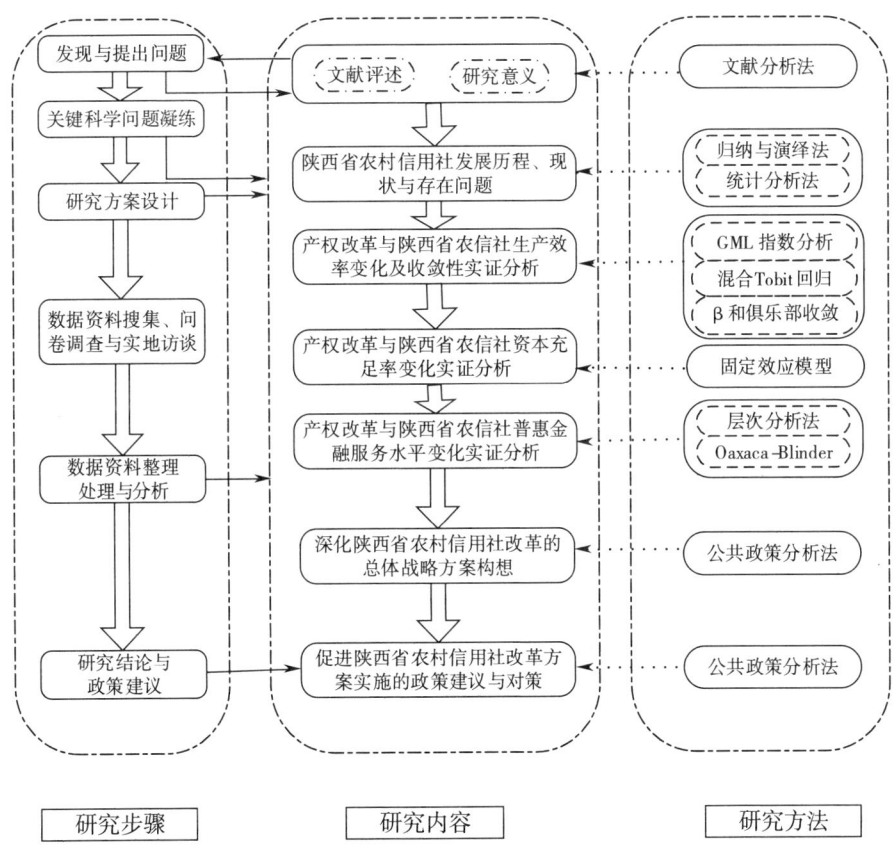

图1-1 技术路线图

1.4.2 拟解决的关键科学问题

(1)如何系统科学地构建农信社产权改革效果理论分析框架?农信社产权改革效果是本书研究的主要出发点,其效果理论分析框架的构建是否完备合理直接影响研究结论的准确性与有效性，间接影响未来农信社深化改革与发展模式的联动关系，本书拟从农信社总体生产效率变化及收敛性、内部资本充足率变化、外部普惠金融服务水平三个维度，准确分析农信社产权改革效果，得出既具有科学依据又符合实际发展的研究结论，是本书拟突破解决的关键问题之一。

（2）如何设计符合陕西省地方特色的深化农信社改革方案，引导农信社稳健、高效发展？本书运用归纳与演绎、比较分析等定性方法，对比不同时期农信社发展历程和主要特征，分析不同地区和不同产权组织形式农信社产权改革效果的差异性，并在此基础上，设计提出深化农信社改革方案，并动态跟踪检验，为转变农信社管理体制、优化经营模式、强化普惠金融服务的顶层设计等方面的实际操作提供较为可靠的解决方案。

（3）为实现农信社产权改革有效性与正效果，如何构建深化农信社可持续发展的配套政策体系并确保落地实施？按照实现深化陕西省农信社改革有效性的内在要求，从管理体制、经营模式、金融创新、政策支持、行业监管、金融生态等方面，运用公共政策分析方法，构建并提出较为完善的深化农信社实施方案的配套政策体系，并充分把握农信社改革政策与农村金融其他政策的协调性、连贯性与一致性，使深化农信社改革的政策设计更具前瞻性与可行性。

1.4.3 研究方法

围绕本书核心研究内容，以制度变迁理论、产权组织理论、现代农村金融理论、业绩评价理论作为指导，综合运用定性分析与定量分析方法开展研究。定性分析方法中，对农信社产权改革和产权改革效果的内涵进行界定；定量分析方法中，分别从总体视角、内部视角和外部视角对农信社产权改革效果进行分析，并建立计量模型行量化研究。具体定量分析方法如下：

（1）在农信社产权改革对其总体效率变化及收敛的影响效果方面，通过引入全域生产可能性集合，构建全局 Malmquist – Luenberger 指数，测算了农信社静态效率和动态生产率，利用混合 Tobit 模型分析农信社产权改革对其生产效率影响的静态效应、治理结构变化的选择效应和动态效应，同时运用 OLS 模型对农信社生产效率的收敛性进行检验。

(2) 在农信社产权改革对其内部资本充足率变化的影响效果方面，运用统计分析方法直观分析农信社资本充足率演变趋势；采用固定效应模型检验了农信社产权改革对其资本充足率影响的静态效应、治理结构变化的选择效应和动态效应，并在此基础上加入农信社产权改革效应与时间、地区的交叉变量，影响效果存在的差异的原因作深入阐释。

(3) 在农信社产权改革对其普惠金融服务水平的影响效果方面，在构建普惠金融服务水平评价指标体系的基础上，运用 Cov – AHP 方法确定其指标权重，同时分析农信社产权改革对其普惠金融服务水平影响的静态效应、治理结构变化的选择效应和动态效应，并在此基础上借助混合 Tobit 模型和 Oaxaca – Blinder 分解方法探讨了农信社普惠金融服务水平的影响因素以及不同地区和不同产权组织形式农信社普惠金融服务水平存在差异的主要原因。

1.5 研究数据的使用说明

1.5.1 数据来源

本书所使用的数据来源于西北农林科技大学农村金融数据库农信社专项数据库。该数据库于 2009 年 1 月初启动建立，数据库课题组首先与中国人民银行西安分行、中国银行业监督管理委员会陕西监管局（简称陕西银监局）和陕西省农村信用社联合社（简称省联社）协商沟通，由省联社向各家县（区）农信社机构的财务部门与信贷部门发放调查问卷获取数据，然后通过电话采访对缺失数据进行补充，最后按照典型抽样原则对个别农信社机构高层领导进行现场访谈，了解农信社目前存在的问题及未来改革与发展的主要方向。该问卷内容涉及农信社财务和经营情况、股权结构、风险防控、服务"三农"情况和当地县（区）经济发展水平等内容，调查持续跟踪了陕西省所有农信社，并获得了全省 107 家各县（区）农信社的财务数据、支农数据和当地经济金融发展数据，收集了 2008—2014 年连续 7 年共计 749 个样本，该数据为平衡性面板数据。目前，该数据库记录了时效性较强、指标较为详细的陕西省农信社信息数据。

1.5.2 时间范围

本书选取陕西省农信社 2008—2014 年的数据进行分析，主要考虑到以下几点：一是，国务院于 2006 年末下发了对《海南省农村信用社改革实施方案》的正式批复，海南农信社正式启动新一轮的改革，标志着从 2007 年至今是全面深化农信社改革的重要阶段[①]；二是，中国银监会于 2007 年初要求农信社开始实施五级贷款分类制度，通过分析 2008—2014 年的陕西省农信社生产效率变化及收敛性，有利于保证不良贷款等数据在统计口径上的一致性；三是，中央银行专项票据兑付工作基本上在 2007 年全面实施启动，通过分析 2008—2014 年的陕西省农信社产权改革，可以进一步凸显"花钱买机制"的政策效应对农信社资本充足率的影响；四是，中国银监会于 2010 年 11 月提出全面取消农信社资格股，鼓励符合条件的农信社直接改制为农商行，不再组建新的农合行，同时要求现有的农合行要全部转型为农商行。

1.5.3 研究区域

作为首批深化改革试点的省份之一，陕西省农信社经过 10 多年的发展与改革，取得了显著成效，已成为目前陕西省金融行业中发展规模最大、业务规模居前、网点遍布城乡、从业人员较多的金融机构，对现代农业和农村经济的发展发挥着重要作用。从机构数量看，截至 2014 年 12 月末，陕西省共有农商行 25 家，农合行 4 家，开业与获批筹建的农商行共 39 家，其中，农商行机构数量分别占到全省和全国农信社系统机构数量的 36.45% 和 1.66%。从发展规模看，截至 2014 年 12 月末，陕西省农信社存贷款余额分别为 4 538.68 亿元和 2 776.52 亿元，较 2003 年同期分别增长了 8.61 倍和 6.66 倍，总量和增量连续多年位居全省同业首位，均高于全国平均水平。从经营能力看，利润与抗风险能力持续增强 2014 年全年实现净利润 93.92 亿元，不良贷款率为 4.26%，资本充足率为 9.73%，拨备覆

[①] 2003 年，国务院确定了全国首批农信社深化改革的地区（按时间顺序排列）：重庆、江苏、贵州、浙江、吉林、江西、山东和陕西；2004 年 8 月 17 日，为全面推开农信社改革，国务院下发了《关于进一步深化农信社改革试点的意见》，将北京、天津、河北等 21 个省（自治区、直辖市）确定为第二批农信社深化改革的地区，提出了改革试点的指导原则和要求；2006 年，海南省也纳入改革试点，并于年底成立农信社省联社，标志着本轮农信社改革已全面推开。但由于数据的限制，本书未获取到 2007 年数据，虽然数据滞后了一年，但对 2008—2014 年的数据进行统计分析和计量模拟，实际上并不影响分析趋势和模型结果。

盖率为 175.5%，各项主要经营指标均高于全国平均水平①。同时，陕北、关中和陕南经济特色与农村金融发展格局差异较大，在西部经济欠发达地区乃至全国具有典型性。另外，从全国现状农信社改革现状来看，目前不同地区农信社产权改革已呈现出明显的阶段性和不均衡特征，东部沿海等经济发达地区农信社已完全按照股份制模式转变，中西部经济欠发达地区农信社逐步向股份制体制转型，西部少数经济特别不发达地区农信社仍以稳定县域一级法人体制为主。鉴于此，以陕西省为代表，分析农信社产权改革效果不仅是较为理想的样本之一，也对分析全国其他地区产权改革效果具有借鉴意义。

1.6 本书的可能创新之处

根据以上的研究内容，本研究的可能创新之处有：

（1）在分析产权改革与农信社总体效率变化及收敛性方面，发现考察期内陕西省农信社总体上保持着静态效率提升与动态全要素生产率增长态势，但生产效率水平并不高，静态生产效率和动态 GML 指数年均值分别为 0.600 和 1.071，不同地区和不同产权组织形式农信社生产效率差异逐步缩小，产权改革对农信社效率的影响呈倒 U 形变化趋势，并出现相对停滞状态，需引起关注。

（2）在分析产权改革与农信社内部资本充足率变化方面，发现农信社产权改革显著降低了农合行资本充足率水平，但对农商行作用不明显，说明农合行产权体制具有明显的过渡性特征，农商行改革的滞后效果还有待关注。进一步分析发现，虽然农信社产权改革有效改善了其资产质量与资本充足性，但影响效果已呈现出明显的弱化趋势，仅仅是局部受益，而非全部受益。

（3）在分析产权改革与农信社外部普惠金融服务水平方面，从普惠渗透度、使用度、效用度与承受度等四个维度构建农信社普惠金融服务水平评价指标体系，运用 Cov – AHP 方法确定各指标权重，并分析发现陕西省农信社普惠金融总体服务水平较低，年均值仅为 0.196，不同地区和不同产权组织形式农信社提供普惠金融服务水平差异较大，并呈现出分化格

---

① 数据转自陕西信合网：深化改革十周年；http://www.sxnxs.com/html/class3/7185/7185.html。

局；投资环境、产业结构、竞争环境、政府财政支出和城乡收入差距对农信社普惠金融服务总体水平有显著影响。

（4）本书提出的陕西省农信社改革的金融控股集团化模式战略、多元化经营战略、资本运营战略和区域协同战略等总体战略方案设计，以及加快推进省联社管理体制改革、提高农信社资本聚集能力、创新农信社普惠金融产品与服务、建立政府诱导型市场改革机制和政策体系、加大农村金融市场开放力度、实行差异的去"内卷化"监管制度、加快农村金融法律法规的修订、优化农村金融生态环境等方案实施对策建议，这些均对农信社产权改革具有一定参考价值。

第二章 农村信用社产权改革效果理论基础

本章在对农信社产权改革和产权改革效果内涵界定的基础上,首先分析了农信社产权改革的重要性与必要性,并阐述了农信社产权改革的相关理论依据,然后分析了农信社产权改革的理论模式,最后从农信社产权改革效果的分析维度、影响机理进行综述,并初步构建了理论分析框架,为研究陕西省农信社产权改革效果提供理论基础与研究依据。

2.1 相关概念界定

2.1.1 产权及农村信用社产权内涵的界定

2.1.1.1 产权内涵的界定

产权作为制度的核心,是经济所有制关系的法律表现形式。它最早出现于1937年科斯发表的《企业的性质》中,到了1960年,科斯在《社会成本问题》中提出交易成本后,产权概念才正式纳入经济学范畴内。此后,国外经济学家对产权和产权概念进行了大量讨论,但至今仍尚未形成一个统一的标准。费雪认为产权是一个比较抽象的概念,一般拥有产权的主体不仅享受收益权,还要为之付出一定成本。德姆塞茨提出产权是一种市场交易工具,明晰产权能有效解决交易主体之间的逆向选择和道德风险行为。阿尔钦提出产权是特定经济体制下,市场交易主体对某种经济商品强制实施选择的一项权利。巴泽尔认为产权是市场经济主体享有的对消费、取得收益和转让的一种权利。国内学者也进行了较多讨论,主要形成了五种代表性观点。其中,张五常(1989)的观点被大多数学者所认同,他认为产权包括三种权力,即使用权、收入的享受权、自由的转让权,并提出所有权也是产权的基础,使用权、享受权和转让权均是在所有权基础上产生的。

2.1.1.2 产权属性的界定

在市场经济体制下,产权属性主要包括排他性、经济实体性、可分离性和独立流动性。排他性是指产权主体对该权利的独占性。产权的排他性能有效减少产权权利主体对其预期产生的不确定性,对提高资源配置效率有重要作用。经济实体性是指产权权利主体拥有交易性,即产权权利主体通过适当的方式参与社会营利性活动,实现效用最大化。可分离性是指产权权力在法定的最终归属上,既有可能是同一产权权利主体所有,也有可能被其他产权权利主体所有。独立流动性是指产权一经确定,产权权利主体就要在合法范围内自主地运用权力,而不受外界其他因素的干扰。

2.1.1.3 产权功能的界定

按照功能来看,产权主要有四大功能:即激励功能、约束功能、外部性内部化功能、资源配置功能。激励功能是指在经济运行过程中,通过明确产权来保护产权权利主体的经济利益,促进产权权利主体有效参与经济活动,从而提高经济运行效率。约束功能是产权对产权权利主体在行使产权权利的经济活动中所施加的约束条件和付出的代价。外部性内部化功能是在非完全竞争的市场经济条件下,通过产权谈判,引导权利主体解决外部性问题内部化。但是,外部性内部化功能有个前提条件就是必须满足内在化所得大于内在化成本,才有可能实现产权交易的内部化。资源配置功能是产权制度本身所体现出调节或影响资源配置的作用,其主要目的是通过合理安排产权或产权结构,使资源得以有效利用。

2.1.1.4 农村信用社产权内涵的界定

结合以上学者对产权概念、属性和功能的界定,并针对农信社自身特点,本书将农信社产权界定为四种权力,即所有权、财产使用权、受益权和转让权。(1)农信社所有权。所有权包括入股社员拥有的私人产权和集体公积金产权。其中,公积金作为农村信用社的共同财产,不量化在社员个人名下,即使社员退社也不予以分配。(2)农信社财产使用权。财产使用权是农信社财产使用的决策权与经营管理权,入股社员具有参与农信社经营管理和行使民主的权利。(3)农信社受益权。受益权包括直接受益权和间接受益权,直接受益权是社员享有农信社当年利润的分红权,间接受益权是社员优先享有贷款优先与利率优惠的权利。(4)农信社转让权。转让权是社员拥有财产使用权和受益权具有相应的转让与出售的权利。一般来讲,农信社股权是不允许转让的,只能表现为入社自愿和退社自由两个方面。

2.1.2 产权改革及农村信用社产权改革内涵的界定

2.1.2.1 产权改革内涵的界定

从制度变迁视角来看,产权改革是针对现有产权制度存在的问题与不足,使之发生明显变化,并不断改进与优化,事实上,产权改革是一个动态变化与发展的过程。进一步来看,产权改革主要包括所有权改革、财产使用权改革、受益权改革、处置权改革。从本质上看,产权改革是对产权关系和产权运行规则进行的变革,是重新配置产权权利,并分配于不同的产权主体,最终实现产权组织形式的多元化。从产权改革的具体表现看,主要存在两种形式,一是产权组织形式的变化,二是产权结构的变化。从改革方式来看,产权改革包括两个方面,一个是所有权变革,另一个是分离所有权与使用权的变革。其中,所有权变革是指改革产权主体与产权性质,而分离所有权与使用权的变革是指重新配置使用权,并分散于各类产权权利主体之中。

2.1.2.2 农村信用社产权改革内涵的界定

2003年,中央政府对农信社启动了以产权制度为核心内容的新一轮深化改革,并通过明晰农信社产权归属,实施所有权与经营权分离,完善公司治理结构,同时按照"因地制宜、分类指导"原则分别对农信社实施股份制、股份合作制、合作制等多种产权改革,以推动农信社可持续发展。从以上来看,因地制宜的分类改革是前提条件,形成清晰化的产权关系是核心内容,实现多元化产权制度是主要目标。从此次改革现状来看,新一轮的深化改革打破了原有农信社合作制属性,有效实现了农信社产权制度由单一化向多元化的转变,在为农信社发展实践提供制度创新的同时,也为进一步评估农信社产权改革效果奠定了基础。

2.1.3 农村信用社产权改革效果内涵的界定

2.1.3.1 农村信用社改革效果内涵的界定

目前,学术界关于效果内涵的界定争论不一。徐少锦(1999)认为在一定动机驱动下,效果是行为主体通过实践活动所产生的客观结果。冯契等(2007)指出效果是在人们有动机的前提下条件,付诸一定行动后所产生的结果或后果。莫衡等（2001）认为效果是由于某一具体的做法、影响因素及外部力量产生的结果。

从以上来看，效果作为一种客观结果，是评估制度或政策有效性的前提条件。效果既与绩效、功效相联系，但又有显著区别。具体来看，绩效侧重于衡量行动主体活动的成效与效益，一般是基于投入产出视角对其进行分析，在考评指标的选取和测量方法上具有很强的主观性，功效是系统为实现预期设定的目标所具备的功能与效率（向洪，1987）。而效果更侧重于对实践行动结果的统计描述与测量，不仅强调组织与制度的行为表现，还具有较强的客观性。

结合以上对效果概念的界定和本研究所要解决的问题，本书将农信社产权改革效果界定为，在以政府政策主导条件下，实行产权制度改革给农信社自身和农村经济发展带来的客观影响及其结果。需要说明的是，农信社产权改革效果包含两个含义：一是农信社产权改革所产生的结果是客观的，并非主观人为臆断；二是这一客观结果被认知。

2.1.3.2 农村信用社改革的相关利益主体和预期目标

从新一轮农信社改革情况来看，政府、农信社以及农户和中小企业是改革的相关利益主体。为谋求综合效益最大化，中央政府和地方政府在此次改革中起着主导作用，中央政府通过减免农信社所得税和营业税、保值补贴、发行专项票据和专项借款方式给予农信社资金支持，地方政府以优质资产、财政资金、建立风险准备基金等方式帮助农信社置换和清收不良资产，促进农信社商业可持续发展。作为此次改革的主要受益主体，农信社一方面通过明晰产权、增资扩股、优化法人治理结构，解决内部人控制问题，另一方面通过扩大经营规模、优化资源配置，为农民和中小企业提供资金支持，最终努力推进自身产权改革的顺利进行。农民和中小企业作为农村金融市场的需求主体，通过获取并享受农村信用社提供的产品与服务，来解决资金不足等问题，从而从事具体生产活动，实现个人利益的最大化。利益主体具体关系详见图 2-1。

2.1.3.3 农村信用社产权改革与改革效果的逻辑关系

从以上内涵来看，农信社产权改革主要表现在两个方面：一个是产权组织形式的变化，另一个是产权结构的变化。其中，前者通过优化产权结构，明晰产权，完善公司治理结构，实现对现有产权权利的重新配置，后

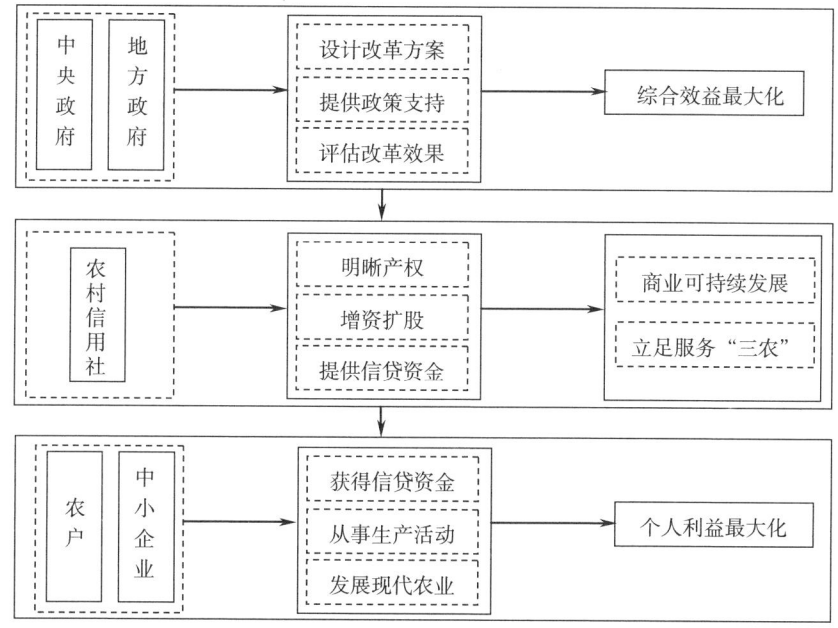

图 2-1 农信社产权改革的相关主体关系和预期目标

者是通过转变产权组织形式，扩大资产规模，形成新的产权制度。新的产权制度在自主发挥、政府干预、市场竞争、经济助推等外界因素作用下，优化资源配置，并努力使农信社产权制度产生更好的效果。具体逻辑关系见图 2-2。

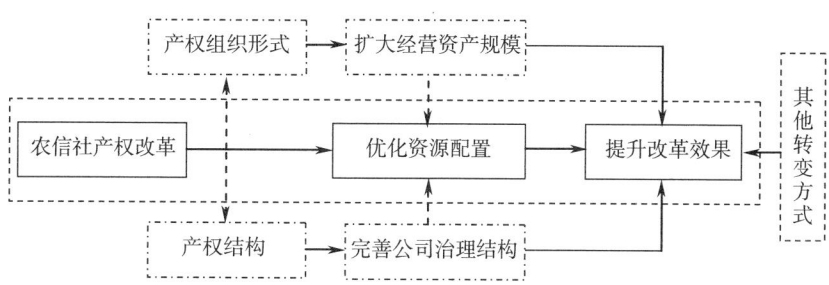

图 2-2 农信社产权改革与改革效果逻辑关系

2.2 农村信用社产权改革的理论依据

2.2.1 农村信用社产权改革与制度变迁理论

制度变迁与创新是农信社面对的永恒话题。制度作为一种行为规则，主要由非正式制度、正式制度和实施机制组成。制度变迁作为经济发展的主要动力，通常被学者认为是用一种效率更高的新制度代替现有旧制度的过程，其实质上是制度创立、变更及随着时间变化而被打破的方式（诺斯，1980），具体表现为由非均衡到新均衡的演化，是对制度非均衡的一种反映。一种新制度的形成往往也伴随着制度的适应、环境的变化以及利益主体之间的博弈。从制度变迁理论来看，制度变迁的主要动因是经济发展水平、技术进步、外生力量的冲击（如政治、立法以及市场领域）等因素综合作用的结果（罗必良，2006）。一般而言，制度变迁会将拥有不同资源禀赋的行动者被激励去创造不同的制度安排，从而反映出行动者的相对贡献或冲突，当然这也不可避免地产生资源重新分配问题。林毅夫（1989）根据变迁主体不同，将制度变迁划分为诱致性变迁与强制性变迁。诱致性变迁是指制度构建的变更或替代，或者是新制度创造，由一个人或一群人在响应获利机会自发倡导、组织和实行。强制性变迁是由政府命令、法律和各项政策引入所实现的制度变更。在政府推行的强制性变迁中，一种无效率的制度安排之所以被选择，是因为它对政府来说具有潜在利益，通过制度变迁，效率可能降低了，但政府获得了符合其偏好的潜在利益，有效实现制度均衡。

基于以上对制度变迁理论的阐述，本书认为在中国农信社制度变迁历史进程中，农信社产权改革是一种新制度代替旧制度的过程，是农村金融制度不断变迁的动态过程与静态结果。从变迁方式来看，农信社产权改革并不是因为组织内部利益冲突而引起的，更多的是以政府强制性制度变迁为主，存在着多个利益集团之间的博弈。在不同时期，中央和地方政府、农信社、农户和中小企业获取的利益有显著差异，也正是这种利益差异导致农信社改革政策的多变，使得中国农信社在历史发展中付出了沉重代价。从以上来看，制度变迁理论为本书分析农信社产权改革过程中存在的问题提供了必要的理论工具。未来农信社产权改革应该坚持强制性变迁与诱致性变迁相结合的路径，并尊重农信社的自主决策、自主选择的意愿，充分发挥非正式制度作用，使农信社从制度创新中获取更多利益。

2.2.2 农村信用社产权改革与金融产业组织理论

产业组织理论的产生是在实现市场绩效有效提升的基础上产生的，通常认为垄断的市场结构会导致市场的非效率。20 世纪 30 年代，哈佛学派提出了"结构—行为—绩效"的结构主义理论，即市场结构—市场行为—市场绩效的 SCP 分析框架，提出该分析框架的学者认为是市场结构先决定市场行为，然后影响市场绩效，同时还认为市场结构、市场行为和市场绩效三者之间是一种简单的、单向的、静态的因果关系。20 世纪 70 年代，德塞姆茨、乔治·施蒂格勒等学者拓展了该分析框架，提出结构、行为与绩效之间是相互作用、动态变化的因果关系，同时认为效率是分析市场最主要的因素，对实现经济活动的效率性和社会福利最大化有重要作用。1985 年，威廉姆森在论证企业与市场之间的边界关系时，将交易费用理论嵌入 SCP 分析框架中，并提出了更为前沿的金融产业组织理论。该理论不仅有效克服了以往研究仅从技术效率和市场垄断程度的角度来市场行为的传统做法，而且还为研究竞争程度对金融市场奠定了基础。进一步来看，与传统产业组织理论所不同的是，金融产业组织理论更多强调在信息不对称和行政管制等因素影响下的金融机构结构、行为与绩效之间的关系。金融机构作为一种特殊的企业，会面临比普通企业更为严重的逆向选择和信息不对称，在一定程度上不仅会造成金融市场准入陷入壁垒状态，影响金融机构市场参与行为，还会因金融机构争夺市场份额而产生更为激烈的市场竞争。因此，掌握大量的信息能使金融机构拥有垄断势力，有效发挥独特优势。另外，从理论上来讲，政府管制也是影响市场准入的一个因素，放松管制在一定程度上会加剧金融市场的竞争。

从以上来看，金融产业组织理论为本书分析农信社产权改革效果提供了必要的理论工具。事实上，产权制度是农信社的核心，产权不完善、效率稳定性差，往往会造成产权失效或产权残缺。鉴于此，本书提出了农信社产权改革效果的耦合分析范式，即产权结构变化—治理与行为—绩效和效果，其中，产权结构变化包括农信社内部产权组织形式的变化和农信社面临的外部市场结构的变化，治理与行为包括政府层面的产权制度安排和农信社层面的经营与管理。绩效和效果是指农信社产权改革对其总体生产效率变化及收敛性、内部资本充足率和外部普惠金融服务水平的影响效果。

2.2.3　农村信用社产权改革与农村金融发展理论

农信社产权改革与农村金融发展理论中各个分支理论一脉相承，具有紧密的内在关联性。从中国农村金融发展现状来看，主要表现为六个方面：

一是交易成本与信贷风险较高。传统农村金融理论认为，一方面农业产业具有投资周期长、收益低、不确定等特性，这些特性使得农业不可能成为以利润最大化为目标的农信社融资对象。另一方面，发展相对滞后的农村金融市场会加大农信社信贷风险，制约农信社发展，导致农信社经常将信贷资金配给给中、上层融资，而"无暇顾及"贫困农户的金融需求。

二是市场垄断程度较高。从不完全竞争市场理论来看，中国农村金融市场尚处于不完全竞争阶段，农信社在提供信贷供给时，往往会要求农户和中小企业接受高于市场均衡的利率水平，而过高的借贷成本会严重影响农户和中小企业生产经营活动，制约农民收入提高和农村经济增长，这显然不利于农村金融机构的发展。

三是信息不对称与金融排斥问题严重。由于金融机构搜集农户的信息成本高、信息不完全和信用体系建设严重落后等问题，使得农村金融市场存在着较为严重的信息不对称与金融排斥现象。同时，由于农村金融市场自身缺少合法的抵押担保品，诸多中小企业和农户难以获得贷款，尤其是贫困农户常常被排除在农村信贷市场之外。

四是农村金融市场离不开政府干预。不完全竞争市场理论认为，政府、社会和非市场要素的支持对解决农村金融市场失灵、培育有效率的农村金融市场、增强农村金融供给方有重要作用，但局部知识理论认为信息不对称不是政府干预的理由，更需要依靠市场力量自发满足金融需求，实现供求均衡。

五是农村金融机构发展与经济增长相互关联。金融机构发展与经济增长主要存在两种关系：一是供给引导型，二是需求追随型。其中，前者主要强调农村金融机构规模、产品与服务创新等供给方的发展对经济的增长作用，后者则认为经济增长会催生大量的农村金融需求，驱动农村金融机构产品与服务等供给水平的增加。微观金融组织理论认为降低交易成本是农村金融机构存在和发展的理论基础，而降低交易成本又必须要求实现规模经济，农村金融机构发展必须同追求规模效益、控制交易成本联系起来。

六是农村金融机构更应注重发展普惠金融。普惠金融最早是由联合国和世界银行于2005年在"国际小额信贷年"活动中提出的，是小额信贷制度与微型金融制度的一种补充与延伸。普惠金融理论主要是探索如何为更为广大的人群提供金融服务，旨在将小型化和边缘化的微型金融机构纳入正规金融体系中，对增加对低收入群体的金融产品与服务供给水平和改善金融服务环境具有重要作用（刘忠，2015）。

2.2.4 农村信用社产权改革与业绩评价理论

农信社产权改革效果，往往需要通过从不同维度评判来体现，那么就需要一个科学的评估体系。Yaron（1992）在研究农村金融机构业绩后，认为可以从农村金融机构可持续性和目标客户覆盖面及提供金融的产品与服务两个方面。其中，在可持续性方面，Yaron提出了补贴依赖指数。理论上来讲，由于农村金融机构发展过程中往往会享受到中央政府的税收减免、利率优惠、财政补贴等政策优惠，因此，补贴依赖指数越高，农村金融机构绩效就越高，可持续发展能力就越高。在目标客户覆盖面及提供的产品与服务方面，Yaron提出了三个维度，主要包括农村金融机构对经济的贡献程度、农村金融机构的服务质量和农村金融机构对目标市场的渗透程度。其中，农村金融机构对经济的贡献程度是指农村金融机构能否促进农村经济增长和提高农户收入水平，农村金融机构的服务质量是指农村金融机构能否有效解决农户和中小企业的信贷资金不足问题，农村金融机构对目标市场的渗透程度是指农村金融机构能否满足农村经济主体多层次的金融产品与服务需求。

目前，关于农信社产权改革效果的分析，学术界自2003年新一轮改革以来一直未曾停止过争论，但始终没有形成一个统一的分析框架。现有大多数研究以商业银行或农信社盈利能力评价体系为指导，通过财务数据分析农信社改革前后效率或绩效变化情况来反映农信社总体改革效果。理论上讲，生产效率可以从技术和制度层面来体现农信社运行状态、资源配置和产权制度的有效性，能够说明农信社技术或制度的真实水平，若农信社能够实现高效率，则认为是具有可持续发展的能力。但是这种单纯分析农信社效率或绩效的做法需要满足一个条件，就是除农信社改革自身以外的其他因素对农信社改革效果的影响比较平稳。事实上，不同地区农信社不仅受到自身管理体制、公司治理、经营模式和金融创新的影响，也会受到当地经济发展水平、信用环境与市场竞争等外部环境因素的影响。当然，也正是由于这些外部环境因素的影响，使得仅从效率或绩效角度分析农信社产权改革效果并不全面。少数研究从农信社社会责任与功能性目标方面对这一问题进行了补充。如张振海（2011）、王文莉（2013）、师荣蓉（2013）、王晨曦（2014）等的研究认为分析农信社支农服务效果是十分有必要的。夏晓燕（2008）通过研究江苏42家农信社的数据表明，产权改革有效强化了其支农服务能力。然而，这些研究仅仅分析了支农服务效果，并没有将总体经营效果和内部资本充足率结合起来进行分析，不能全面反映农信社产权改革效果。

从以上来看，Yaron的分析框架具有一定借鉴意义，为本书构建农信社产权改革效果分析框架奠定了理论基础。本书参考了该体系的分析框架，但由于尚未获取到农户、中小企业等需求主体对农信社产权改革效果评价等方面的数据，因此并没有采用覆盖面的相关指标，而是利用农信社机构层面数据从总体生产效率、内部资本充足率和外部普惠金融服务水平分析了其产权改革效果。

2.3 农村信用社产权改革的理论模式

理论研究表明，产权不清是目前制约农信社发展的根本原因之一。作为农村金融市场重要的微观金融组织，产权组织形式与运行效率直接影响着其可持续发展。韩俊（2003）认为产权制度变革是农信社在深化改革中的难点与关键，如何解决是各种矛盾的焦点。目前，从农信社产权改革的现状来看，全国各地已形成了三种产权模式：即合作制、股份合作制和股份制，组建成立了一级法人农信社、农合行、农商行等多种产权组织形式，具体来看：

2.3.1 合作制

合作制最早起源于经济上弱小主体之间的互助合作（阎庆民、向恒，2001）。在市场机制作用下，由于农业作为弱质产业，单个农民因缺少议价能力，会成为社会的弱势群体。于是，处于弱势地位的农民会通过经济上的劳动联合，组建合作制金融组织，从而改变市场地位，提高农民的经济收入，并与外部强势力量相抗衡。由此，合作制金融组织应运而生，它是由社员出资组建，以入股社员为参与主体，一般以农村为服务边界。合作制金融组织实行的是"自愿参与、互助互利、民主管理、不单纯以营利为目的、为成员服务"的经营原则，因此，在合作制金融组织出现后，不仅有效满足了农户的信贷需求，保证了农户还款积极性，大大降低了信用风险，同时合作制金融组织自身在获取借款农户的资金用途、还款能力、诚信状况等信息成本时，还远低于其他商业性金融机构（凌涛，2001）。目前，实行合作制的典型代表为农信社。早期的农信社是按由农民按照自愿互利原则入股建立，以社员认缴的资格股金为主要资本来源，以服务为宗旨，解决社员资金需求并促进农信社的快速发展。十六届三中全会以及之后有关农信社改革的文件中，农信社被定义为是由辖内农户、个体工商户和中小企业入股组成的社区性地方金融机构。现行农信社有两种组织形式：一是县级统一法人农信社；二是县乡两级法人农信社。从农信社发展现状来看，绝大多数地区均采取了县级统一法人农信社，县乡两级法人农信社已基本取消，这主要是由于县乡两级法人农信社机构布局分散，抵御风险能力很弱，且县级社与基层社之间的权责很难界定清楚，容易产生很大冲突。而县级统一法人农信社不仅能有效明晰产权关系，提高管理效率，还有利于扩大资产规模，增强风险抵御能力。

然而，合作制也有其自身的缺陷：一是县级统一法人农信社采取民主管理，很难从组织外吸引高级人才来优化内部管理，在一定程度上会抑制其经营发展；二是由于合作制采取的是"一人一票制"，个人股较为分散，很容易出现"搭便车"，造成社员大会的监督机制失效；三是"一人一票制"的决策方式会造成权责无法对等，容易损害大股东利益，在一定程度上制约农信社经营效率的提高。

2.3.2 股份合作制

股份合作制既不是传统意义上的合作制,也非现代意义上的股份制,而是兼具合作制和股份制特征的一种农信社改革后的产权组织形式,目前以农合行为主要代表。在新一轮农信社改革中,部分地区将农信社产权组织形式改制为农合行产权组织形式。农合行按照自愿原则,向辖内农户、农村工商户、企业法人和其他经济组织募集资金入股,以资格股为前提,增加投资股,以满足不同层次投资者需求。农合行实行股份合作制产权模式的优点在于:一是通过设定资格股和投资股,能有效拓宽股本来源渠道,并增强资本实力;二是由于农合行兼具合作制和股份制特征,不仅能兼顾农户等社会弱势群体的利益,还能在股权结构上保证不偏离服务"三农",支持农村经济发展。

然而,股份合作制也与合作制一样,存在同样的缺陷:一是在股权结构方面,农合行自然人股东比重较大且较为分散,而法人股入股积极性不足且持股量较少,容易造成所有者缺位,导致农合行法人股的股东权利难以有效实现。二是股份合作制作为合作制改革的一种不彻底产权制度,农合行法人股东同股不同权,自然人股东也不会因小额股金去监督农合行实际经营状况,重要决策均由高层领导决定,股东大会基本形同虚设。三是由于股份合作制延续了以往合作制实行"入股自愿、退社自由"的原则,导致农合行在面临经营亏损时,会引起大量老股东抽回股金,这不仅减少了农合行资本,还削弱了农合行风险抵御能力。

2.3.3 股份制

股份制是现代农村金融企业发展的必然趋势,它是以入股方式把分散的生产要素集中起来,统一管理使用,股东以确认的股份享有利益或承受损失的一种所有制形式,目前以农商行为代表。股份制优点在于:一是实行股份制后,原有农信社实现了所有权、经营权和监督权三权分离,农信社产权变得更为明晰,解决了原有所有者缺位的问题。二是实行股份制后,农商行的决策权完全取决于股东出资额比重,同时转型后的农商行决策者、经营者素质较高,均由股东大会选举产生,在一定程度上有利于法人治理结构的完善。三是农信社转型之后,政府对农商行的行政干预也会随之减少，能有效规避原有农信社"外部干预"和"内部人控制独大"现象，可以使农信社真正成为一个具有高度独立性的市场主导型金融企业。四是在股权设置上，农商行执行股份可转让但不退还一级利润共享、风险共担的原则，这一做法有效限制了原有股东在面对利益损失时退股行为，确保了发起人股份的稳定，增强了积累资本与风险抵抗能力。

然而，转型后的农商行是以商业可持续、经营利润与股东收益最大化为主要经营原则，这与农信社原有的服务"三农"功能存在明显冲突。有学者认为，农商行对服务"三农"功能可能会屈从于对利润目标的追求（何广文等，2003）。因此，股份制商业银行模式更适合于城乡一体化程度较高、对农业信贷要求不高且支农任务相对较轻的经济发达地区。上述三种农信社不同产权模式的具体比较如表2-1所示。

表2-1　　　　合作制、股份合作制和股份制产权模式比较

项目	合作制	股份合作制	股份制
产权表现形式	一级法人农信社	农合行	农商行
所有者	社员	社员+股东	股东
集资方式	内部募股	内部募股+社会募集	社会募集
联合性质	劳动联合	劳动+资本联合	资本联合
报酬属性	按劳动量和业绩分配	按市场价格确定	按市场价格事先约定
利润分配	按交易量或按股分红	按股或按劳分红	按资分配，按股分红
产权交易	可退股，不能转让和交易	资格股可退股；法人投资股可转让，但不退股	可转让，但不退股，经批准可上市交易

资料来源：根据中国银监会相关文件和国务院颁布的《关于印发深化农村信用社改革试点方案的通知》等整理所得。

从表2-1可以看出，合作制、股份合作制和股份制三种不同产权模式具有显著差异，其所对应表现形式在设立条件、股权设置、法人治理结构、经营目标与支农服务方面也不尽相同。就设立条件而言，农商行与一级法人农信社、农合行在资产规模、注册资本、员工数量、不良贷款率、拨备覆盖率等方面均有不同要求。在股权设置方面，农商行股本划分为等额股份，同股同权，同股同利，而一级法人农信社是一人一票。在法人治理方面，农商行法人治理结构是由股东代表大会、董事会、监事会和经营

层构成,农合行与农商行基本一致,而一级法人农信社法人治理结构是由理事会、监事会和社员大会构成。在经营目标方面,农商行在保证流动性、安全性的前提下,以实现利润最大化为目的,而一级法人农信社要根据合作制原则,以维护社员利益,为入股社员服务为目的,农合行是一级法人农信社和农商行的结合体,其不仅要为入股社员提供服务,同时还要从事商业化经营。在支农服务方面,农商行由于组建在经济水平相对发达的地区,农业比重相对较低,在满足"三农"服务的需求下,还需要兼顾城乡协调发展,而一级法人农信社、农合行在服务对象上主要倾向于农户。具体比较如表2-2所示。

表2-2 不同产权组织形式农信社设立条件的比较

项目		一级法人农信社	农合行	农商行
设定条件	发起人	无限制	不少于1 000人	不少于500人
	注册资本	不低于300万元	不低于2 000万元	不低于5 000万元
	资本充足率	—	高于8%	高于10%
	核心资本充足率	在任何时点高于2%	高于4%	高于6%
	总资产	—	—	10亿元以上
	不良贷款率	—	低于15%	低于15%
	拨备覆盖率	—	—	不低于150%
股权设置	员工股	不高于25%	不高于25%	不高于25%
	单个自然人股	股金总数不低于100股,股金总额不高于5%	单个股金总额不高于0.5%,所有股金总额不高于30%	不高于0.5%
	单个法人股	股金总数不低于1000股,股金总额不高于5%	单个股金总额不高于0.5%,所有股金总额不高于10%	不高于10%
法人治理	董事会/理事会	为理事会,由5名以上理事组成,一般5~11名	为董事会	为董事会
	董事会/理事会成员	理事由社员担任,社员代表大会选举和更换	员工股东、其他自然人股东和法人股东的比例为2:3	自然人代表不少于1/3,员工股东不多于1/3

续表

项目		一级法人农信社	农合行	农商行
法人治理	是否有独立董事	—	1~2名	1名
	监事会	由3名以上监事组成，一般为3~9名	股东代表和职工代表	股东代表和职工
	监事会成员	—	职工股东为1/4，其他自然人股东为3/8，法人股东为3/8	职工监事不多于1/3
	行长/主任	为主任，由社员代表大会选举产生	行长由董事会提名	行长由董事会提名
经营目标与支农服务	机构性质	社区性地方金融机构	社区性地方金融机构	地方性金融机构
	经营目标	以服务社员和社区为主，兼顾盈利性	以赢利为主，兼顾服务社员和社区	股东利益和利润最大化
	支农比例	完善服务功能提高支农水平	一定比例贷款用于支农	一定比例贷款用于支农
	确定方式	侧重于农户，农信社根据经营情况确定	当地银监局依据产业结构确定	股东大会依据产业结构确定

资料来源：根据中国银监会相关文件及国务院《关于印发深化农村信用社改革试点方案的通知》等整理所得。

2.4 农村信用社产权改革效果的分析维度、影响机理和理论框架

2.4.1 农村信用社产权改革效果的分析维度

董晓林（2008）认为在分析农信社产权制度变迁效果时，首先需要确定合理的分析标准。为了能全面分析陕西省农信社产权改革效果，本书结合农信社在农村金融市场中的作用与地位以及未来发展的重要领域与方向，并根据改革内容，确定了农信社产权改革效果的分析维度：农信社产权改革对其生产效率变化及收敛的影响效果、对其资本充足率的影响效果和对其普惠金融服务水平的影响效果，这三个维度主要是基于农信社总体、内部和外部视角的分析。首先，农信社产权改革对其生产效率变化及

收敛的影响效果是对当前农信社产权改革总体效果的分析。资本充足率的影响效果是基于农信社内部提升资产质量视角的分析,这一分析不仅是对农信社生产效率的进一步解释,也是未来深化农信社改革的重点领域之一。普惠金融服务水平的影响效果是基于农信社外部服务"三农"视角的分析,这一分析不仅是对支农目标实现程度的检验,也是未来深化农信社改革与发展的主要方向。具体研究维度关系见图2-3。

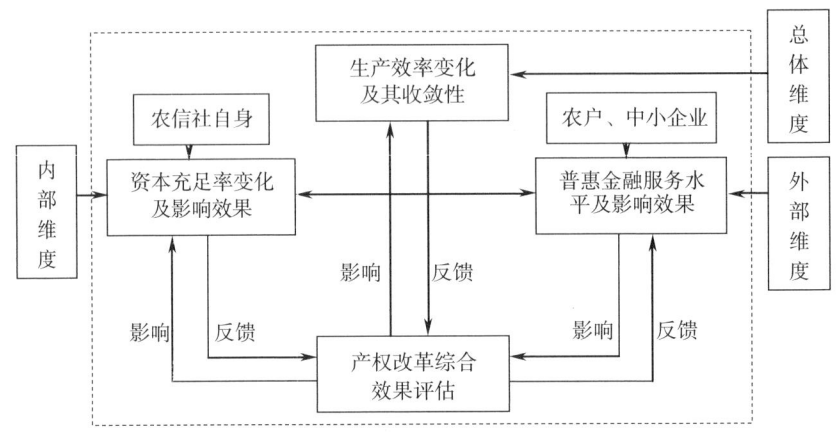

图 2-3　农信社产权改革效果的分析维度

2.4.2　农村信用社产权改革效果的影响机理分析

2.4.2.1　产权改革对农信社生产效率变化及收敛性的影响机理

总体效果主要从农信社生产效率变化及收敛角度来评估此次农信社产权改革是否取得成效,并就农信社存在的问题从未来改革方向与经营模式方面提出总体战略方案构想与对策建议。作为一种高投入、多产出的农村金融机构,农信社效率反映了其技术水平及变化情况,是自身经营、资源配置和市场竞争等多种能力的综合表现。从理论上来看,农信社生产效率既包括静态生产效率,也包含动态全要素生产率。其中,静态生产效率代表农信社在同一时期内最大可能技术水平的利用或实现程度,动态生产率代表农信社在跨期过程中实现技术水平的提高程度(姜永宏、蒋伟杰,2014),将静态生产效率和动态生产率结合起来,从动静两个层面综合分析,能更全面地反映农信社生产效率水平。

农信社产权改革是如何影响其生产效率及收敛性的呢?实践中,农信社产权改革与生产效率及收敛性之间存在着密切关系。农信社产权改革通过明晰产权归属，实施所有权与经营权分离，完善公司治理结构，促进农信社产权制度向商业化转变，而这一过程，又通过影响农信社经营决策与行为进而会对农信社静态生产效率和动态生产率产生影响。具体来看，其作用机理如下（见图2-4）：一是产权改革通过规范老股金，有效解除了农信社与老股东之间原有的债权关系，改善了法人治理结构与效率水平；二是通过增资扩股会吸引法人股等大股东投资，促使农信社注重长期投资回报，大股东在注资时往往更倾向于选择盈利能力强、资产质量好的农信社，在一定程度上提高了农信社生产效率；三是产权组织形式的变革，有效促进了农信社公司治理结构的完善，进而提高生产效率水平；四是，监管部门在注册资金、资产规模、不良贷款等方面设定一系列标准，满足股份制转型标准的农信社，通过战略引资以及IPO上市等方式重组资产，在一定时期内会提高农信社技术水平，提高生产效率。

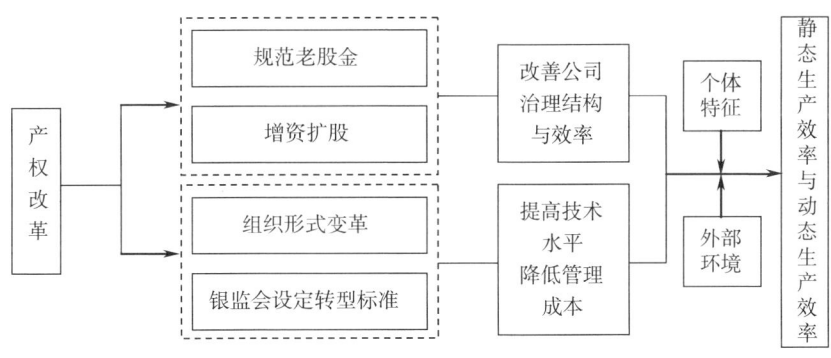

图2-4 农信社产权改革对其生产效率影响的机理

2.4.2.2 产权改革对农信社资本充足率变化的影响机理

内部效果是基于资本质量角度来评估对农信社产权改革效果，主要就资本充足率的变化及其影响效果来反映农信社资本质量的改善程度，这不仅是从改革内容对其农信社改革实现目标的分析，也是未来深化改革的重点领域之一。在以往研究农信社改革效果的文献中，多数学者仅从总体角度考察了产权改革的生产效率，有少数学者深入农信社改革内部，探讨了农信社资本充足率问题。因此，在评估完农信社产权改革对其生产效率变化及收敛的影响效果后，有必要从资产质量角度作进一步分析。所谓资本充足率,是资本与风险加权资产之间的比例,是监管当局衡量银行业风险水平的核心指标之一,对保护存款人利益、提升核心竞争力、维护金融稳定等具有重要意义。

新一轮的农信社产权改革是如何影响其资本充足率的呢①?从理论上来看,其作用机制主要是通过采取规范老股金和增资扩股、地方政府资产捐赠和中央政府政策性补偿(穆争社,2011)等方式来提高资本充足率。具体来看,其作用机理如下(见图2-5):一是产权改革对资本充足率的分母效应。地方政府以资产捐赠形式置换农信社不良资产,并帮助清收不良贷款,化解历史包袱,调整风险资产比例,降低高风险权重的资产,实现降低分母的目的。二是产权改革对资本充足率的分子效应。一方面,农信社产权改革通过规范老股金,有效解决了原有股金存款化问题,并敦促股东增加资本、引进战略投资者来增加资本。另一方面,中央政府通过发行专项票据和专项借款方式给予资金支持,地方政府通过财政注资、贴息与分红补贴、减免所得税和营业税等政策层面积累资本,从而有效地充实了农信社资本,实现了增加分母的目标。

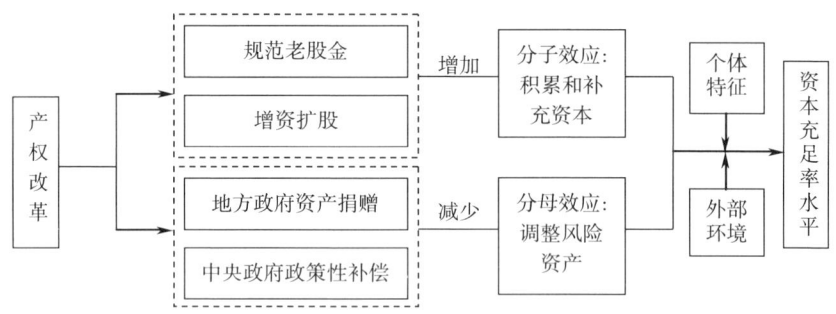

图 2-5 农信社产权改革对其资本充足率影响的机理

2.4.2.3 产权改革对农信社普惠金融服务水平的影响机理

外部效果是基于普惠金融服务角度来评估农信社产权改革效果,通过构建普惠金融服务指数,并分析农信社产权改革对其普惠金融服务水平的

---

① 中央政府的政策性补偿主要包括:一是减免农信社所得税和营业税,二是采取中央银行发行专项票据和专项借款方式给予资金支持。区域性政策资金捐赠主要包括:一是以优质资产置换农信社不良资产,二是政府财政资金给予农信社股金分红补贴,三是出资建立风险准备基金,四是减免农信社处置不良贷款的有关税费,五是帮助农信社清收不良贷款。

影响效果来反映农信社金融支农功能的改善程度,这不仅能有效检验农信社支农服务效果,也能进一步明确农信社深化改革的重点领域与方向。作为一种新型的金融发展理念,普惠金融是指能全面、有效地为社会所有阶层及群体提供平等服务的现代金融体系(Helms,2006)。农业产业、农村贫困地区及低收入农民作为弱势产业、偏远地方和社会弱势群体,是发展农村普惠金融的重点。坚持立足"三农",做好农村地区金融服务是发展普惠金融的重中之重(宋锐,2015)。农信社普惠金融服务水平是指通过提高农村金融服务覆盖面与渗透率,改善农村金融生态环境与基础设施条件,为农村地区贫困农户与小微企业等被正规金融体系难以覆盖的客户群体提供服务,从而惠及广大人民群众与经济社会发展薄弱环节的新型普惠金融服务体系。

新一轮的农信社产权改革是如何影响其普惠金融服务水平呢?从理论上看,发展普惠金融的主要目的是进一步增强农信社金融支农功能。作为农村金融市场的主力军,农信社服务群体与盈利收入主要来源于农村市场,相对于具备还款能力和还款意愿的农户来说,如果选择服务地处偏远农村地区、小规模、风险大、收入低且波动性大的农户,可能负付出较大的交易成本,严重影响了农信社自身的可持续发展,因此,产权改革后,商业逐利性会与农信社服务"三农"、发展普惠金融产生有一定矛盾(曲小刚,2013)。另外,从改革本身来看,产权改革通过规范老股金和增资扩股,虽然有效解除了农信社与老股东之间原有的债权关系,组织规模由小变大,但也将合作属性的农信社的客户与社员分离出来,转变为股东所有,这势必影响了农信社服务对象的选择和对弱势群体的服务,大大削弱了"三农"服务水平(详见图2-6)。

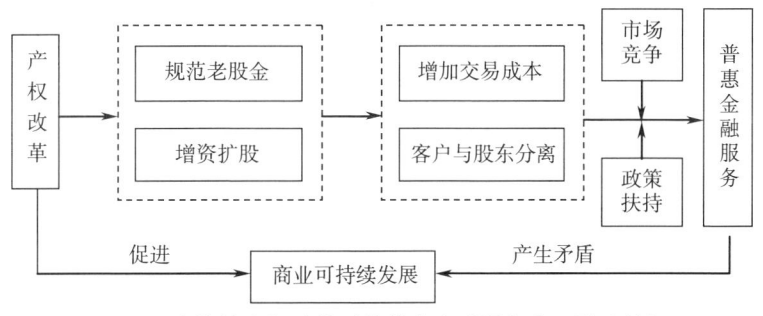

图2-6 农信社产权改革对其普惠金融服务水平影响的机理

2.4.3 农村信用社产权改革效果的理论框架

基于上文分析，根据前文理论基础的阐述和上述影响机理的分析，本书进一步提出农信社产权改革效果的理论分析框架，该分析框架主要由四个部分组成，即投入产出模块、效果评估模块、效果判定模块和优化方案模块。其中，（1）投入产出模块是在评估农信社产权改革效果过程中，应明确选用哪些投入与产出要素指标，并确定哪些要素发生了变化，而哪些要素没有发生变化。其中，投入要素包括人力、物力、财力，如员工人数、资产规模、获得补贴金额等。产出要素是在农信社选定的投入要素基础上，通过经营活动中所创造的价值。理论上来讲，产出不仅包括好的产出，如经营利润、信贷规模等，还包括坏的产出，如不良资产、不良贷款等。（2）效果评估模块是在选定影响农信社产权改革效果评估指标基础上，利用合适的计量经济模型，对调研数据进行模拟回归和汇报结果的过程。其中，评估指标是针对农信社产权改革不同分析维度，确定与投入产出要素相关联的指标和影响因素，计量分析模型是在农信社产权改革效果评估过程中，对数据进行分析、论证、计算、模拟等所采用的主要方法。评估结果是针对计量经济模型模拟的结果进行解释及汇报说明。（3）效果判定模块是针对上述农信社产权改革不同维度的评估结果，判定农信社产权改革所处的阶段状态的基础上，最终得出判定结果（详见表2-3）。（4）优化方案模块是针对上述结果，提出深化农信社改革方案与对策建议。具体的农信社产权改革效果理论分析框架如下所示（详见图2-7）。

表2-3　　　　　　　　　农信社产权改革效果判定

	内外部效果好（++）	内外部效果中（+-）	内外部效果差（--）
总体效果好（++）	（++）（++）	（++）（+-）	（++）（--）
总体效果中（+-）	（+-）（++）	（+-）（+-）	（+-）（--）
总体效果差（--）	（--）（++）	（--）（+-）	（--）（--）

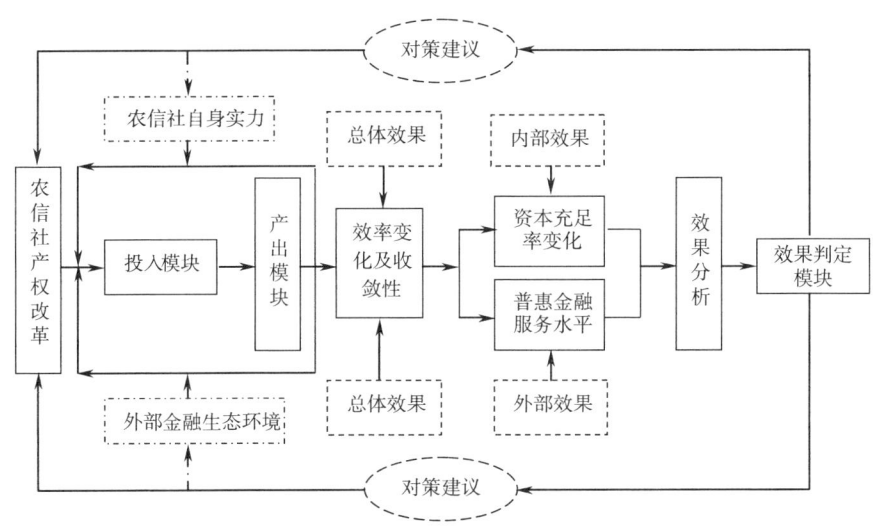

图 2-7 农信社产权改革效果的理论框架

2.5 本章小结

本章在对农信社产权、产权改革和产权改革效果内涵界定的基础上，首先阐述了农信社产权改革的理论依据，同时分析了农信社产权改革的理论模式，然后从农信社产权改革效果的分析维度、影响机理进行综述，最后构建了理论分析框架。其中，农信社产权要有明晰的界定，理论依据涉及制度变迁、金融产业组织、农村金融和业绩评价等理论，分析维度方面主要涉及农信社产权对其生产效率及收敛性、对其资本充足率和对其普惠金融服务水平的影响效果三个层面，并在此基础上构建了本书的理论分析框架。

第三章 陕西省农村信用社发展历程、现状与存在问题

农信社改革与农村金融体制改革密切相关,是由政策调整、制度安排和市场行为等多种因素共同决定。从发展历程来看,农信社经历了由人民公社、中国农业银行代管、中国人民银行监管、恢复农信社合作属性等多次重大的制度变迁与政策调整(张杰,2003)。因此,对农信社成长历史进行考察,并基于制度变迁理论对农信社发展路径进行归纳总结,同时对农信社发展现状和存在问题进行分析,不仅是准确评估农信社产权改革效果的关键之一,也为下一步深化农信社改革提供历史证据。

3.1 农村信用社发展历程

陕西省农信社发展历程,与农村金融体制改革密切相关。在以政府为主导的中国农村金融体制变迁进程中,农信社战略定位与管理体制历经多次调整,并在曲折中逐渐发展。从发展历程来看,我们可以将农信社改革划分为五个阶段:创立与普及阶段(1951—1957年)、事业曲折阶段(1958—1978年)、初步改革阶段(1979—1995年)、体制过渡阶段(1996—2002年)和深化改革阶段(2003年至今)。

3.1.1 创立与普及阶段

新中国成立之初,中国人民银行召开全国第一届农村金融工作会议,会议决定在全国范围内大力发展农村信用合作社(现称为农村信用社),并由农村信用合作社帮助农户解决资金不足问题,促进农业生产发展。1951年8月,中国人民银行颁布了《农村信用合作社章程准则(草案)》和《关于农村信用合作社工作注意要点的联合指示》,文件中明确要求银行应在农村建立营业所,同时提出可以试点组建农村信用合作社,并且农村信用社合作组织由中国人民银行暂时管理。自此,农村营业所和农村信用合作社在全国范围逐渐成长起来。同年12月,陕西在长安县稻地江村成

立了全省第一家农村信用合作社,由此揭开了陕西省农村信用合作事业发展的序幕。从这一时期来看,农村信用社合作社最为明显的特征是完全按照合作性思想发展,这不仅有效解决了大部分农户的资金匮乏问题,也进一步开启了中国农村金融市场改革。但是,由于当时中央政府创立与普及农村信用社合作社的速度较快,使得员工人数不能完全与农村信用合作社发展规模相匹配,造成农村信用合作社业务发展在一段时间内停滞不前。另外,由于农村信用合作社制度体系本身缺乏约束机制,内部员工挪用资金现象频繁发生,不仅导致农村信用社合作社自有资金严重不足,而且还使其信誉遭到很大质疑。为遏制上述局面,中国人民银行于1955年3月再次召开全国农村金融会议,会议提出要全面停止创立农村信用合作社,对存在经营问题的农村信用合作社及时整顿清理,同时加快组建中国农业银行,负责农村信用合作社的监督与管理工作。于是,整顿后的农村信用合作社在中国农业银行的指导下,经营情况有所好转,并逐渐适应了当时的农村经济发展。

3.1.2 事业曲折阶段

(1) 所社与政企合一阶段:1958年,人民公社浪潮运动结束后,中央政府对农村财贸管理体制进行改革,并实行"两放、三统、一包"政策①。与此同时,中央政府又要求将银行的农村营业所和农村信用合作社合并组建为信用部,同时将信用部并下放给人民公社,由人民公社负责指导管理信用部工作。然而,在人民公社管理期间,公社分散主义和本位主义现象十分严重,公社管理层随意支配信用部资金,一度造成信用部出现经营混乱的局面。

(2) 所社分离阶段:1959年4月,中共八届全会审议通过了《关于加强农村人民公社信贷管理工作的决定》,决定收回银行在农村地区的营业所,并要求银行不再设立新的农村营业网点。同年,中国人民银行行长会议审议决定将信用部从人民公社中分离出来,并将农村信用合作社转变为信用部隶属的信用分部,同时将农村信用合作社管理权下放给生产大队,由信用部和生产大队双重管理农村信用合作社业务经营,并由生产大队单

---

① "两放"就是由人民公社管理财政和银行等部门的资金与人员;"三统"就是统一管理并执行国家的政策、计划方案与资金安排;一包就是完成包揽财政的任务。

独管理人员分配和盈亏核算。从以上来看，虽然将信用分部转变为生产大队隶属部门的这种做法，能有效削弱中央政府对农村信用合作社的领导权与控制权，但很容易造成生产大队权利集中，不利于农村信用合作社业务经营和资金运转。

(3) 贫下中农管理委员会管理阶段：20 世纪 60 年代初，农村信用合作社的隶属关系几经调整，中央政府最终决定撤销信用分部，并恢复农村信用合作社的独立性。"文化大革命"时期，在当时国家政策的指导下，人民公社与生产大队联合组建了贫下中农管理委员会。1969 年 1 月，中国人民银行召开农村信用合作社体制改革会议，决定将农村信用合作社管理权下放给贫下中农管理委员会，由贫下中农管理委员会负责监督指导农村信用合作社工作。从以上来看，虽然将农村信用合作社下放给贫下中农管理委员会的这种做法能有效削弱中央政府对农村信用合作社的领导权与控制权，但是，这种按照国家基层机构管理农村信用合作社的运作模式，不仅直接打破了农村信用合作社原有的民主管理形式，还导致全国多数地区农村信用合作社一度执行与国家保持一致的低利率政策，造成农村信用合作社在一段时间内经营十分混乱，大多数机构出现了严重的亏损。直至 1970 年末，中央政府对农村信用合作社的隶属关系重新进行了调整，农村信用合作社的亏损才逐渐好转起来。

(4) 体制转变阶段："文化大革命"结束后，中国人民银行再次召开全国农村金融工作会议，并很快颁布了《信用合作社工作条例》，在文件中强调农村信用合作社是一种集体金融组织，是国家银行在农村的基层机构。1978 年 5 月，中国人民银行又出台了《农村金融机构的几点意见》，决定将农村信用合作社的管理权移交给中国农业银行，由中国中国农业银行负责管理农村信用合作社，同时对农村信用合作社的机构设置、人事管理、业务经营、财务制度等作了重新说明。从以上来看，虽然此次改革使农村信用合作社在存贷款规模、经营利润方面得以较快恢复，但由中国农业银行负责管理农村信用合作社的运作模式，使农村信用合作社违背了原有合作制思想，丧失了独立性，并由"民办"逐渐异化为"官办"。

3.1.3 初步改革阶段

1979 年，中国农业银行开始逐渐恢复，并全面接管了农村金融各项服务与管理工作。随后,农村信用合作社正式成为中国农业银行的基层机构,并走上"官办"道路。1984年8月,国务院下发了《中国农业银行关于改革信用合作社管理体制的报告》,决定恢复和加强农村信用合作社的"三性",即组织的群众性、管理的民主性和经营的灵活性,同时坚持农村信用合作社的合作金融属性,并理顺农村信用合作社与中国农业银行的行政隶属关系。1991年,国务院出台了《农村信用合作社管理暂行规章实施细则》,提出要按照自主经营、自负盈亏的原则发展农村信用合作社,这种做法实际是一种新的探索与尝试,在恢复农村信用合作社"三性"方面取得了显著成效。但此次改革不仅没有实现农村信用合作社初定的目标,也没有赋予农村信用合作社真正意义上的自主经营权,加上当时政府工作中心一直在转变市场经济体制上,大量农村资金转向城市,并支持国有企业发展,严重的资金外流导致农村信用合作社产生了大量的不良资产。

3.1.4 改革过渡阶段

1996年8月,国务院出台了《关于农村金融体制改革的决定》(国发〔1996〕33号),决定将农村信用合作社从中国农业银行管理中脱离出来,同时将农村信用合作社逐步改为由农民入股、由社员民主管理、为入股社员服务的合作性金融组织。同年12月末,农村信用合作社正式与中国农业银行脱离行政隶属关系,并将基层农村信用合作社作为一级法人,同时要求由县级农村信用合作社负责业务管理,中国人民银行监督管理农村信用合作社。1997年6月,为进一步做好金融危机防控工作,国务院决定在中国人民银行内部设立农村合作金融监督管理局,监督、指导农村信用合作社。1998年,国务院再次对农村信用合作社进行体制改革,要求农村信用合作社按照合作属性原则进行规范管理。1999年,中央政府全面清理了农村合作基金会,以此整顿农村金融秩序。从以上来看,农村信用合作社在这一时期内不仅承接了中国农业银行遗留的大量不良贷款,同时还收纳了农村合作基金会的不良资产,使得农村信用合作社自身发展不断恶化,特别在历史包袱过重、资不抵债等方面表现较为严重。2000—2003年,农村信用合作社进入"明晰产权、完善经营机制、以县为单位统一法人、组建省级农村信用合作社联合社和农村商业银行"等试点改革阶段,同时中央政府根据全国农村信用合作社实际发展状况,首选江苏作为农村信用合作社试点改革的主要地区。这一时期的主要标志性事件为：2001年12月，江苏张家港、江阴、常熟等地在农村信用合作社的基础上成立了全国第一批农村商业银行；2003年4月，浙江鄞州在农村信用合作社的基础上成立了全国第一家农村合作银行。

3.1.5 深化改革阶段

随着社会主义市场经济体制进一步完善，中国经济开始逐渐向城市化和"工业反哺农业、城市带动农村"趋势发展，为农村信用社改革创造了良好的经济条件。2003年8月，国务院批准颁布了《深化农村信用社改革试点方案》（国发〔2003〕15号），下半年，中央政府将陕西等8个省份作为首批农村信用社深化改革地区，标志着深化农村信用社改革试点工作进入全面实施阶段。按照改革试点方案的文件要求，陕西省于2003年12月初开始启动实施深化改革工作方案，并将农村信用社的管理权移交给省级政府。2004年8月，在省级政府的推动下，全省107家县级农村信用社发起组建了陕西省农村信用社联合社（简称"省联社"），自此，省联社开始对各县级农村信用社实施管理与服务工作。2005年8月，为了推进农村信用社股份合作制改革，陕西省神木和西乡在县级农村信用社的基础上成立了农村合作银行，标志着农村信用社产权改革在全省范围内的全面展开。2009年5月，为进一步深化农村信用社股份制改革，陕西省神木在农村合作银行的基础上成立了西北首家农村商业银行。2012年，陕西省政府下发了《关于进一步促进金融业发展改革的意见》（陕政发〔2012〕43号），要求积极推进西安城区（雁塔区、未央区、莲湖区、碑林区、新城区、灞桥区）6家农村信用社整合工作，并筹建秦农银行。2013年9月，省级政府批准成立了秦农农村商业银行筹建工作小组，正式启动秦农农村商业银行组建工作。2014年12月4日，秦农农村商业银行正式获得银监会同意筹建的批复；2015年5月13日，秦农农村商业银行正式获得陕西省银监局同意开业的批复，并于5月28日开业。从以上来看，陕西省农村信用社产权改革正在稳步推进，成效显著。截至2014年末，以县为单位统一法人农村信用社由2008年末的103家变化为81家，农村合作银行由2008年末的4家保持不变，农村商业银行由2008年末的0家变化为22家，可以看出陕西省农村信用社产权制度改革正处于稳步推进阶段。陕西省农村信用社近年来具体分布情况见表 3-1。

表 3-1　　　　　陕西省农信社规模、演变及类型分布

类型	2008 年	2009 年	2010 年	2011 年	2012 年	2013 年	2014 年
一级法人农信社	103	102	98	96	94	89	81
农村合作银行	4	5	8	9	8	6	4
农村商业银行	—	—	1	2	5	24	22

注：（1）"—"表示 2008 年和 2009 年未改制成农商行，下同；（2）此数据是由调研整理所得。

综上所述，本书对农村信用社发展历程的社会环境、改革内容与动因、主要表现与变迁特征和实际效果进行了梳理，并进行对比，见表 3-2。

表 3-2　　　　　　农村信用社发展历程比较

主要阶段	创立与普及	事业曲折	初步改革	改革过渡	深化改革
演变时间	1951—1957 年	1958—1979 年	1979—1995 年	1996—2002 年	2003 年至今
社会环境	计划经济初期	高度集中的计划经济时期	计划经济向商品经济过渡	市场经济探索阶段	市场经济发展阶段
改革内容	可选择农村信用合作社、信用部等形式组建	管理权下放到生产大队，改为信用部下属的信用分部	恢复农信社"三性"	脱离农业银行领导	改革产权制度、省级政府负责管理、加大政府政策扶持力度
管理主体	人民银行管理	经历人民公社、生产大队、贫下中农委员会和农业银行管理	农业银行管理	人民银行内部设立的农村合作金融监督管理局管理	省联社管理
改革动因	引导广大农民走上合作化道路	强调"一大二公"和集体经济，改变合作组织属性	发挥好金融对农村经济发展的促进作用	强调独立法人地位，促进市场经济发展	产权关系不明晰、管理目标与职能冲突、经济发展不均衡
主要表现	古典式合作金融组织	集体金融组织	合作金融组织的恢复	合作金融组织的规范发展	社区性地方金融机构

续表

主要阶段	创立与普及	事业曲折	初步改革	改革过渡	深化改革
变迁特征	政府推动	政府推动	政府推动	政府推动	政府主导与自主改革相结合
实际效果	提前实现"一乡一社"的目标	财务混乱、业务停顿,合作金融属性丧失	业务恢复发展,逐步走上制度化、规范化	网点数量增加,资金实力增强,服务效果明显	产权组织形式多样化、地方政府积极性增强

资料来源:依据孙阳昭和穆争社(2013)在中央财经大学学报发表的《论农村信用社制度变迁特征的演变》一文整理所得。

3.2 农村信用社发展路径分析

3.2.1 政府主导的强制性变迁路径

所谓政府主导是指在农村信用社发展历程中,政府的助推作用远超过农村信用社本身改革的作用,带有强烈的政策性,其目的是使农村信用社尽快成长。总体来看,农村信用社的演变主要采取的是以政府为主导、自上而下的强制性制度变迁路径,虽然这种方式能使农村信用社改革很快到位,见效快,摩擦成本小。但这样一味地按照政府设定目标去走,很容易使农村信用社在演变中处于被动接受地位,失去了自身发展的动力与主动性。同时,政府作为一个利益均衡者,对农村信用社改革的制度设计很难有效处理好公平与效率之间的关系,特别是在农村信用社做强做大的过程中,政府干预势必会使农村信用社自身利益受到损害。

3.2.2 渐进式推进的变迁路径

渐进式变迁是在制度演变进程中表现出一种相对平稳、新旧制度之间的轨迹平滑,不引起大的震荡的变迁方式。长期以来,社会经济体制决定和一直影响和决定着农村信用社的发展,社会经济体制的趋向性调节和约束农村信用社改革方向。从农村信用社发展历程看,农村信用社改革随着中国农村经济、农村金融体制、农村政策环境几经转变,并反复调整,从最初的信用社、代办站,到信用分部、从农业银行脱离,再到现在的县级独立法人,无不表现出一个渐进式推进的变迁特征。从以上来看,虽然这种改革方式比较温和，实施成本低，且不会引起利益主体之间出现激烈斗争，但是这种方式并未完全触及农村信用社改革中涉及的深层次问题，并不利于农村信用社的长期发展。

3.2.3　逐步多元化的变迁路径

新一轮的农信社改革是根据各地实际发展情况，按照"因地制宜、分类指导"原则选择发展模式的，可以实行合作制的县级法人模式，也可以实行股份合作制的农合行模式，或者股份制的农商行模式。同时，随着产权制度变迁的不断推进，现有农村信用社发展模式逐步呈现出多元化趋势，比如现以传统方式为主的"省联社管理"模式，以北京、天津、重庆农商行为代表的"统一法人"模式，以宁夏黄河农商行为代表的"金融控股公司"模式、以杭州联合农商行为代表的"联合银行"模式。此外，还有一些学者提出要发展"金融服务公司"模式，这些模式的产生与出现不但适应了制度变迁理论的发展逻辑，也在现实领域中实现了农村信用社产权组织形式和发展模式的多元化。

3.3　陕西省农村信用社发展现状分析

3.3.1　存贷款规模分析

（1）存贷款规模分析。从图3-1来看，2008年以来，陕西省农村信用社存贷款规模呈现稳定增长的态势，截至2015年末，陕西省农村信用社存贷款总体规模分别为5 060.00亿元和3 205.83亿元，连续8年平均增长率分别为19.25%和19.46%，较2008年同期分别增长了3.41倍和3.46倍。2008—2015年期间，陕西省农村信用社存贷款规模增长速度呈现明显下降趋势，增长速度由之前的20%以上下降到15%左右，并且存款增长速度下降快于贷款增长速度。

（2）存贷比与存贷差分析。从图3-2来看，2008—2015年陕西省农村信用社存贷比均值为62.10%，同比增长为1.51%，8年间平均增长率为-0.03%，存贷差规模为1237.89亿元。从变化趋势来看，陕西省农村信用社存贷比的变化幅度较大，存贷差规模变化幅度相对平稳。进一步来看，2008—2009年存贷比有所上升，2009—2015年存贷比呈现U形变化

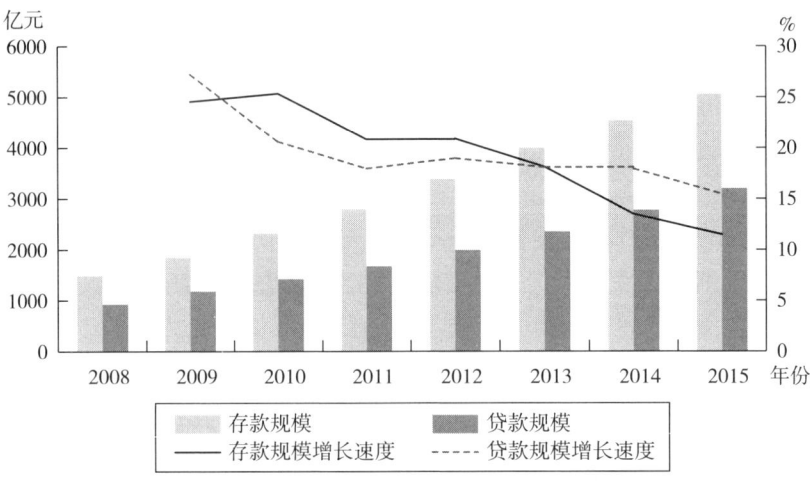

资料来源：此数据是由调研数据整理所得。

图3-1 陕西省农村信用社存贷款规模及增长速度

趋势，2013年为拐点，后期存贷比出现上升趋势说明陕西省农村信用社在这一阶段对当地经济的信贷投资在不断增加。

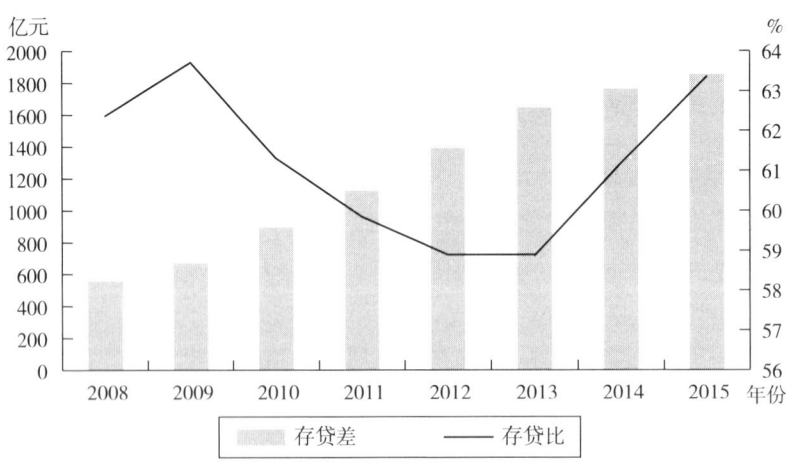

资料来源：此数据是由调研数据整理所得。

图3-2 陕西省农村信用社存贷比和存贷差

3.3.2 财务可持续状况分析

（1）安全性分析。安全性代表农村信用社管理经营风险的能力，一般采用不良贷款余额和不良贷款率来表示。从图3-3来看，2008—2015年，陕西省农村信用社不良贷款余额及占比呈明显下降态势，2015年不良贷款余额及占比开始有所上升。进一步来看，截至2015年末，陕西省农村信用社不良贷款余额为189.50亿元，较上一年同比增长为60.15%，8年间平均增长率为-0.03%，不良贷款率为5.91%，较上年同比增长38.72%，8年间平均增长率为-15.94%，明显高于商业银行不良贷款率平均水平（1.7%）。以上数据分析可以看出，陕西省农村信用社安全性相对较差，不良贷款较高，经营风险较大。

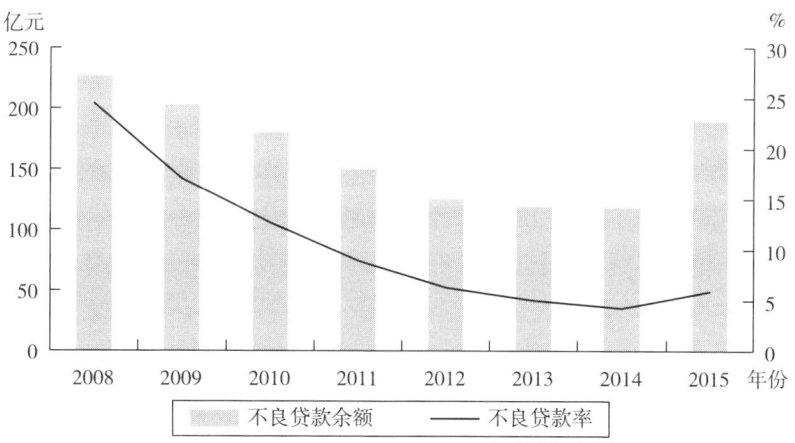

资料来源：此数据是由调研数据整理所得。

图3-3　2008—2015年陕西省农村信用社不良贷款余额和不良贷款率

（2）流动性分析。流动性代表农村信用社资产配置能力，一般采用超额备付率和流动性比例来表示。从图3-4来看，2008—2015年，陕西省农村信用社超额备付率变化幅度较大，2008年保持一个较高水平，2009年之后直线下降，并维持在0~10%；流动性比例呈现微弱的波动变化态势。具体来看，截至2015年末，陕西省农村信用社超额备付率为5.65%，较上一年同比增长为9.18%，8年间平均增长率为-10.16%；流动性比例为67.80%，同较上一年比增长为4.39%，8年间平均增长率为0.75%。由以上数据分析可以看出,陕西省农村信用社具有较为宽松的流动性水平。

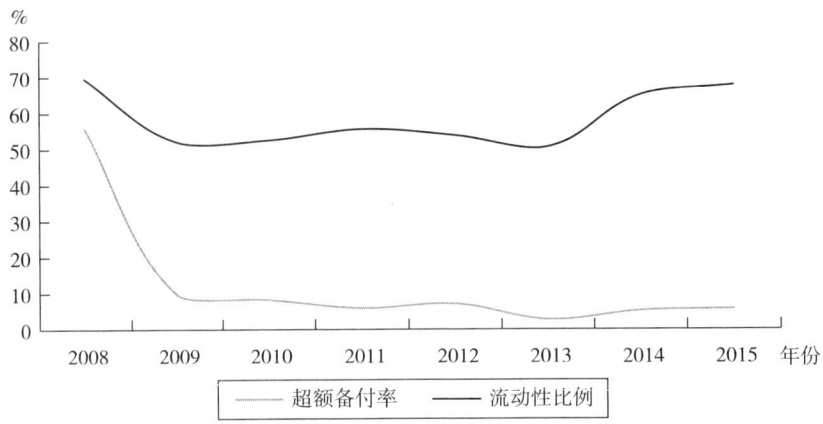

资料来源:此数据是由调研数据整理所得。

图 3-4 2008—2015 年陕西省农村信用社超额备付率和流动性比例

(3)盈利性分析。盈利性代表农村信用社获得利润的能力。从图 3-5 来看,2008—2015 年陕西省农村信用社系统成本收入比变化较大,并呈现波动式下降趋势。截至 2015 年末,陕西省农村信用社系统成本收入比 51.36%,较上年同比增长为 19.1%,8 年间平均增长率为 -2.0%;陕西

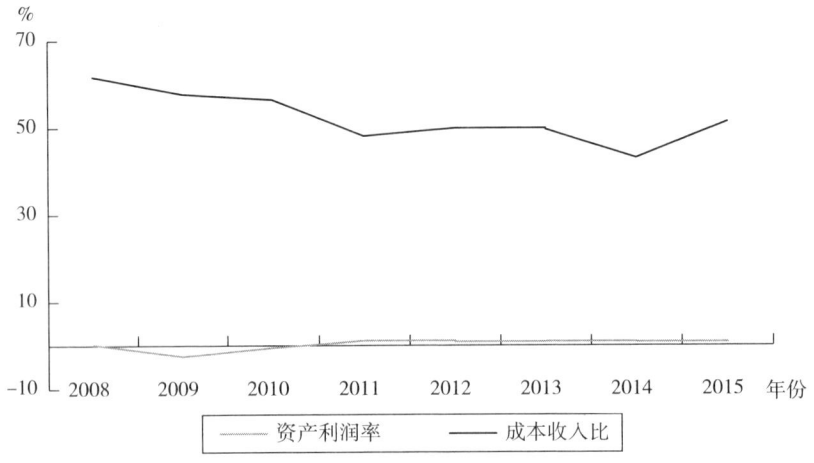

资料来源:此数据是由调研数据整理所得。

图 3-5 2008—2015 年陕西省农村信用社资产利润率及成本收入比

省农村信用社系统资产利润率在考察期内基本不变，2009年出现了负数，主要是受金融危机的影响，其他各年份均保持在0~0.5%水平。截至2015年末，陕西省农村信用社系统资产利润率为0.52%，较上年同比增长为9.18%，8年间平均增长率为-252.6%。由以上数据分析可以看出，受经济下滑的影响，农村信用社经营利润、营业收入均呈现出下降趋势。

3.3.3 "三农"金融服务状况分析

（1）涉农信贷规模分析。从图3-6来看，截至2015年末，陕西省农村信用社涉农贷款余额为2 178.71亿元，较上年同比增长为8.93%，占各项贷款余额比重为71.63%，8年间平均增长率为20.22%。从图3-7显示的涉农贷款投向来看，农户贷款余额为1 613.26亿元，较上年同比增长为6.31%，占各项贷款余额比重为53.04%，8年间平均增长率为19.56%；农村企业及各类组织贷款余额为389.26亿元，较上年同比增长为25.48%，占各项贷款余额比重为12.80%，8年间平均增长率为19.73%；城市企业及各类组织涉农贷款余额为176.19亿元，较上年同比增长为2.24%，占各项贷款余额比重为5.79%，8年间平均增长率为52.36%。

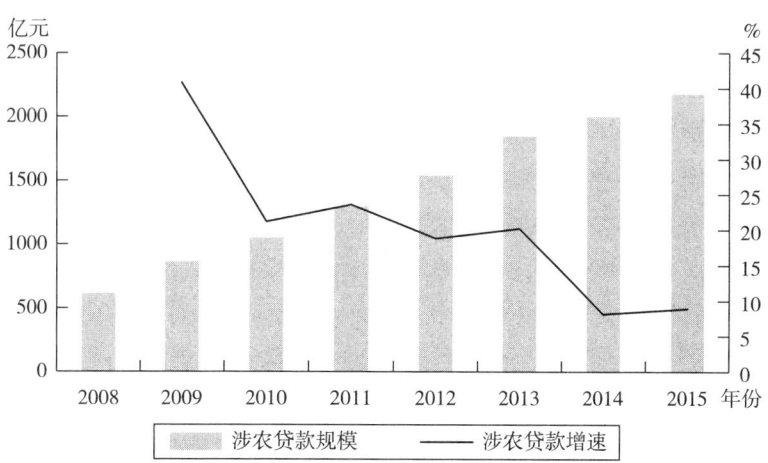

资料来源：此数据是由调研数据整理所得。

图3-6　2008—2015年陕西省农村信用社涉农贷款规模和增速

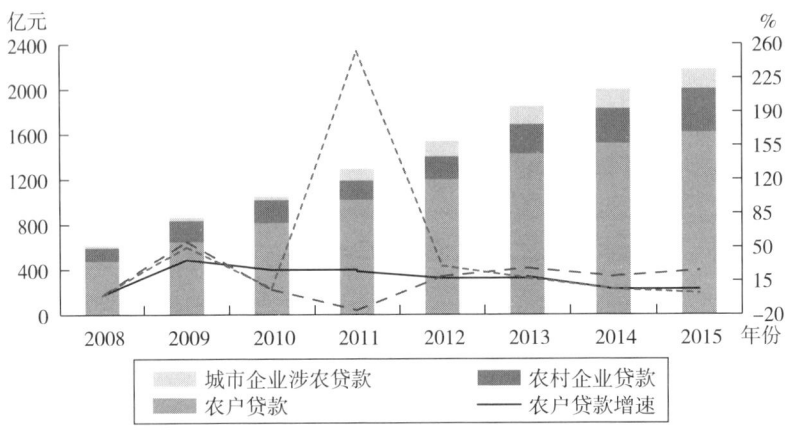

资料来源：此数据是由调研数据整理所得。

图 3-7　2008—2015 年陕西省农村信用社涉农贷款投向和增速

(2) 营业网点与员工人数分析。截至 2015 年末，陕西省农村信用社营业网点数量为 2 938 个，员工人数为 23 099 人，分别占陕西省金融机构网点总数和员工人数的 40.94% 和 23.32%，有效弥补了陕西省 90% 以上的乡镇金融服务空白点。具体来看，一级法人农村信用社营业网点数量为 1 599 个，员工人数为 12 502 人，农村合作银行营业网点数量为 34 个网点，员工人数为 209 人，农村商业银行营业网点数量为 1 305 个，员工人数为 10 388 人。由以上数据分析可以看出，无论从营业网点还是员工人数，陕西省农村信用社在农村金融体系中占据着不可替代的重要位置。

(3) 金融服务创新情况分析。2008 年以来，陕西省农村信用社一方面在农村领域开办银行卡特色服务业务，并通过银行卡业务的受理将金融服务延伸至广大偏远农村，从而在一定程度上有效解决了农户的基本金融服务需求。截至 2015 年末，陕西省农村信用社共发放出银行卡 1 644 万余张，其中，借记卡 1 643 万余张，累计交易金额 1 963.66 亿元，贷记卡 7 507 余张，期末授信总额高达 9 607.90 万元，累计消费总额近达 8 135.03 万元。另一方面，陕西省农村信用社通过在农村区域安装自助设备，推广银行卡助农取款服务业务，有效便利了农户办理金融业务。截至 2015 年末，陕西省农村信用社在农村区域已安装使用 ATM 2 749 台，POS 机 27 875 台，信付通 205 台，其他支农结算工具 7 209 台，目前已基本形成了包括网点、电子机具和流动服务在内的金融服务覆盖体系。

(4) 农村信用工程建设情况分析。2008 年以来，陕西省农村信用社在当地政府、涉农相关部门等的支持下，积极开展农村信用建设工程，有效推进着"信用户""信用村""信用乡"建设，进一步优化了农村信用环境。截至 2015 年末，陕西省农村信用社为 18 426 个行政村建立经济档案，评定了 4 210 个信用村，覆盖率为 22.84%；为 3 823 家农民专业合作社建立经济档案，评定了 343 家信用农民专业合作社，覆盖率为 8.97%；为 337.86 万户农户建立经济档案，评定了 370.78 万户信用户，92.42 万户获得了贷款，贷款余额高达 1 166.81 亿元。

3.4 陕西省农村信用社产权改革中存在的问题分析

3.4.1 管理体制不顺

从目前陕西省农信社管理体制来看，省联社是管理和服务辖内各家农信社的主要金融机构。省联社作为具有独立法人地位的金融机构，其运作模式主要是采取自下而上持股与自上管理控制，即由辖内各家农信社按照自愿原则出资入股组建成省联社，然后由省联社对各家农信社履行管理与服务职能。在现有农信社管理体制下，省联社虽然能有效整合辖内各农信社的存贷款资源，并在调剂农信社资金、人才培养、产品研发等方面发挥着重要作用，但是也存在着一些比较突出的问题，其中最为明显的是省联社管理职能太强、服务职能较弱，也正是这个缺陷导致省联社本身带有浓厚的"行政化色彩"，在一定程度上限制了一级法人农信社、农合行和农商行的业务发展，反响较为强烈。其问题具体表现在两个方面：

一是省联社存在严重的外部干预。首先，从省级政府与省联社之间的关系来看，目前，省级政府不仅操控着省联社理事长、主任的人事任免权利，还对省联社实施依法管理，同时将省联社作为实现经济利益的工具（穆争社，2009；王文莉等，2013），这种做法不可避免地使省级政府对省联社的管理形成了一种"替代"关系，并产生了严重的外部干预。其次，从省联社的管理与服务职能来看，省联社作为省级政府下放的金融机构，身兼各县级农信社管理与服务、省级政府行政管理和合作制金融企业管理等多重职责，这很容易使省联社在内部管理上产生信息不对称和职能错位等问题，导致县级农信社管理与服务逐步异化为上下级的行政管理。具体来看，省联社通过对各县级农信社下放各项经营指标、设定业务权限，甚至直接干预人事、财务等方面的安排来实行行政管理，特别是对于已经转制为农合行和农商行的农信社来说，省联社目前仍没有淡出对其人事、财务、业务、战略等层面的干预（杨峰，2012），在一定程度上严重制约着农信社的发展。

二是县级农信社法人地位完全丧失。农信社作为农村金融市场真正意义上的金融机构，由辖内农民、个体工商户和其他经济组织入股组建的社区性银行业金融机构。事实上，省联社虽然是由各县级农信社按照自愿原则自下而上入股成立，但是各县级农信社的理事长、主任的人事任免权却一直由省联社负责，这种运作模式使省联社与各县级农信社之间形成了一种"仆人"与"主人"倒置的关系，并成为在各县域的派出机构，在一定程度上使各县级农信社完全丧失了独立法人地位（蓝虹和穆争社，2011）。

3.4.2 经营管理能力低下

目前农信社经营能力低下主要表现在两个方面：

第一，产权制度依然不健全。目前，虽然农信社产权改革在不断地推进，但始终没有形成形一个有效的"权、责、利"对等机制。就农信社入股情况而言，陕西省农信社的社员入股并不是以有效转变法人治理结构为实现目标，而其主要目的是得到稳定的股金分红或便于获取优惠贷款。从股权结构来看，农信社虽然通过规范老股金和增资扩股制度使其产权关系在理论上得以初步明晰（王文莉，2014），但现实中大多数县级农信社对入股股东的身份未设定具体要求，使得农民股股东逐渐被边缘化，涉农股东逐渐被法人股和自然人股替代，从而使农信社股权结构出现了明显的非农化倾向（王文莉，2004）。

第二，法人治理结构不完善。在农信社成立之初，虽然作为一级法人的农信社、农合行、农商行均以公司章程的形式规定了各入股股东和入股社员等的地位、权利与义务，并确定农信社的法人治理结构由董事会（理事会）、监事会、股东大会（社员代表大会）等"三会"制度构成的，但在实际运转中，法人治理结构有其"形"却无其"神"，股东大会（社员代表大会）仅仅是徒有虚名，各入股股东和入股社员明显处于虚置状态，未能真正有效行使其权利（王秀丽，2011）。理事会成员文化程度普遍较低，企业法人理事和自然人理事等外部理事的制度建设也不完善，这些问题加大了理事会行使其作为执行部门与决策监督部门职能的难度。从以上来看，新一轮的产权制度改革虽然能在理论上能实现农信社的自我治理，但这种徒有虚名的治理结构使农信社股东缺乏行使权力的积极性，导致农信社产生严重的"内部人控制"问题，在一定程度上会加大风险加权资产规模比重，并形成累积性风险，从而制约农信社资本充足率的提升。

3.4.3 金融产品与服务创新能力不足

理论研究表明，技术水平是影响金融机构发展的主要因素之一，技术进步能有效提高金融机构生产效率、促进经营收入的提升（徐晓光等，2014）。随着陕西省农业适度规模经营和农村产权制度试点改革的不断推进，农村金融市场中经济主体对金融产品与服务需求已呈现出明显的分化态势。然而，由于目前农信社技术水平不高、金融创新不足等原因，不仅导致农信社无法有效满足多元化的市场需求，也在一定程度上加大了开展农村普惠金融工作的难度。具体来看，主要体现在以下三个方面：

一是农信社提供创新性金融产品与服务的动力不足。一方面，由于农业产业的天然弱质性，使得农信社信贷风险和不良贷款的滋生，从而在影响农信社经营利润提高的同时，也制约了农信社对农户和中小企业提供创新性金融产品与服务的积极性；另一方面，受农村交通、环境等外界因素制约，农信社在为农户和中小企业提供金融产品与服务时，需要付出高额的交易成本，加大了农信社创新金融产品与服务的难度。

二是农信社提供创新性金融产品与服务的效果不佳。首先，农信社所提供的金融产品与服务很少考虑到农村经济发展的特殊性，与农村金融市场中的需求主体契合度不高，大多农信社提供的金融产品与服务仅是城市金融产品与服务的复制和推广，部分与农村市场相关的金融产品与服务缺乏特色，针对性不强。其次，农信社对农户和中小企业提供仍是储、贷、汇等基本业务，金融产品与服务较为单一，目前已经很难有效满足在当前利率市场化、产业集群和城乡统筹发展趋势下的农户和中小企业的消费、教育、投资、理财等现实金融需求（张龙耀、褚保金，2012）。

三是农信社提供创新性金融产品与服务的手段欠缺。陕西省农信社的营业网点主要通过柜面方式为农户和中小企业提供金融产品与服务，这种传统的方式手续烦琐，效率低下，不仅很难有效体现农村金融产品与服务的渗透性与效用性，并且也已不能完全适应科技信息化水平的发展要求。同时，目前农信社既没有针对不同的客户群体需求设定差异化的服务网点，也没有针对不同的客户群体的偏好定制差异化的服务模式，在很大程度上制约了创新金融产品与服务工作，不利于提高农信社普惠金融服务水平。

3.4.4 过于注重产权组织形式导致改革呈现"一刀切"倾向

从农信社改革的实践经验来看，改革前期，中央政府确实对农信社产权组织形式赋予了一定的自主选择权利，要求农信社按照各地实际发展情况和"因地制宜、分类指导"的原则加快改革步伐，这一做法很快让农信社的产权组织形式在短期内产生了分化格局，并在机构数量、财务效益等方面上呈现出明显的差异化。但是，2010年11月，中国银监会又提出"全面取消农信社资格股，鼓励符合要求的农信社直接改制为农商行，不再组建新的农合行，现有的农合行全部转型为农商行"，这一要求无疑加快了农信社向农商行的转型。作为第一批深化改革试点地区，陕西省农信社认真贯彻落实监管部门相关政策要求，优先吸收认同农信社服务"三农"战略、追求长期投资价值的本地民营企业投资入股参与改革，并在不断优化股权结构的同时，也加快了组建农商行的步伐。

从以上来看，农信社深化改革是按照自上而下的思路开展，其主要做法是以中央政府出台的相关文件为指导，通过地方政府督促、引导，制定明确的改制时间和机构数量规划，并采取行政措施推动农信社的资格股向投资股转化，从而加速促进农信社向股份制的农商行转型。然而，由于陕西省不同地区经济发展水平、信用环境与市场竞争程度存在较大差异，且不同产权组织形式农信社在改革过程中已出现明显异化，因此如果一味地按照农商行产权组织形式进行改制，不仅会使农信社脱离自身发展规律，也会严重违背中央政府早期按照因地制宜、分类指导的原则对农信社改革的初衷。

理论研究表明，金融体制改革的目标是构建一个能降低交易成本、提高融资效率的金融市场体系（罗来武等，2004）。从国际发展经验来看，农信社向商业性金融模式转变是世界各个国家和地区合作金融制度的演变趋势。事实上，新一轮农信社产权改革基本上走的是一条非常典型的"机构路径"，即侧重于农信社内部效率与财务绩效的提高以及产权组织形式的存在形态，但这些问题并不是农信社发展的核心。随着中国农村经济结构的重大转变和农村金融体制改革的不断深化，未来农信社改革在提高自身财务绩效的同时，更应有效发挥金融支农功能，即在依据不同地区经济发展水平、信用环境与市场化程度的基础上，将农信社改革纳入一个既能够保持商业可持续发展，又能立足三农、有效满足多元化市场主体对金融需求的农村金融体系框架中。

3.4.5 政府"过度干预"农村信用社改革及功能定位

由于信息不对称和监管外部性等原因，使农村金融市场本身存在着无法避免的错误与缺点，因此在农村金融市场出现失灵时，就需要发挥政府的调控功能。从农信社创立以来，作为一直倡导农信社制度变迁的主要参与者，中央与地方政府在设计农信社改革时，更多体现的是自身的意志，也正是由于政府的介入使得农信社改革本身的制度安排与农村经济主体的需求衔接性较差，造成农信社无法有效满足农村金融市场经济主体的金融需求，限制了农信社金融支农功能的发挥。事实上，出现这一问题的主要原因之一是政府"过度干预"农信社改革及功能定位（刘勇，2010），具体表现在以下两个方面：

一是农信社改革受中央和地方政府行为的利益诱导影响。在农信社实际变迁进程中，农信社改革方案的制定者均是中央政府和中国人民银行。计划经济时期，农信社要完全按照中央政府发展农村经济的计划安排和现实需要行使服务"三农"的职责。随后，农信社管理体制几经改革，中国人民银行不再负责农信社监管职责，中国农业银行也不再对农信社承担类似于政府的行政职能。在新一轮农信社深化改革中，中央政府赋予了地方政府管理农信社的话语权，并将农信社的管理职能下放给地方政府。地方政府按照自上而下的思路开展农信社改革工作，通过政策性补偿与政策资金捐赠等措施，帮助农信社化解历史包袱，同时引导农信社资金流向与配置，发挥政府在农村金融市场的财政支农功能。由此，一些条件较好的农信社开始逐步向股份制转型，而且农信社支农服务效果也初现成效。

二是农信社改革需服从国家战略发展需要。从演变流程来看，国家在很长一段时间内都主导着农信社改革，严格控制着农信社的金融资源，其具体做法是，通过鼓励农信社吸收农村储蓄，并将吸收的存款资源以贷款的方式支持城市工业部门的发展，这不仅导致农信社资金外流较为严重，也进一步侵蚀了农信社支农功能，造成农信社"一农支三农"的重任难以有效发挥。

3.4.6 农村金融市场缺乏功能上的竞争机制

现阶段，农信社在农村金融市场中的资源垄断程度依然较高，并拥有较强的市场操控力，但这种以农信社为主导的金融制度安排已不再适应农村金融市场发展的要求，农信社在农村金融市场缺乏功能上的竞争机制的问题日趋明显。与此同时，在面对经济步入新常态和农业现代化与城镇化快速发展的背景下，农信社已不能有效满足现有农村金融经济主体的多元化需求。近年来，为构建适度竞争的农村金融市场体系，解决农村金融机构金融产品与服务供给不足等问题，国家持续强调要在农村领域建立"三位一体"的金融市场体系（马晓楠，2014）。2008年以来，陕西省以国家政策为契机，对农村金融市场进行了一系列的改革，逐步打破了农信社在农村金融市场中独大的格局，并加强了农村金融机构之间的竞争，但是其改革的最终结果是建立了以农商行为市场主导的农村金融体系，合作性金融在逐渐消失，政策性金融支持力度仍然不足。从农信社改革现状来看，目前大多地区将一级法人农信社转变成农合行或农商行，原有农信社合作性金融在逐渐消失。从政策性金融发展现状来看，中国农业发展银行在推进粮油棉储贷款业务的基础上，逐渐向商业性金融业务倾斜，对扶贫和支持农村经济发展的项目推进并没有取得良好进展。从设立的一些新型金融机构来看，作为由大中型金融机构发起设立的正规金融机构，村镇银行的出现虽然能在一定程度上解决农村金融产品与服务不足问题，但业务发展、经营策略均因自身的资产规模较小而使发展受到限制，导致服务效果甚微。小额贷款公司"只存不贷"的服务模式并未受到中国银监会的合法化，并且受制于资产规模的限制，小额贷款公司业务发展受到很大影响。一些在农村地区滋生的农村资金互助组织，虽然在规模和数量上不断扩大，但这种非正式合作组织并未得到农户和中小企业的认可，其在农村金融市场中的力量依然微不足道。另外，中国农业银行"三农事业部"的设立和各类民营银行的成立虽然促使了农村金融市场多元化竞争格局的形成，但由于这些部门和机构成立时间较短，其在资产规模、客户容量、市场信誉等方面还远远不能与农信社相提并论，在短期内并不能给农信社带来显著影响。

3.4.7 农村金融监管体系与法律制度不健全

从现有的监管体系与法律制度来看，农村金融仍然是金融体系中最薄弱的环节，法律制度缺失、监管力度不足等问题严重制约着农信社的改革与发展。具体主要表现在以下三个方面：

第一，农信社监管部门之间未形成有效合力。目前，负责监督和管理农信社的部门主要有各级人民银行、银监会及各级银监分局和地方政府。虽然这种集权多头的监管模式对农信社发展有一定促进作用，但也存在一些突出问题：一是各监管机构之间缺乏一个整体的监管框架，很难厘清各监管机构之间的职能与权力；二是各监管机构缺乏协调机制，监管效率低下，监管信息在这些机构之间难以有效共享。

第二，农信社市场退出机制缺位。2006 年以来，随着农村金融市场准入条件的放宽，不仅为发展农村金融注入了新的活力，也对农村金融监管提出了新的要求。当前，农信社面临的主要问题之一是市场退出机制尚未建立，市场约束有待硬性化（李雨谦，2013）。近年来，中国银监会也不断强调要求农信社应遵循优胜劣汰规则，对不符合标准和亏损较大的农信社要尽早退出农村金融市场。另外，与城市金融相比，农信社面临的市场风险相对较高，因此只有建立一个有效的市场退出机制，监管机构才能依法对有违规行为的农信社采取经济处罚、清理、关闭、兼并或重组，以化解不断滋生的市场潜在风险。

第三，指导农信社经营与发展的相关法律制度落后。目前，指导农信社、农合银行和农商行的金融法律法规主要有《人民银行法》《银行业监督管理法》《贷款通则》。这些法律虽然具有普遍适用性，但主要侧重大中型商业性金融机构，并不完全适用于农信社，在农村金融市场也不具有针对性，使得农信社在创新金融产品与服务时受到一定局限。虽然一些权威机构也颁布了《农村信用合作社管理规定》《农村合作银行管理规定》《农村商业银行管理规定》等一系列"暂行规定"，但这些法律法规内容在农村金融监管多为原则性规定，执行性不强；其他有针对性的法规多为部门规章制度，立法层级不高，法律效力相对较低。另外，有关农村抵押担保的相关法律法规也不完善。随着农村承包土地的经营权和农民住房财产权抵押贷款试点工作的开展，农村土地抵押担保立法问题越发突出，并且成为抵押品处置的主要屏障之一。

3.4.8 农村金融生态环境有待进一步优化

从理论上讲，金融生态是指金融主体与金融生态环境两者互相依存、相互影响、共同发展的动态平衡系统（王磊玲，2011）。作为金融发展理论中的分支，金融主体应在不断适应、改善金融生态环境的同时，反向促进金融主体的良性发展。

3.4.8.1 农村信用体系建设滞后

第一，信用意识淡薄。农户和中小企业作为农村金融领域的弱势群体，普遍存在着信用意识淡薄，对自身信用行为不够重视，使农村金融市场对农户和中小企业吸引力不足，造成逃废债务、贷款违约、交易双方出现失信等现象不断滋生，特别是一些经济发展十分落后的县域地区表现尤为突出。第二，缺乏诚信教育与信用观念等方面的培养机制。目前，农村信用社通过在农村地区对农户和中小企业进行诚信与信用观念教育，虽然这些教育与宣传工作能有效提高农村的信用意识，但绝大多数工作仍停留在表面，未能完全在农村领域铺开，使得农村信用、诚信教育以及征信体系建设仍然滞后。

3.4.8.2 区域经济发展不均衡

区域经济发展不协调势必引发省内经济发展差距扩大，进而造成金融资本集聚的区域失衡。虽然陕西省城乡经济在近年来得到了较快发展，但是随着工业化、城镇化的大力推进，不同地区经济发展出现不均衡，目前已呈现出由南向北梯度递增的趋势和明显的区域特性，形成了以资源丰富、经济水平较好的陕北地区，以农业为主、经济欠发达的关中地区以及资源相对匮乏，经济水平落后的陕南地区三大区域。从区域经济来看，农村信用社发展确实与当地经济发展保持着相一致路径，更多表现为陕北经济发达地区与关中陕南经济欠发达和落后的地区的不均衡，越是经济发达地区，农信社发展规模越大、市场容量越多，而经济欠发达和落后的地区，则更多因农业产业化水平低、农村经济主体发育不完善等因素，导致农信社经营能力和发展水平较低。

从表3-3可以看出，2008—2014年，各地区人均生产总值和社会消费品零售总额基本呈现出上升趋势，第一产业占比表现为波动式变化，但总体均呈现出下降趋势。从各地区对比来看，人均生产总值中，陕北最高，关中次之，陕南最低；社会消费品零售中，关中最高，陕北次之，陕南最低；在第一产业占比中，陕南最高，关中次之，陕北最低。从统计数据分析可知，当前陕西省农村金融生态环境差异较大，这主要是由于不同地区农业产业化程度以及农村经济主体发育程度不同所致。由此可以看出，农信社改革既有其自身发展规模、模式、经营水平等因素影响，又有经济结构、市场需求等外部因素驱动。因此，未来农信社改革既要客观承认各地区农信社之间的资源禀赋差异性，又要注重地区之间的协调、融合，并按照由区域发展到整体发展的思路推进陕西省农信社区域均衡发展的目标。

表3-3　　2008—2014年陕西省不同区域经济发展状况

时间	人均生产总值（万元）			社会消费品零售总额(亿元)			第一产业占比（%）		
	陕北	关中	陕南	陕北	关中	陕南	陕北	关中	陕南
2008	3.53	1.92	0.94	238.91	1824.12	254.08	6.12%	9.71%	24.35%
2009	3.69	2.23	1.08	273.58	2158.73	293.37	6.16%	8.93%	22.29%
2010	4.78	2.72	1.34	330.71	2579.35	347.48	6.18%	9.36%	20.98%
2011	6.14	3.29	1.69	399.66	3094.56	406.35	5.83%	9.55%	20.10%
2012	7.10	3.74	2.00	476.00	3630.81	474.82	5.66%	9.39%	19.10%
2013	7.43	4.26	2.39	540.55	4162.80	541.69	5.80%	8.73%	17.22%
2014	7.71	4.67	2.69	592.98	4713.97	611.76	6.01%	8.44%	16.22%

资料来源：根据陕西省统计年鉴整理所得。

3.5　本章小结

本章在对农信社发展历程进行梳理的基础上，基于制度变迁理论对农信社的发展现状与存在问题进行了分析。从发展历程来看，农信社先后经历了创立与普及、事业曲折、初步改革、改革过渡和深化改革等五个阶段；从发展路径来看，农信社改革是具有政府主导的强制性变迁、渐进式推进的变迁和逐步多元化变迁的路径;然后从陕西省农信社发展规模、财务可持续状况和"三农"金融服务状况三个方面分析了陕西省农信社的发展现状;最后深入分析了农信社产权改革中存在的问题,主要有管理体制不顺、经营管理能力低下、产品与服务创新能力不足、过于注重产权组织形式改革、"过度干预"农村信用社改革及功能定位、农村金融市场缺乏功能上的竞争机制、农村金融监管体系与法律制度不健全、农村金融生态环境有待进一步优化等。

第四章　产权改革与陕西省农村信用社生产效率变化及收敛性实证分析

作为一种高投入、多产出的金融机构，农信社生产效率反映了其技术水平及其化情况，是农信社自身经营、资源配置和市场竞争等多种能力的综合表现。鉴于此，本章在上一章对农信社发展历程、现状与存在问题详细介绍的基础上，从总体视角出发，通过分析农信社产权改革对其生产效率变化及收敛的影响，进而评估农信社产权改革效果。

4.1　农村信用社生产效率变化分析

4.1.1　农村信用社生产效率评价的指标选取

理论上来讲，由于不同的投入产出体系评价出的决策单元效率值会有所不同，因此合理选取变量就成为评价农信社生产效率的关键问题。现有研究关于农信社投入产出指标选取主要有三种方法，分别为生产法、中介法和资产法（赵崇生，2008）。本书在构建农信社生产效率的指标时，主要借鉴了中介法的指标体系，并结合了资产法的优势，同时考虑了农信社业务特点，最终选取了如下指标（详见表4-1）：[①]

（1）投入：可贷资金、固定资产净值、营业费用和所有者权益。

将可贷资金（存款、同业拆入和央行再贷款）、固定资产净值、营业费用和所有者权益作为投入指标。目前，现有学者普遍认为存款、同业拆入与央行再贷款是农信社经营资金的主要来源，其规模的大小能直接反映

[①] 根据李双杰和高岩（2014）在确定银行效率评价指标时，认为生产法是将金融机构作为提供服务与商品的生产部门，投入为经营中资源的消耗，产出为金融产品和服务。中介法是将金融机构作为中介组织，通过投入各类成本来吸收存款，并将其转化为贷款、投资以获得各类收入。中介法一般将投入产出指标分为两种：一种是服务体系指标，投入为不同渠道获取的资金，产出为资金的不同使用方式；另一种是盈利体系指标，投入为各类经营成本，产出为各类收入。资产法是将金融机构作为金融中介，按照资产负债表中资产与负债分配原则，将产出严格定义为资产负债表中的资产方，包括贷款和证券投资额，存款作为负债方，并不计入产出。

该农信社获取资金的程度（褚保金等，2007；黄惠春等，2014）。固定资产净值代表农信社为扩大经营规模和提高服务广度而增设网点和自助服务设备，营业费用上升会导致农信社盈利能力下降。所有者权益能有效反映收益与风险之间的平衡关系（Park & Weber，2006），因此，本书也将该指标纳入了投入指标体系中。

（2）"好"产出：正常贷款、营业收入和净利润。

将正常贷款、营业收入和净利润作为"好"产出，正常贷款为扣除不良贷款后的余额，代表农信社向客户提供信贷的规模，其数量大小直接影响农信社财务可持续性；营业收入是农信社的主要经营成果，是取得利润的重要保障，直接影响农信社财务的可持续增长；净利润是农信社经营效益的最终成果，是评价农信社获利能力、管理绩效的一个重要指标[①]。

（3）"坏"产出：不良贷款。

将不良贷款作为"坏"产出主要是基于两方面的考虑，一是不良贷款作为农信社经营中面临的主要风险，加入模型中能有效弥补忽视"坏"产出而导致计算结果不精确的缺陷；二是不良贷款数量的大小和不良贷款率指标的变化是农信社最直观的经营效果，加入模型中能使农信社生产效率的评价更为全面和客观。

表 4-1　　　　农信社生产效率评价的指标选取与统计性描述分析　　　　单位：万元，%

变量类别及属性	指标名称	变量符号	指标含义	均值	标准差
投入变量	可贷资金	$Input_1$	年末存款+同业拆入+央行再贷款	272 494.40	305 284.10
	固定资产	$Input_2$	年末账面固定资产净额	2 633.31	2 889.97
	经营投入	$Input_3$	年末营业费用	13 995.14	17 111.38
	权益	$Input_4$	年末所有者权益	15 854.63	39 278.42

[①] 本章数据的时间范围为 2008—2014 年，因此能避免农信社在 2007 年以前采取贷款四级分类制度而造成的实际利润被高估。

续表

变量设置及释义			统计性描述		
变量类别及属性	指标名称	变量符号	指标含义	均值	标准差
产出变量	信贷规模	$Output_1$	年末正常贷款余额	150 211.60	176 428.20
	经营产出	$Output_2$	年末营业收入	18 130.54	24 561.10
	经营收益	$Output_3$	年末净利润	1 943.48	7 880.12
	不良贷款	$Output_4$	年末不良贷款余额	14 881.46	19 095.65
总样本数（obs）			749		

注：文中在评价农信社生产效率时所用的软件是 MaxDEA Pro 12.0。

4.1.2 农村信用社生产效率评价的模型构建

本书对农信社生产效率评价主要采用数据包络模型（data envelopment analysis，DEA）。该模型是一个既包含期望产出，又包含非期望产出（不良贷款）的生产可能性集，即风险约束。假设每个农信社使用 N 种投入 $x = (x_1, \cdots, x_N) \in R_N^+$，得到 M 种期望产出 $y = (y_1, \cdots, y_M) \in R_M^+$ 和 J 种非期望产出 $b = (b_1, \cdots, b_N) \in R_J^+$。利用农信社第 t 期的 N 种投入与 M 种产出 $(x^{k,t}, y^{k,t}, b^{k,t})$，可构造出当期的生产可能性集 $P^t(x^t)$：$P^t(x^t) = \{(y^t, b^t)\}: x^t$ 能生产出 $\{(y^t, b^t)\}$，$x^t \in R_N^+, t = 1, 2, \cdots, T$。目前，该模型满足三个基本假设条件：第一，$P^t(x^t)$ 生产可能性集是闭集的，且满足凸性；第二，投入和期望产出具有强可处置性；第三，非期望产出具有弱可处置性[1]。

（1）方向距离函数。由于传统的距离函数难以较好地评价含有非期望产出的农信社生产效率，因此本书通过方向性距离函数构建非期望产出模型，测算可能性集最优解，反映农信社经营中对不良贷款的控制能力。根据 Tone et al.（2001）和 Fukuyama & Weber（2009）的模型设定，本书以

---

[1] 好产出具有强可处置性（strong disposability），其经济意义为在投入既定的条件下，若 $(y^t, b^t) \in P^t(x^t)$，则 $(y^t - s^t, b^t) \in P^t(x^t), s^t \geq 0$，其中 s^t 表示的是产出的松弛变量；坏产出具有弱可处置性，其经济意义为要减少坏产出，好产出也必须减少，即在投入既定的条件下，若 $(y^t, b^t) \in P^t(x^t)$，则 $(\theta y^t, \theta b^t) \in P^t(x^t)$，$0 \leq \theta \leq 1$ 其中 θ 代表效率值。

投入产出为导向,构建了第 k' 个农信社在当期风险约束和规模报酬可变条件下的方向性距离函数及生产效率值,其表达式如下:

$$\max\beta = \vec{D}^t(x^{t,k'}, y^{t,k'}, b^{t,k'}; g)$$

$$\text{s. t.} \begin{cases} \sum_{k=1}^{K} \eta_k^t y_{km}^t - S_m^y = y_{k'm}^t, m = 1, \cdots, M \\ \sum_{k=1}^{K} \eta_k^t b_{kw}^t + S_w^b = b_{k'w}^t, w = 1, \cdots, W \\ \sum_{k=1}^{K} \eta_k^t x_{kn}^t + S_n^x = x_{k'n}^t, n = 1, \cdots, N \\ \sum_{k=1}^{K} \eta_k^t = 1, \eta_k^t \geq 0, k = 1, \cdots, K \end{cases} \quad (4-1)$$

式 4-1 中,g 为投入缩减、期望产出扩张与非期望产出缩减的方向性向量,β 为方向性距离函数的值,S_n^x、S_m^y 和 S_w^b 分别为投入、期望产出和非期望产出的松弛变量,当 $S_m^y = S_w^b = S_n^x$ 时,说明农信社 k' 有效率,反之,则无效,说明农信社的投入、"好"产出或"坏"产出需要改进,η_k^t 表示每年观测值的权重,基于式 4-1,并以方向性向量 g 为权数,可以求解投入 x 和非期望产出 b 最小化,期望产出 y 最大化的生产效率值。

(2)全局 Malmquist – Luenberger(Global ML)指数。Global ML(简称 GML)指数是将处于不同时期生产技术集下的所有评价对象作为总体参考集进行评价,相比传统 ML 指数,该方法最大的特点是评价对象动态生产率指数的几何平均值具备循环累乘性①。另外,由于被评价对象肯定包含在全局参考集中并且各期参考的均是同一前沿面,因此该方法不仅能解决在规模报酬可变下线性无解难题,而且还有效避免生产前沿向内偏移而导致"技术倒退"的可能性。

根据上述生产可能性集和 Pastor & Lovell(2005)、Oh & Lee(2010)

---

① GML 分析方法是由 Paster & Lovell(2005)提出的一种 Malmquist 指数计算方法。它是以所有各期的总和作为参考集,即各期共同的参考集为 $S^g = S^1 \cup S^1 \cup \cdots \cup S^p = \{(x_j^1, y_j^1, b_j^1)\} \cup \cdots \cup \{(x_j^T, y_j^T, b_j^T)\}$;循环累乘性的经济意义可表示为:GML(2,1)× GML(3,2)= GML(3,1)。

提出的计算方法，可以将全局共同参考集表示为：$\vec{D}_0^G(x^t,y^t,b^t;g^t) = sup\{\beta : (y^t,b^t) + \beta g^t \in P^G(x^t)\}$，从而通过全局方向性距离函数可得到动态生产率指数为：

$$GML_t^{t+1} = \frac{1 + \vec{D}_0^G(x^t,y^t,b^t;-x^t,y^t,-b^t)}{1 + \vec{D}_0^G(x^{t+1},y^{t+1},b^{t+1};-x^{t+1},y^{t+1},-b^{t+1})} \quad (4-2)$$

式 4-1 中，若 GML 指数大于 1，说明农信社动态生产率从 t 到 t+1 时期处于增长状态；若 GML 指数小于 1 说明农信社动态生产率处于下降状态；若 GML 指数等于 1，说明农信社动态生产率保持不变。

关于 Malmquist 指数分解，Fare et al.（1994）和 Ray & Desli（1997）分别在规模报酬不变（Constant Returns to Scale，CRS）和规模报酬可变（Variable Returns to Scale，VRS）提出可以将 Malmquist 指数分解为纯效率变化、规模效率变化与技术进步，然而这两种方法均存在不足，其中，前者对 Malmquist 指数的分解并不准确，后者对 Malmquist 指数的测算不够精准。鉴于此，本书参照以往研究（王兵、朱宁，2011a，2011b），并考虑了以上两种分解方法的不足，将上述 Malmquist 指数分解为纯效率变化（GPTEC）、纯技术变化（GPTC）、规模效率变化（GSEC）和技术规模变化（GTPSC）：

$$GML_t^{t+1} = GPTEC_t^{t+1} \cdot GPTC_t^{t+1} \cdot GSEC_t^{t+1} \cdot GTPSC_t^{t+1} \quad (4-3)$$

式 4-3 中，若 GPTEC、GPTC、GSEC 和 GTPSC 的测算值均大于 1 时，表明纯技术效率改进、技术进步、规模效率提高和技术偏离 CRS，若 GPTEC、GPTC、GSEC 和 GTPSC 的测算值均小于 1 时，则反之。

根据修正后的方向性距离函数，以 t 期为例，可得到全局 VRS 下线性规划表达式：

$$\max \beta = \vec{D}_0^G(x^{t,k'},y^{t,k'},b^{t,k'};-x^{t,k'},y^{t,k'},-b^{t,k'})$$

$$s.t. \begin{cases} \sum_{t=1}^{T}\sum_{k=1}^{K}\eta_k^t y_{km}^t \geq y_{k'm}^t + \beta y_{k'm}^t, m=1,\cdots,M \\ \sum_{t=1}^{T}\sum_{k=1}^{K}\eta_k^t b_{kw}^t = b_{k'w}^t - \beta b_{k'w}^t, w=1,\cdots,W \\ \sum_{t=1}^{T}\sum_{k=1}^{K}\eta_k^t x_{kn}^t \leq x_{k'n}^t + \beta x_{k'n}^t, n=1,\cdots,N \\ \sum_{t=1}^{T}\sum_{k=1}^{K}\eta_k^t = 1, \eta_k^t \geq 0, k=1,\cdots,K \end{cases} \quad (4-4)$$

式 4-4 中，β^* 为第 k' 个农信社生产效率的最优值，代表 x 减少，y 增加和 b 减少的最大进步空间。

4.1.3 农村信用社静态效率的实证分析

4.1.3.1 总体分析

本书以 2008 年为基础构造"样本数据前沿面"，运用式 4-4 对陕西省 107 家农信社 2008—2014 年的投入产出数据，在投入产出双导向和可变规模报酬下，计算得出农信社的静态生产效率，具体结果见图 4-1①。

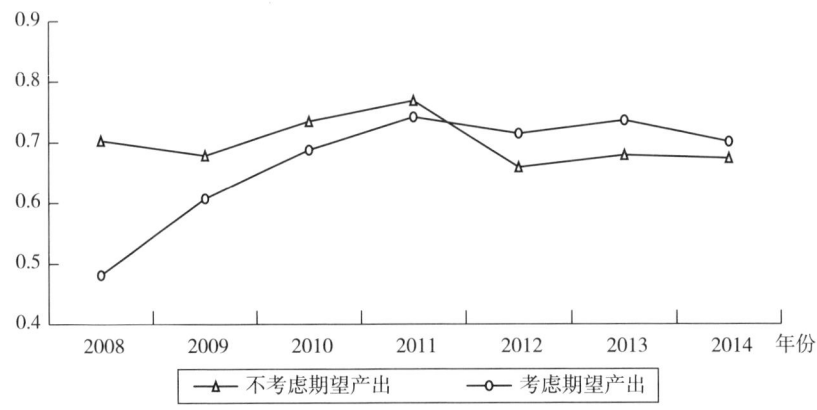

图 4-1 陕西省农信社总体静态生产效率及其变化

为分析非期望产出对农信社静态生产效率的影响，本书也测算了在不考虑非期望产出下的农信社静态生产效率值。从图 4-1 发现，考虑非期望产出与否对农信社静态生产效率有显著影响，不考虑非期望产出的农信社静态生产效率与考虑非期望产出的农信社静态生产效率的变化趋势并不一致。从农信社静态生产效率的年均值来看，不考虑非期望产出的农信社静态生产效率均值略高于考虑非期望产出的农信社静态生产效率均值，且前者比后者高出 0.038，这说明不考虑非期望产出会导致农信社静态生产效率值高估。因此，对考虑非期望产出的农信社静态生产效率进行后续分析更为可靠。

---

① 利用 MaxDEA Pro 12.0 软件，在投入产出双导向和可变规模报酬下，运用公式（4-4）在测算农信社 GML 指数时，可以得出全局静态生产效率，但无法得出全局静态生产效率的分解值，因此本书仅分析了全局静态生产效率。

第四章　产权改革与陕西省农村信用社生产效率变化及收敛性实证分析

从考虑非期望产出的农信社静态生产效率结果看，陕西省农信社总体静态生产效率有明显提高，其年均值为 0.600，年均增长率为 6.96%，在考察期内显示出先升后平稳变化的趋势，2011 年为拐点。具体来看，2008—2011 年农信社静态生产效率变化较为明显，由 2008 年的 0.481 提高到 2011 年的 0.741，这说明农信社产权改革有效改善了其静态生产效率。2012—2014 年农信社静态生产效率变化平稳，没有太大变化，说明农信社改革后期对其生产效率的改善并不明显。综合来看，虽然陕西省农信社改革对静态生产效率有较大提升，但总体水平明显不高，可能的原因是农信社改革后期各种弊端越发凸显，特别是省联社管理体制不顺问题逐渐暴露，导致农信社未能有效改善效率水平，这说明农信社已进入"内卷化"发展阶段[①]。

4.1.3.2　分地区分析

考虑到陕西省内经济差异较大，呈现陕北、关中和陕南三个地区的不同的发展格局，不同地区农信社静态生产效率也具有明显差异。从各地区农信社静态生产效率均值看，陕北农信社静态生产效率最高，为 0.706，陕南次之，为 0.624，关中最低，为 0.693。其中，关中农信社静态生产效率最低的原因是由于其农信社产权组织形式变革进程较慢所致。进一步来看（见图 4-2），三个地区农信社静态生产效率水平在考察期内演变趋势并不一致，陕北农信社静态生产效率总体保持上升态势，2009 年出现显著下降的原因可能是与 2008 年发生的金融危机导致农信社不良贷款绝对额反弹明显有关。关中农信社显示出倒 U 形演变趋势，即先升后降，2011 年为拐点。具体来看，除 2009 年，关中农信社各年静态生产效率水平均低于陕西省农信社总体静态生产效率水平，说明关中农信社拉低了陕西省农信社总体静态生产效率水平，这说明，应亟须采取有效措施改善关中农信社经

---

① 根据吉尔茨的定义，"内卷化"是指一种社会或文化模式在某一发展阶段达到一种确定的形式后，便停滞不前或无法转化为另一种高级模式的现象；黄宗智把"内卷化"这一概念用于中国经济发展与社会变迁的研究，他把通过在有限的土地上投入大量的劳动力来获得总产量增长的方式，即边际效益递减的方式，称为没有发展的增长即"内卷化"。本书结合吉尔茨和黄宗智的定义，认为农信社内卷化的含义为：农信社在经历了由合作体制向股份体制渐进性改革之后，虽然在效率和绩效上有了较大提高，但仍面临着风险处理能力差、金融创新动力不足等经营性问题，固有的经营方式只能勉强维持现状，而缺乏既立足"三农"市场又保持商业化发展的可持续机制，因此可能会出现"内卷化"情形。

营状况和生产效率。陕南农信社静态生产效率水平显示出呈波浪形的上升趋势，2008—2009 年明显高于与陕西省农信社总体静态生产效率水平，2010—2013 年与陕西省农信社总体静态生产效率水平十分接近，2014 年利用"后发优势"提高自身静态生产效率水平，并逐渐接近陕北农信社静态生产效率水平。从这点来看，经济发展水平、金融生态与外部环境对农信社改革有一定影响。

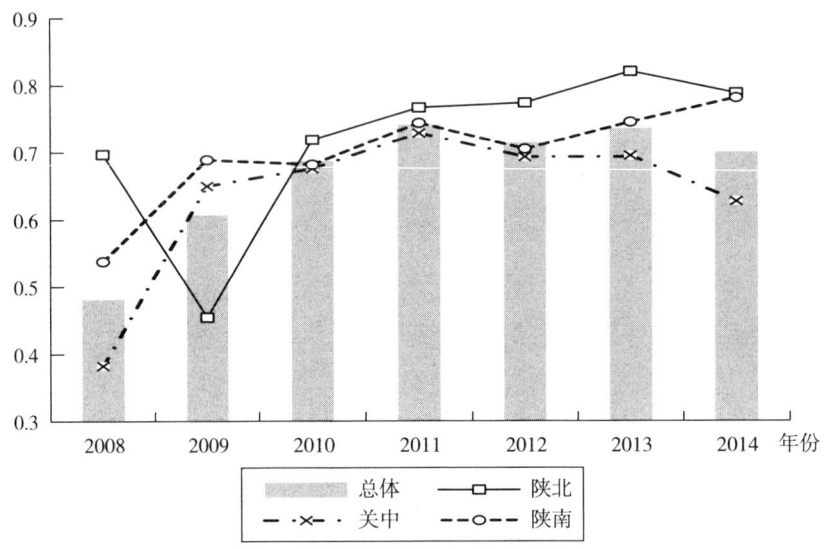

图 4-2 不同地区农信社静态生产效率及变化

4.1.3.3 分产权组织形式分析

从分析结果可以看出，农信社改革成效初现，不同产权组织形式农信社静态生产效率从高到低依次为农商行（0.904）、农合行（0.777）和一级法人农信社（0.604）。进一步来看（见图 4-3），不同产权组织形式农信社静态生产效率水平在考察期内演变趋势并不一致，一级法人农信社在考察期内显示出倒 U 形演变趋势，即先直线上升后小幅下降。2012 年，一级法人农信社利用"后发优势"，提高自身静态生产效率水平，并逐渐接近于农合行静态生产效率水平，一级法人农信社静态生产效率出现有较大提升的原因与其市场垄断优势和政府扶持等因素有关，也正是这些因素使一级法人农信社在实践中表现出明显的"追赶效应"（颜鹏飞、王兵，2004）。农合行在考察期内呈现出波浪形的下降趋势，2011 年为拐点。

第四章　产权改革与陕西省农村信用社生产效率变化及收敛性实证分析

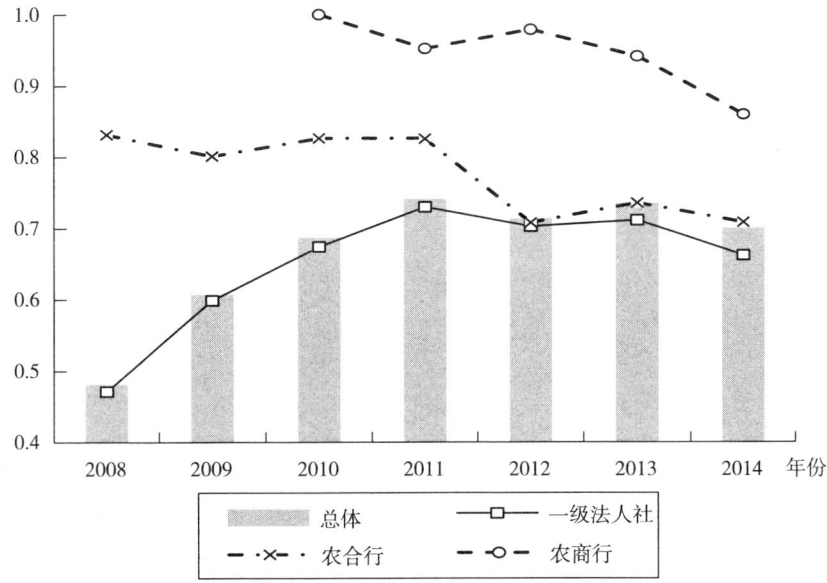

图 4-3　不同产权组织形式农信社静态生产效率及变化

2008—2011 年明显高于陕西省农信社总体静态生产效率水平，2012—2014 年与陕西省农信社总体生产效率水平较为接近。农合行静态生产效率出现下降的主要原因与银监会对农合行的政策调整有关①。农商行虽然在考察期内呈现出下降趋势，但其静态生产效率水平仍然具有显著的行业领先地位，这与农商行较好的盈利水平与资产规模等自身因素有关。综合来看，不同产权组织形式农信社静态生产效率出现以上变化的原因可能有两个：一是随着新型金融机构进入农村金融市场和邮储银行重回农村，农信社传统盈利模式优势丧失，存贷款利差逐步收窄，市场主导优势受到影响。二是受农信社自身经营模式和省联社对农信社管理的限制，农信社中间业务发展还处于起步阶段，电子平台发展与营销方式缺乏活力，农合行和农商行实际经营效益并不尽如人意。

4.1.3.4　分地区分产权组织形式分析

各地区不同产权组织形式农信社静态生产效率也出现明显差异，从均

---

①　中国银监会于 2010 年 11 月提出全面取消农信社资格股，鼓励符合要求的农信社直接改制为农商行，不再组建新的农合行，同时现有的农合行要全部转型为农商行。

值排序看，陕北农商行、关中农合行、陕南农合行静态生产效率均在各地区最高，分别为 0.958、0.794 和 0.794。进一步来看（见图 4-4），各地区不同产权组织形式农信社静态生产效率在考察期内演变趋势也不一致，陕北一级法人农信社静态生产效率保持 V 形演变趋势（2009 年为拐点），农合行静态生产效率呈现下降态势，农商行静态生产效率虽有所下降，但变化幅度较小。2012 年，陕北一级法人农信社利用"后发优势"，提高自身效率水平，并超过农合行，2013—2014 年，陕北一级法人农信社和农合行静态生产效率基本趋于一致。关中一级法人农信社静态生产效率也呈现上升趋势，2011 年为拐点，农合行和农商行静态生产效率均呈现倒 U 形下降态势，且变化幅度较大。2012 年，关中一级法人农信社利用"后发优势"超过农合行。陕南一级法人农信社静态生产效率呈现波动上升趋势，变化幅度较大，农合行静态生产效率呈现 V 形演变趋势，农商行静态生产效率在成立之初低于农合行，但因农商行具有显著的领先优势，2014 年超过农合行。综合来看，各地区不同产权组织形式农信社静态生产效率出现明显差异的原因可能有两个：一是由于农信社公司治理的完善、业务流程的优化、风险管理的提高，使改制后的农合行和农商行静态生产效率处于领先水平。二是由于经济发展水平不同和资源禀赋的差异，不同产权组织形式农信社在各地区产生了异化，从分析结果看，农商行股份制产权组织形式在经济较发达的陕北表现最佳，一级法人农信社合作制产权组织形式在经济落后的陕南"追赶效应"明显，而股份合作制产权组织形式更适宜于经济欠发达的关中，从这点可以看出，无论采取何种产权组织形式对农信社进行改革，都应因地制宜，并允许多种产权存在形态的尝试，切忌"一刀切"。

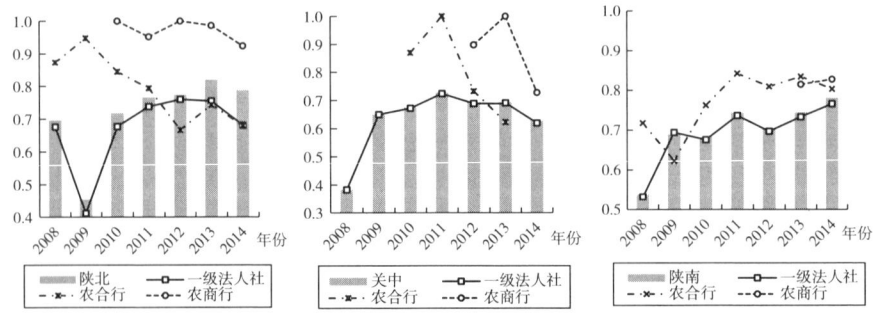

图 4-4 各地区不同产权组织形式农信社静态生产效率及变化

4.1.4 农村信用社动态生产效率的实证分析

4.1.4.1 动态生产效率的总体分析

从图 4-5 发现,陕西省农信社总体 GML 指数在考察期内年均值为 1.071,说明陕西省农信社总体动态生产效率水平处于增长态势。进一步从 GML 指数的变化率来看,陕西省农信社在考察期内 GML 指数年均变化率为 -5.82%,其中,2012 年和 2014 年的陕西省农信社 GML 指数均小于1,出现明显负增长,说明陕西省农信社动态生产效率水平的增长态势更多表现为边际递减趋势,这也与上文陕西省农信社静态生产效率的结论保持一致。

从各地区农信社 GML 指数均值来看,关中农信社 GML 指数最高,为 1.090,陕南次之,为 1.066,陕北最低,为 1.039,说明不同地区农信社在考察期内均处于 GML 指数增长状态。进一步来看,三个地区农信社 GML 指数增长趋势并不一致,陕北农信社 GML 指数呈现倒 U 形增长态势;关中农信社 GML 指数在 2009—2011 年处于增长态势,2012—2014 年处于负增长;陕南农信社 GML 指数呈现波动增长态势,除 2012 年外,其余各年 GML 指数均大于 1。

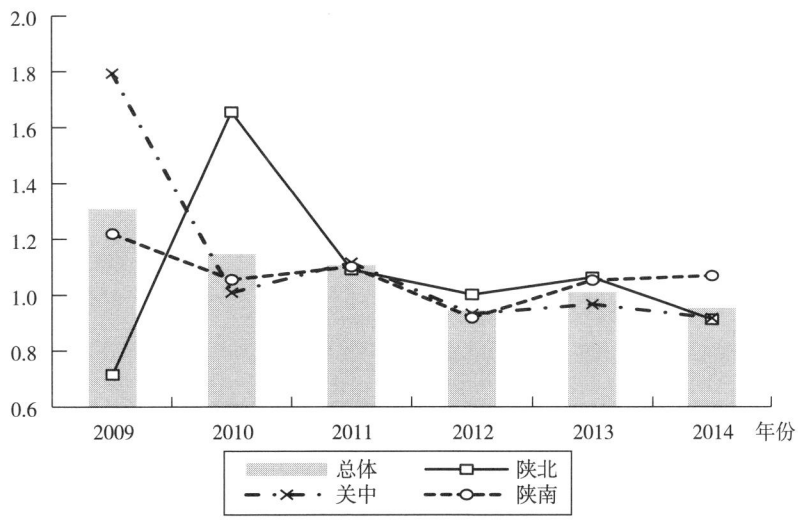

图 4-5 各地区农信社 GML 指数增长趋势

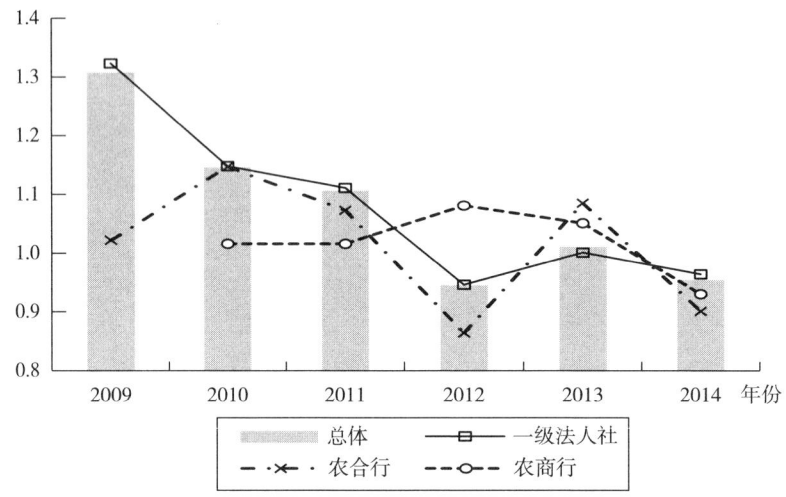

图 4-6 不同产权组织形式农信社 GML 指数增长趋势

从不同产权组织形式农信社 GML 指数均值来看，一级法人农信社 GML 指数最高，为 1.082，农合行次之，为 1.019，农商行最低，为 0.987，意味着一级法人农信社和农合行的 GML 指数在考察期内均处于增长状态，农商行 GML 指数处于递减状态。进一步来看（见图 4-6），不同产权组织形式农信社 GML 指数增长趋势在考察期内也表现不一致，一级法人农信社 GML 指数呈现明显下降态势，并且于 2012 年和 2014 年出现了负增长。农合行 GML 指数波动较大，2012 年 GML 指数最低，而 2013 年又上升至最高。农商行 GML 指数呈现倒 U 形变化态势，并在 2012 年上升到最高。

各地区不同产权组织形式农信社 GML 指数也出现明显差异，从均值排序看，一级法人农信社 GML 指数在陕北（1.065）、关中（1.092）和陕南（1.070）均为最高，农合行次之，农商行最低，并且农商行 GML 指数在陕北和关中地区均为负增长，可以看出一级法人农信社具有明显的"后发优势"。进一步来看（见图 4-7），陕北一级法人农信社 GML 指数变动较大，而农合行和农商行 GML 指数变动幅度较小。关中一级法人农信社和农合行 GML 指数变动趋势较为相似，并呈现下降趋势，农商行 GML 指数呈现倒 U 形变化态势。陕南一级法人农信社 GML 指数呈现波动下降态势，农合行 GML 指数呈现倒 U 形态势，农商行 GML 指数呈现下降趋势。

第四章　产权改革与陕西省农村信用社生产效率变化及收敛性实证分析

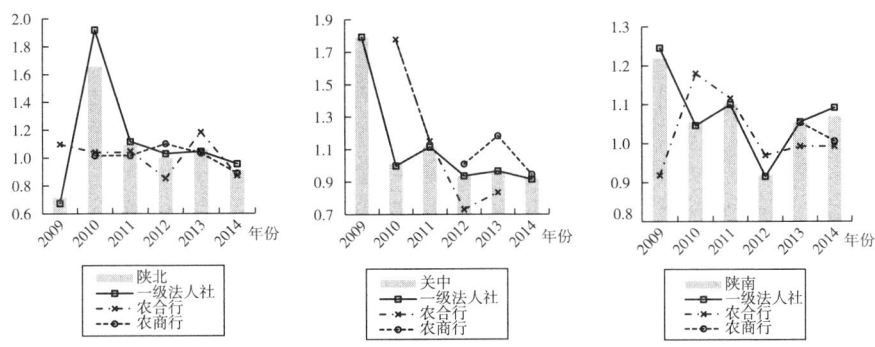

图 4-7　各地区不同产权组织形式农信社的 GML 指数增长①

4.1.4.2　动态生产效率的分解分析

本书进一步将 GML 指数分解为纯效率变化（GPTEC）、纯技术变化（GPTC）、规模效率变动（GSEC）和技术规模变动（GTPSC），分析总体、各地区和不同产权组织形式农信社的 GML 指数的构成差异。

从表 4-2 发现，除技术规模不变外，陕西省农信社总体 GML 指数分解值均呈增长趋势。其中，纯技术效率、技术进步和规模效率 7 年间分别提高了 2%、4.5% 和 0.5%，并且技术进步使陕西省农信社经营总体呈现规模报酬递增趋势。总体来看，陕西省农信社 GML 指数分解值出现以上变化主要有以下两个原因：一是随着农业现代化的推进，农村金融改革进入深化期，农户和中小企业对金融需求也逐步呈现多样化，这就要求农信社创造更多的信贷产品与服务方式。二是 2008 年以来，随着新型农村金融机构的发展、农业银行"三农事业部"的设立和各类民营银行的成立，虽然促使了多元化的竞争格局的形成，但这并没有给农信社发展带来明显影响，农信社规模效率居高不下，垄断优势依然存在。由此也可以看出，虽然规模扩张与纯技术水平对提高陕西省农信社总体 GML 指数有促进作用，但技术进步才是影响陕西省农信社总体 GML 指数的最关键因素。

从地区差异来看，各地区农信社规模效率差异最小，技术进步的地区

---

①　由于测算的是不同年度农信社生产率的变动，因此，结果中只包含 2009—2014 年共 6 年的数据；各年 GML 指数为几何平均值，所有年度的均值又是各年 GML 指数的几何平均值（下同）。

差异程度最大,表明技术进步(2.2%)是造成地区间农信社 GML 指数存在差异的主要原因,纯技术效率(1.2%)相对贡献也较大,表明纯技术问题也是缩小地区间农信社 GML 指数的关键。进一步看,三个地区农信社纯效率和纯技术变化均大于1,其中,关中农信社纯效率和技术进步速度最快;规模效率变化方面,陕南农信社 GSEC 值显著小于1,说明规模效率是影响陕南农信社的主要阻力;技术规模变化方面,关中农信社 GPTEC 值显著小于1,说明技术规模的恶化是影响关中农信社的主要因素。随着陕西省农信社产权改革的不断推进,关中农信社通过机构重组、设立村镇银行等集约型发展来强化内部管理、抢占市场,有效促进了自身经营效益的可持续性[①]。而陕北和陕南农信社仍存在相当大的改善空间。陕南农信社目前已意识到不良贷款管理,并成为了较好的"追赶者",陕北农信社因当地经济发展水平较好,更多依靠外部资源进行粗放式发展,但忽视了对自身不良贷款的管理,从而制约了农信社 GML 指数的增长[②]。以上分析可以看出,资源禀赋的不同会导致不同地区农信社 GML 指数变动差异较大,这再次验证了农信社具有明显的区域特性。

表 4-2　　不同地区、不同产权组织形式农信社 GML 指数的变动及分解(累积值)

	GML 全要素生产率	GPTEC 纯效率变化	GPTC 纯技术变化	GSEC 规模效率变动	GTPSC 技术规模变动
总体	1.071	1.020	1.045	1.005	1.000
陕北	1.041	1.005	1.016	1.009	1.011
关中	1.090	1.028	1.059	1.007	0.993
陕南	1.065	1.017	1.046	0.998	1.003

---

① 2012—2015 年,通过增资扩股、优化股权、财务重组和机制再造等措施对西安市新城、碑林、莲湖、雁塔、灞桥和未央等 6 区一级法人农信社合并重组基础上,组建起秦农农村商业银行;2015—2016 年 6 月期间,杨凌农商行先后在省内外(四川南江县、平昌县和陕西周至县)发起设立村镇银行。村镇银行是经中国银监会依据相关法律、法规批准,由境内外金融机构、境内非金融机构企业法人、境内自然人出资,在农村地区设立的为当地农民、农业和农村经济发展提供金融服务的银行业金融机构,其主要功能是有效填补农村地区金融服务空白,增加农村地区金融支持力度。按照银监会颁布的《中国银监会关于农村中小金融机构行政许可事项实施办法》(银监发〔2015〕3 号)中关于村镇银行设立的条件,杨凌农商行均达到设立标准。

② 根据调查数据可得,2014 年 12 月末,陕北、关中和陕南农信社平均不良贷款率分别为 4.33%、5.70% 和 3.06%,较 2009 年分别降低了 40.22%、71.97% 和 80.99%。

续表

	GML 全要素生产率	GPTEC 纯效率变化	GPTC 纯技术变化	GSEC 规模效率变动	GTPSC 技术规模变动
标准差	0.025	0.012	0.022	0.006	0.009
一级法人农信社	1.081	1.023	1.049	1.006	1.002
农合行	1.018	0.996	1.023	0.996	1.004
农商行	0.994	1.001	1.018	1.008	0.968
标准差	0.045	0.014	0.017	0.006	0.020

注：(1) GML、GPTEC、GPTC、GSEC 和 GTPSC 定义见前文；(2) 各年 GML 指数为几何平均值，所有年度的均值为各年 GML 指数的几何平均值。

从不同产权组织形式来看，农信社规模效率差异最小，技术规模的区间差异程度最大，表明技术规模（2%）是造成一级法人农信社、农合行和农商行之间 GML 指数存在差异的主要原因，纯技术效率（1.4%）和技术进步（1.7%）对不同产权组织形式农信社 GML 指数的相对贡献也较大，表明纯技术问题、技术进步也将成为缩小不同产权组织形式农信社 GML 指数存在差异的关键。进一步发现，农合行纯技术效率和规模效率均小于1，这表明较低的技术水平和严重恶化的规模效率是造成农合行 GML 指数缓慢增长的主要原因。农商行技术规模变动小于1，说明农商行已表现出规模不经济状态。

一个需要引起注意的现象是：为什么农商行静态生产效率最高但动态 GML 指数却最低？依据以上分析可能存在两方面原因：一是由于改革的不彻底，造成多数农信社机构不良贷款只是账面剥离挂在账外，并没有真实地、完全地化解，从而导致农信社资产质量下滑等一系列问题，这说明此种改革方式仅仅只是一种内部的、形式上的改革，其实际效果并不乐观，这一点也验证了上述农信社产权改革已存在明显的"内卷化"现象的判断。二是省联社行政化色彩浓重，目前省联社对改制后的农商行业务经营实行全面干预，剥夺了农商行在业务拓展、产品创新等方面的发展权利（谢平等，2013），这一发现与穆争社（2011）、孙阳昭和穆争社（2013）的观点保持一致，因此要尽快继续推进农信社改革，逐步淡化省联社行政功能。

4.2 产权改革对生产效率的影响分析

4.2.1 产权改革对生产效率影响的指标选取

目前关于这方面的研究主要侧重于影响机理分析。有学者认为,农信社原有的入股股金具有存款性质,并且小股东较多,股权结构较分散,容易出现"搭便车"行为,形成"管理者控制"局面,损害农信社生产效率。产权改革一方面通过规范老股金,不仅解除了农信社与老股东之间原有的债权关系,而且改善了农信社法人治理结构与效率水平(穆争社,2011)。另一方面通过增资扩股会吸引法人股等大股东投资,而大股东在注资时存在较强的"选摘樱桃"效应,即倾向于选择盈利能力强、资产质量好的农信社机构,这在一定程度上提高了农信社生产效率(王文莉、赵芸,2014)。另外,监管部门在推进农信社股份制转型时,均在注册资金、资产规模、不良贷款等方面设定一系列标准,存在明显的"选择效应",即满足转型标准的农信社一般经营能力较强,生产效率较高。转型后的农合行与农商行要按照市场化原则运作,不仅能促使农信社完善公司治理结构,同时还可以通过战略引资和IPO上市等方式重组资产,在一定时期内会提高农信社技术水平,提高效率。

为此,在研究农信社产权改革对其生产效率影响时,本书共选择了8个能反映农信社产权改革效应的变量(详见表4-3)。前两个代表农信社产权改革的静态(所有制)效应,分别为一级法人社和农合行。在样本期间,哑变量为1代表农信社某一特定的产权组织形式,为0代表其他。四个选择效应指标包括LHH、LSH、LHHS和LHS,用来判断生产效率高的一级法人农信社或农合行是否选择进行产权改革。1为是,0为否。最后两个动态效应指标是"经历了农合行改制"和"经历了农商行改制"。0为改制之前,1为改制之后,用来反映农合(商)行改革前后生产效率水平变化情况。

表4-3 农信社产权改革对其生产效率影响的变量设置与统计性描述分析

变量设置及释义			统计性描述		
变量类别及属性	指标名称	变量符号	指标含义	均值	标准差
静态	一级法人农信社	SXS	是=1,其他=0	0.76	0.43
效应	农合行	SHH	是=1,其他=0	0.01	0.09

续表

变量设置及释义			统计性描述		
变量类别及属性	指标名称	变量符号	指标含义	均值	标准差
静态效应	一级法人农信社仅改为农合行	LHH	是=1，否=0	0.03	0.17
	一级法人农信社直接改为农商行	LSH	是=1，否=0	0.14	0.35
	一级法人农信社先改为农合行后改为农商行	LHHS	是=1，否=0	0.04	0.19
	农合行改为农商行	LHS	是=1，否=0	0.03	0.17
动态效应	改制成农合行	DHH	改制之后=1，改制之前=0	0.04	0.21
	改制成农商行	DSH	改制之后=1，改制之前=0	0.06	0.23
	地区和时间	Local × Year	1为陕北，2为关中，3为陕南；每年设置一个虚拟变量，共7个	8.11	5.14
总样本数（obs）			749		

4.2.2 产权改革对生产效率影响的模型构建

参照姚树洁等（2011）的银行改革与生产效率回归框架，本书设定了如下计量模型：

$$TE_{it} = \delta_0 + \sum_{\alpha=1}^{2}\delta_\alpha Static_{it} + \sum_{\alpha=3}^{6}\delta_\alpha Select_{it} + \sum_{\alpha=7}^{8}\delta_\alpha Dynamic_{it}$$
$$+ \delta_{11}t^2 + \delta_{12}(Local \times Year) + \varepsilon_{it} \quad (4-5)$$

$$GML_{it} = \delta_0 + \sum_{\alpha=1}^{2}\delta_\alpha Static_{it} + \sum_{\alpha=3}^{6}\delta_\alpha Select_{it} + \sum_{\alpha=7}^{8}\delta_\alpha Dynamic_{it} + \delta_{11}t^2$$
$$+ \delta_{12}(Local \times Year) + \varepsilon_{it} \quad (4-6)$$

式4-5和式4-6中，TE_{it}为静态生产率，GML_{it}为动态生产率，$Static_{it}$，$Select_{it}$，$Dynamic_{it}$分别代表产权改革的静态效应、选择效应和动态效应,共包括 8 个细分变量,t 为时间趋势,$Local \times Year$ 为地区和时间的交叉变量。

4.2.3 产权改革对生产效率影响的实证分析

上文分析了不同产权组织形式农信社静态生产效率和动态 GML 指数变化趋势,为较为准确度量农信社产权改革对其生产效率的影响,本书采用混合 Tobit 回归模型从所有制和治理结构两方面作进一步分析,表 4-4 给出了实证结果。

从结果来看,静态效应中,SXS 和 SHH 的静态生产效率(TE)系数均显著为负,表明农商行静态生产效率要明显地高于农信社和农合行,但 SXS 的动态 GML 指数系数显著为负,SHH 的动态 GML 指数系数显著为正,说明农信社动态 GML 指数增长明显,这与前文分析结果保持一致。选择效应中,四个指标的静态生产效率与动态 GML 指数系数显著为负(除 LSH 外),意味着较强农信社改革具有较强的"选摘效应",即选择了那些资产规模大、不良贷款率低、资产质量好的一级法人农信社和农合行进行了改制。LSH 的静态生产效率系数不显著,而 LHS 的动态 GML 指数系数为正,表明一级法人农信社直接改为农商行的选择效应不强,说明并不是效率高的农信社被选择改制。动态效应中,DHH 和 DSH 的静态生产效率和动态 GML 指数均显著为正,说明农合行和农商行对改善其生产效率有显著促进作用,这意味着农信社的改制中的规范老股金、增资扩股等措施能有效改善农信社法人治理结构,提高其生产效率。

表 4-4 还分析了所有制和治理结构对农信社纯技术效率、技术进步、规模效率和技术规模的影响。具体来看,农信社产权改革对纯技术效率水平的提升并不明显。静态效应中,一级法人农信社和农合行的技术进步和技术规模均优于农商行,但规模效率却明显不如农商行。选择效应中,LHH 的纯技术效率、技术进步、规模效率和技术规模的系数均不显著,说明选择改为农合行的一级法人农信社的纯技术水平、技术进步、规模效率和技术规模并没有起到显著作用。LSH 的规模效率和技术规模系数均显著,说明选择直接改制为农商行的一级法人农信社规模效率和技术规模具有明显效应。LHHS 的技术进步系数显著,表明对先改制为农合行再改为农商行的一级法人农信社技术进步有显著作用。LHS 的规模效率和技术规

模系数均显著，表明改制为农商行的农合行规模效率和技术规模有显著作用。从以上分析来看，不同改制路径的"选摘效应"不尽相同。动态效应中，DSH 的技术进步和技术规模系数均显著，说明技术进步和技术规模在农商行改革前后有较为明显的变化。

本书还给出了时间和地区的交互项（Local × Year）、时间趋势（t^2）对农信社生产效率的影响结果。其中，静态生产效率的时间和地区的交互项系数为正，但动态 GML 指数的系数却显著为负，说明不同经济发展水平地区农信社静态生产效率随时间变化有所改善，但动态 GML 指数却在减弱。农信社静态生产效率的时间趋势系数为负，而动态 GML 指数率却显著为负，说明随时间推移，陕西省农信社生产效率水平已呈现出显著的倒 U 形变化趋势，这一点与上文分析结论保持一致。

表 4-4　　　　　农信社产权改革对其生产效率的影响结果

	TE 静态生产效率	GML 全要素生产率	GPTEC 纯效率变化	GPTC 纯技术变化	GSEC 规模效率变动	GTPSC 技术规模变动
SXS	-0.132***	0.285*	2.511	0.169***	-0.014**	0.020**
	(0.023)	(0.152)	(2.512)	(0.055)	(0.006)	(0.009)
SHH	-0.046***	-0.162*	-0.496	0.098***	-0.033***	0.010***
	(0.008)	(0.092)	(0.345)	(0.006)	(0.002)	(0.003)
LHH	-0.173*	-1.130**	-3.794	0.125	-0.018	0.052
	(0.091)	(0.573)	(2.991)	(0.077)	(0.019)	(0.046)
LSH	-0.031	-0.730**	-2.195	0.021	-0.033***	0.022**
	(0.039)	(0.356)	(1.746)	(0.021)	(0.008)	(0.009)
LHHS	-0.193***	-1.087**	-4.768	0.115**	-0.017	0.025
	(0.054)	(0.527)	(4.024)	(0.055)	(0.019)	(0.032)
LHS	0.245***	-1.361**	-4.348	-0.040	-0.045***	0.035**
	(0.094)	(0.591)	(3.535)	(0.039)	(0.014)	(0.016)
DHH	0.100**	0.433*	3.156	-0.060	-0.018	-0.027
	(0.041)	(0.247)	(2.855)	(0.058)	(0.015)	(0.036)
DSH	0.109**	0.732**	4.239	0.133***	0.019	-0.030**
	(0.046)	(0.296)	(3.906)	(0.043)	(0.012)	(0.014)
Local × Year	0.010***	-0.107**	-0.162	-0.002	-0.001	0.001
	(0.003)	(0.052)	(0.106)	(0.004)	(0.001)	(0.002)

续表

	TE 静态生产效率	GML 全要素生产率	GPTEC 纯效率变化	GPTC 纯技术变化	GSEC 规模效率变动	GTPSC 技术规模变动
t^2	-0.002	-0.017*	-0.177	-0.007***	-0.000	-0.001
	(0.001)	(0.010)	(0.175)	(0.002)	(0.000)	(0.001)
常数项	0.803***	2.534***	5.767	1.085***	1.038***	0.997***
	(0.025)	(0.622)	(3.871)	(0.035)	(0.015)	(0.013)
Pseudo R^2	0.287	0.003	0.000	0.003	-0.003	-0.009

注:"***""**""*"分别表示在1%、5%和10%水平上显著。

4.3 生产效率的收敛性分析

4.3.1 生产效率收敛的指标选取

一般地,在进行条件收敛时,需要考虑一些影响农信社生产效率的其他因素。部分学者通过理论研究表明,农信社生产效率较低的主要原因与网点布局不合理、信用制度缺失、经营体制欠缺、市场结构单一和监管政策僵化等问题有关(白广玉,2005;谷慎、李成,2006;张振海、茹少峰,2011)。另一部分学者从实证研究层面开展了讨论,认为影响农信社生产效率的因素主要有以下几个:

(1) 资产规模。目前学者就该指标对农信社生产效率的影响还存在较大争议。一种观点认为,农信社是追求规模经济的金融企业,资产规模越大,农信社生产效率就越高(褚保金等,2007;黄惠春等,2014)。另一种观点认为,农信社并不具有规模经济优势,资产规模对农信社生产效率的提升存在负向影响(宋磊,2009)。

(2) 资金配置能力。多数学者认为,存贷款比是衡量农信社资金配置的一个重要指标,在某种程度上也反映了农信社资金成本的,对农信社生产效率存在显著影响(曹廷求、段玲玲,2005;师荣蓉、徐璋勇,2012)。

(3) 资产流动性。个别学者探讨了该指标对农信社生产效率的影响,认为保持适度的流动性比例能防止农信社挤兑风险的发生,在某种程度上对农信社稳健经营与盈利有重要作用,并且对农信社生产效率存在正向影响(张珩等,2013)。

第四章　产权改革与陕西省农村信用社生产效率变化及收敛性实证分析

（4）行业竞争程度。由于指标选择的不同，行业竞争程度这一变量对农信社生产效率的影响还存在较大争议。褚保金（2007）认为存款市场占有率对农信社生产效率有显著负向影响，但黄惠春和杨军（2011）、李婧等（2015）认为存款的市场份额与农信社生产效率无关，而马宇等（2009）认为同行业金融机构数量对农信社生产效率有显著负向影响。

（5）经济发展水平。一种观点认为，农村经济发展水平对农信社生产效率存在负向影响（王俊芹等，2010；李婧等，2015），且不同地区经济发展水平对农信社生产效率的影响程度不同（黄惠春等，2014），另一种观点认为经济发展水平和经济欠发达地区的涉农贷款对农信社生产效率影响并不显著（褚保金等，2007；马宇等，2009）。

（6）政府干预程度，个别学者探讨了该指标对农信社生产效率的影响，认为政府干预的规模与程度越高，农信社生产效率提升越明显（师荣蓉、徐璋勇，2012；师荣蓉，2012）。

（7）产业结构。一种观点认为，产业结构反映农信社信贷业务决策的经济环境，并且第一产业产值比重越大，对农信社生产效率水平的提升存在微弱的正向影响（褚保金等，2007；张珩等，2013）；另一种观点认为，第二与第三产业越发达，农信社信贷风险就越小，生产效率提升越明显（黄惠春等，2014）。

为了保证指标选取的科学性，本书主要基于经典的金融理论与文献选取了7个变量作为影响农信社生产效率条件收敛的因素（详见表4-5）。

表4-5　条件收敛影响因素的变量设置及统计性描述分析

单位：万元，%

变量设置及释义				统计性描述	
变量类别及属性	指标名称	变量符号	指标含义	均值	标准差
内部特征因素	资产规模	X_1	年末总资产的对数值	12.19	1.22
	资产流动性	X_2	年末流动资产/流动负债	0.54	0.24
	资金配置能力	X_3	年末贷款总额/存款总额	1.22	8.31
外部环境因素	行业竞争程度	X_4	年末总贷款/地区总贷款	0.03	0.03
	经济发展水平	X_5	年末GDP增长率	0.17	0.22
	政府干预程度	X_6	年末财政支出/GDP	0.21	0.15
	产业结构	X_7	年末第一产业产值/GDP	0.11	0.20

注：进行农信社生产效率的收敛趋势检验时所用的软件为Stata/SE 12.0，下同。

4.3.2 生产效率收敛的模型构建

收敛性是指初期生产效率水平较低的农信社随时间变化在资产收益率、净利润率等指标上比初期生产效率水平较高的农信社以更快的速度增长,即不同农信社生产效率之间的差异会随时间变化而逐渐缩小的现象。在现有实证文献中,收敛性分析主要有三种,分别为 σ 收敛、β 收敛和俱乐部收敛,由于 σ 收敛存在检验农信社生产效率数据是否符合正态分布的缺点,因此本书仅采用了 β 收敛和俱乐部收敛进行分析[①]。

(1) β 收敛。主要分为 β 绝对收敛与 β 条件收敛,分析模型如下所示:

$$(\ln TE_{it} - \ln TE_{i0})/t = \alpha + \beta \ln TE_{i0} + \varepsilon_{it} \quad (4-7)$$

$$(\ln TE_{it} - \ln TE_{i0})/t = \alpha + \beta \ln TE_{i0} + ZX_{it} + \varepsilon_{it} \quad (4-8)$$

式 4-7 表示的是农信社生产效率的绝对收敛,其经济意义为各农信社生产效率是否具有相同的发展稳态,即生产效率水平较低的农信社是否对生产效率较高的农信社存在"追赶效应";式 4-8 表示的是农信社生产效率的条件收敛,其经济意义为受不同条件的制约,各农信社生产效率是否会朝着各自不同的稳态水平影响各农信社生产效率差异趋近。TE_{i0} 和 TE_{it} 分别表示第 i 个农信社在第 0 年和第 t 年的静态生产效率,α 为常数项,β 为收敛系数,ε_{it} 为随机干扰项,X_{it} 为条件收敛的影响因素。若 β 显著为负,表明存在收敛,反之,则趋于发散。

(2) 俱乐部收敛。俱乐部收敛是由 Galor (1996) 在 β 条件收敛的基础上提出的,其经济学意义是指在初期经济发展水平接近的发展中国家和发达国家,各自内部经济都存在着条件收敛,但却因制度、环境和经济发展的差异导致两者缺乏相似的结构特征,导致其不存在收敛的现象,也就是说若存在"组内趋同而组间趋异"现象,则为俱乐部收敛。按照这个定义,本书将在检验是否存在农信社生产效率的俱乐部收敛时,将样本按照不同产权组织形式分为一级法人农信社、农合行和农商行,并检验不同产

---

① σ 收敛主要考察的是农信社效率水平的离差随着时间的推移而变动的情况,若离差随时间逐渐变小则存在 σ 收敛。

权组织形式之间农信社生产效率是否存在收敛①。

4.3.3 生产效率收敛的实证分析

虽然上文分析可以较好地对各地区、不同产权组织形式农信社静态效率和动态 GML 指数进行对比分析，但这仅仅是数值上的变化，不能全面描述农信社生产效率差距是否在逐渐缩小，是否又会随着时间的推移而真正在不断缩小呢？鉴于此，本书对农信社生产效率作了收敛性分析，从而探究农信社生产效率收敛的影响机理②。

4.3.3.1 农信社生产效率的 β 收敛分析

根据静态生产效率结果，利用式 4-7 和式 4-8 采用 OLS 方法分析了农信社生产效率收敛与发散，结果见表 4-6。

表 4-6 给出了陕西和不同地区农信社静态生产效率收敛检验情况，结果非常好。总体和各地区农信社静态生产效率绝对收敛与相对收敛的 β 系数均在 1% 水平下显著，说明陕西省农信社生产效率表现出显著的收敛特征。进一步计算收敛程度速度③，可得到总体和不同地区农信社静态生产效率的绝对收敛程度和相对收敛结果，分别为 7.46% 和 7.70%，陕北分别为 3.35% 和 5.20%，关中分别为 7.21% 和 6.53%，陕南分别为 6.93% 和 7.26%。这一结果表明陕西和不同地区农信社生产效率受不同因素制约并以不同的收敛速度在逐步缩小差距。综合来看，陕西省农信社生产效率有趋同趋势，这是新一轮改革所期望的目标，说明"花钱买机制"的农信社改革目标已初步实现。

---

① 俱乐部收敛的检验前提是整体及各地区农信社生产效率水平必须存在 β 条件收敛，若存在，则进一步将样本按照不同产权形式分为农信社、农合行和农商行，再进行 β 绝对收敛，若存在 β 绝对收敛，则说明生产效率存在俱乐部收敛。需要强调的是，俱乐部收敛是 β 收敛的必要而非充分条件，即俱乐部收敛包括 β 收敛，反之则不成立。

② 鉴于篇幅原因，本书只分析了静态生产效率的收敛性，而未列出动态生产率的收敛性分析结果，整体上来看，GML 指数的分析结果与静态生产效率结果基本上一致，只是在显著性水平上有细微差别，这里不再赘述。若读者感兴趣，可向作者索要。

③ 一般地，收敛速度计算表达式为：$\beta = -(1 - e^{-\lambda T})/T$，但采用此公式对面板数据进行分析时，其结果会与时间产生较强的敏感性，从而无法准确表明收敛的连续性。因此，本书借鉴 Cho & Graham（1996）的做法，采用了修正后的公式 $\beta = -(1 - e^{-\lambda T})$ 进行了计算。

表 4-6　　　　　陕西省农信社静态生产效率收敛检验结果

指标	总体		陕北		关中		陕南	
	绝对收敛	相对收敛	绝对收敛	相对收敛	绝对收敛	相对收敛	绝对收敛	相对收敛
β	-0.361***	-0.370***	-0.182***	-0.268***	-0.351***	-0.324***	-0.340***	-0.353***
	(0.044)	(0.044)	(0.049)	(0.066)	(0.060)	(0.065)	(0.048)	(0.051)
常数项	-0.122***	-0.948*	-0.115***	-2.511**	-0.097**	-0.243	-0.089***	0.637
	(0.028)	(0.529)	(0.044)	(1.084)	(0.039)	(0.728)	(0.020)	(0.434)
AR^2	0.176	0.197	0.002	0.022	0.159	0.212	0.416	0.438
F 值	66.47	18.81	13.90	2.87	34.21	14.95	50.02	8.50
样本量	642		150		324		168	

注："***""**""*"分别表示在1%、5%和10%水平上显著。

4.3.3.2　农信社生产效率的俱乐部收敛分析

从上述 β 收敛结果可以看出，农信社生产效率符合俱乐部收敛的假设条件，因此，本书根据俱乐部收敛的定义，按不同产权组织形式将农信社分为一级法人农信社、农合行和农商行三个子样本，并进行了分析，结果见表 4-7。

结果显示，一级法人农信社、农合行和农商行静态生产效率的 β 系数均在 5% 水平下显著（除陕南农合行），表明一级法人农信社、农合行和农商行的静态生产效率在总体和不同地区均具有显著的绝对收敛特征。进一步来看，总体和不同地区的一级法人农信社和农商行静态生产效率收敛特性非常明显，差异均在不断缩小。陕北农合行静态生产效率的收敛趋势较为明显，关中农合行由于数量较少使得模拟结果被剔除，陕南农合行静态生产效率收敛趋势并不显著。可以看出，各地区不同产权组织形式农信社的生产效率具有显著的收敛性，并且差异在逐步缩小。综合来看，出现以上"组内趋同而组间趋异"的"俱乐部收敛"现象主要有两方面原因：一是陕西省农信社改革采取的是由陕北经济发达地区向关中和陕南逐级推进的渐进式战略，使得陕北地区农信社不仅从政策优惠的力度上比关中和陕南农信社具有明显优势，而且在资源禀赋多带来的"马太效应"明显优于关中和陕南农信社；二是从监管当局对农村金融市场政策的调整可以看出陕西省农村金融市场正在逐步走向多层次、多元化，农信社市场垄断地位在逐步消除，说明通过金融监管政策的调整能有效实现市场的统一性，但也有可能进一步限制了农信社金融产品与服务的创新[①]。

表 4-7　陕西省农信社静态生产效率俱乐部收敛检验结果

指标	产权组织形式	总体	陕北	关中	陕南
β	一级法人农信社	-0.373***	-0.252***	-0.352***	-0.341***
		(0.047)	(0.075)	(0.060)	(0.048)
	农合行	-0.205***	-0.135***	—	0.500
		(0.050)	(0.028)	—	(0.404)
	农商行	-0.127***	-0.188***	-0.081**	-0.134***
		(0.017)	(0.018)	(0.024)	(0.036)
常数项	一级法人农信社	-0.137***	-0.197**	-0.097**	-0.089***
		(0.032)	(0.077)	(0.040)	(0.021)
	农合行	-0.029	-0.009	0.266**	0.233
		(0.018)	(0.013)	(0.076)	(0.139)
	农商行	0.002	-0.005	0.018	-0.019
		(0.006)	(0.006)	(0.024)	(0.015)
AR^2	一级法人农信社	0.174	0.000	0.158	0.413
	农合行	0.372	0.374	—	0.113
	农商行	0.601	0.799	0.463	0.621
F 值	一级法人农信社	63.69	11.349	33.91	49.94
	农合行	16.75	23.39	—	1.53
	农商行	53.10	109.55	11.15	13.66
样本量	一级法人农信社	560	97	314	149
	农合行	40	26	4	10
	农商行	42	27	6	9

注："—"表示由于样本量较少导致模拟结果被剔除。"***""**""*"分别表示在 1%、5% 和 10% 水平上显著。

4.3.3.3　农信社生产效率收敛的影响因素分析

为揭示农信社生产效率收敛的影响因素，进一步采用 OLS 方法对农信

[①] 本书"组内趋同而组间趋异"的含义是农信社静态生产效率的收敛特征相同，但收敛速度却存在显著差异。从俱乐部收敛的结果来看，我们发现一级法人农信社、农合行和农商行在整体及各地区均出现绝对收敛特征，但是其收敛速度却存在明显差异，一级法人农信社在关中地区的收敛速度最快（7.2%），农合行和农商行在陕北地区的收敛速度最快（2.4% 和 3.5%）。

社静态生产效率收敛的影响因素进行了估计，估计结果如表 4-8 所示。资金配置能力、行业竞争程度、经济发展水平、产业结构均对陕西省农信社生产效率总体水平有显著影响。其中，资金配置能力对农信社生产效率的影响在 1% 的水平上显著，系数为正表明农信社资金配置能力就越强，创造的收益就越多，越有利于促进其生产效率水平的提高。行业竞争程度对农信社生产效率的影响在 10% 的水平上显著，系数为负表明农村金融市场竞争越激烈，为争夺资源，农信社就会投入更多的成本加大贷款规模，从而不利于农信社生产效率水平的提高。经济发展水平对农信社生产效率的影响在 10% 的水平上显著，系数为正表明良好的经济发展水平有利于提高农信社生产效率。产业结构对农信社生产效率的影响在 1% 的水平上显著。产业结构代表了农信社信贷决策环境，其系数为负表明，开展以农业类为主的信贷业务将加大农信社信贷风险，会严重抑制农信社生产效率水平的提高。

表 4-8　陕西省农信社静态生产效率条件收敛的影响因素检验结果

影响因素	总体	不同地区			不同产权组织形式		
		陕北	关中	陕南	一级法人农信社	农合行	农商行
资产规模对数	0.021	0.174**	-0.046	-0.058*	0.014	-0.026	0.008
	(0.033)	(0.081)	(0.036)	(0.031)	(0.041)	(0.045)	(0.005)
资产流动性	0.014	-0.113	0.065	-0.153*	0.010	0.235**	0.006
	(0.054)	(0.130)	(0.075)	(0.086)	(0.057)	(0.094)	(0.028)
资金配置能力	0.690***	0.138	1.297***	0.298	0.713***	0.085	0.087**
	(0.177)	(0.143)	(0.495)	(0.186)	(0.210)	(0.170)	(0.040)
行业竞争程度	-0.617*	-2.242*	-2.256***	0.641	-0.670*	0.213	-0.046
	(0.335)	(1.312)	(0.734)	(0.569)	(0.396)	(0.886)	(0.088)
经济发展水平	1.005*	0.999	0.333	-1.034	1.216*	0.565*	-0.013
	(0.549)	(0.651)	(0.931)	(0.730)	(0.712)	(0.290)	(0.084)
政府干预程度	0.133	0.568*	-0.236	-0.006	0.152	-0.163	0.018
	(0.143)	(0.317)	(0.198)	(0.105)	(0.162)	(0.132)	(0.034)
产业结构	-0.238***	-0.016	-0.337**	-0.174	-0.249***	0.049	-0.099***
	(0.073)	(0.087)	(0.137)	(0.108)	(0.082)	(0.065)	(0.026)
AR^2	0.197	0.022	0.212	0.438	0.195	0.421	0.724
F 值	18.81	2.87	14.95	8.50	19.14	6.93	17.69
样本量	642	150	324	168	560	40	42

注："***""**""*"分别表示在 1%、5% 和 10% 水平上显著。

从不同地区农信社静态效率条件收敛的影响结果来看，资产规模对陕北农信社生产效率的影响在5%的水平上显著，系数为正表明农信社资产规模较大，规模效应就越好，对农信社生产效率的提升作用就越明显，而对陕南农信社生产效率的影响在10%的水平上显著，系数为负表明扩大资产规模并不利于陕南农信社生产效率水平的提高。资产流动性对陕南农信社生产效率的影响在10%的水平上显著，系数为负表明提高资金流动性并不利于陕南农信社生产效率水平的提高。理论上来讲，保持一定水平的流动性虽然能促进农信社生产效率水平的提高，但过高的流动性也可能会限制农信社发展。资金配置能力对关中农信社生产效率的影响在1%的水平上显著，系数为正表明关中农信社资金配置能力就越强，越有利于提高其生产效率水平。政府干预程度对陕北农信社生产效率的影响在10%的水平上显著性。虽然地方政府可以通过资金支持促使农信社可持续发展，但过多的资金干预也可能会限制农信社发展。系数均为正表明政府财政支持有利于农信社提高其生产效率水平。产业结构对关中农信社生产效率的影响在5%的水平上显著，表明开展以农业类为主的信贷业务不利于提高关中农信社生产效率。

从不同产权组织形式农信社静态效率条件收敛的影响结果来看，一级法人农信社与总体农信社保持了一致的结果，即资金配置能力、行业竞争程度、经济发展水平、产业结构均对一级法人农信社生产效率水平有显著影响。其中，资金配置能力和经济发展水平是有利于改善一级法人农信社生产效率的因素，而行业竞争程度和产业结构是不利于改善一级法人农信社生产效率的因素。资产流动性和经济发展水平对农合行生产效率的影响分别在5%和10%的水平上显著，系数为正表明较高资产流动性和较好的经济发展水平对改善农合行生产效率越有利。资金配置能力对农商行生产效率的影响在1%的水平上显著，与全样本结果一致，系数为正表明资金配置能力就越强，越有利于促进农商行生产效率水平的提高。产业结构对农商行生产效率的影响在1%的水平上显著，系数为负表明增多涉农信贷项目会加大农商行经营风险，容易引起农商行生产效率水平的下降。

4.4 本章小结

本章基于2008—2014年陕西省农信社微观数据，深入分析了不良贷款约束下的农信社静态生产效率变化与动态全要素生产率增长、产权改革对农信社生产效率的影响以及生产效率的收敛性。所得结论如下：

第一，考察期内陕西省农信社总体上保持着静态生产效率提升与动态GML指数增长态势，产权改革取得一定成效，但总体生产效率水平并不高，其年均值分别为0.600和1.071，这与省联社管理体制的弊端有关，说明农信社"内卷化"现象已非常明显。不同地区和不同产权组织形式农信社静态生产效率与动态GML指数变化趋势表现出不同特征。各地区中，一级法人农信社动态GML指数增长最快，但静态生产效率却出现严重异化，说明深化改革应因地制宜，切忌"一刀切"。不同产权组织形式中，一级法人农信社静态生产效率低于农合行和农商行，但动态GML指数增长最快，说明一级法人农信社"追赶效应"明显；一级法人农信社在各地区动态生产率增长最快，但静态生产效率却出现严重异化，说明深化农信社改革应因地制宜，切忌"一刀切"。

第二，农信社产权改革具有较强的"选择效应"，说明大多选择了生产效率较好的一级法人农信社进行股份制改制；不同改革路径的"选择效应"差异较大。其中，一级法人农信社直接改为农商行对规模效率和技术规模的选择效应较强，一级法人农信社先改为农合行后改为农商行对技术进步的选择效应较强，农合行改为农商行对规模效率和技术规模的选择效应较强，说明应分类推进农信社差异化改革。长期来看，农信社改革对农合行和农商行生产效率水平的提升效应较为明显。

第三，陕西省农信社生产效率表现出显著的收敛性特征，随着时间的推移，不同地区和不同产权组织形式农信社生产效率之间的差异在逐步缩小，农信社产权改革对其生产效率的影响呈倒U形变化趋势，并出现相对停滞状态，后期需引起关注，说明转变盈利模式和发展多元化业务已成为下一步农信社改革的关键。

第五章 产权改革与陕西省农村信用社资本充足率变化实证分析

对于农信社而言，资本充足率是资本与风险加权资产之间的比例，是监管当局衡量银行业风险水平的核心指标之一，对保护存款人利益、提升核心竞争力、维护金融稳定等具有重要意义。随着中国经济步入新常态和农业现代化与城镇化的快速发展，农信社发展也面临新的问题和挑战，如何继续坚持和深化农信社改革，真正有效地实现可持续发展？一个重要的方面就是充实资本金、保持足够的资本充足率（周小川，2012）。鉴于此，本章进一步以资本充足率为研究对象，并从内部视角分析了农信社产权改革对其资本充足率变化及影响效果。

5.1 农村信用社产权改革对其资本充足率影响的指标选取

理论上来讲，农信社资本水平主要有两个指标，一是资本充足率（Capital Adequacy Ratio，CAR），即总资本减去资本扣减项与风险加权资产的比例。二是核心资本充足率，又称一级资本（Tier 1 Capital Adequacy Ratio，TCAR），即核心资本减去资本扣减项与风险加权资产的比例，并定义为第 t 年的（核心）资本充足率[①]。因此，本书采用这两个指标作为被解释变量，具体变量定义及描述性统计请详见表 5-1。

在解释变量方面，付朝干和朱建华（2014）的做法基本上包含了农信

[①] 本书采用的核心资本充足率指标有别于银监会在《商业银行资本管理办法（试行）》中提出的"核心一级资本充足率和一级资本充足率"。原因在于：第一，在调查中了解到 2013 年前（含）农村合作金融机构一直采用核心资本充足率指标，2014 年才启用了新的计算口径；第二，由于大多数农信社（含农合行和农商行）目前还没有补充附属资本的合法债务工具，资本构成中基本不涉及优先股、可转换债等债务性附属资本，因此，为了保持资本充足率指标在时间先后的一致性，经过公式转化，本书用 2014 年的核心资本充足率来替代（核心）一级资本充足率。

社产权改革变化的所有信息，因此本书主要借鉴此做法并结合实地调查情况①，并从静态、选择和动态三个层面共设定 8 个虚拟变量来代表产权改革变量。其中，静态效应包括 SXS 和 SHH 两个变量：分别表示为一级法人农信社和农合行。在样本期间，哑变量为 1 代表农信社某一特定的产权组织形式，为 0 代表其他。四个选择效应指标包括 LHH、LSH、LHHS 和 LHS，用来判断资本充足率水平高的一级法人农信社或农合行是否选择进行产权改革。1 为是，0 为否。两个动态效应指标是"经历了农合行改制"和"经历了农商行改制"。0 为改制之前，1 为改制之后，用来反映农合（商）行改革前后资本充足率水平的变化情况。

表 5-1 变量设置及统计性描述分析

变量设置及释义				统计性描述	
变量属性及类型	细分变量	变量符号	变量定义	均值	标准差
被解释变量	资本水平	资本充足率	CAP	（总资本－扣减额）/风险加权资产	0.06	0.10
		核心资本充足率	TCAP	核心资本/风险加权资产	0.04	0.08
核心解释变量（产权改革变量）	表态效应	一级法人农信社	SXS	是一级法人农信社＝1，否＝0	0.76	0.43
		农合行	SHH	是农合行＝1，否＝0	0.01	0.09
	选择效应	一级法人农信社仅改为农合行	LHH	是＝1，否＝0	0.03	0.17
		一级法人农信社直接改为农商行	LSH	是＝1，否＝0	0.14	0.35
		一级法人农信社先改为农合行后改为农商行	LHHS	是＝1，否＝0	0.04	0.19
		农合行改为农商行	LHS	是＝1，否＝0	0.03	0.17

① 在本书的样本中，农信社产权改革大致可以分为四类：第一类是一级法人农信社仅转变为农合行：甘泉（2010）、富县（2011）、吴起（2011）；第二类是一级法人农信社直接转变为农商行：定边（2011）、杨凌（2012）、米脂（2013）、绥德（2013）、子洲（2013）、白河（2013）、旬阳（2013）、佳县（2014）、清涧（2014）、吴堡（2014）、渭滨（2014）、彬县（2014）、平利（2014）、商南（2014）、柞水（2014）；第三类是一级法人农信社先转变为农合行后转变为农商行：横山（2010—2013）、镇安（2010—2013）、靖边（2010—2014）、陇县（2010—2014）；第四类是农合行转变为农商行：神木（2009）、榆阳（2010）、府谷（2012）。

续表

变量设置及释义			统计性描述		
变量属性及类型	细分变量	变量符号	变量定义	均值	标准差
核心解释变量（产权改革变量） 动态效应	改制成农合行	DHH	改制之后=1，改制之前=0	0.04	0.21
	改制成农商行	DSH	改制之后=1，改制之前=0	0.06	0.23
其他控制变量 自身特征因素	资产规模	Asset	上年年末总资产的对数值（万元）	12.26	0.85
	不良贷款率	Imparied	上年年末不良贷款占总贷款比重（%）	0.11	0.10
	成本收入比	Cost-income	营业成本/营业收入（%）	0.56	0.29
外部环境因素	市场份额	Competition	上年年末总贷款除以地区总贷款（%）	0.03	0.03
	农户人均纯收入	Income	上年年末（农户人均纯收入+1）的对数值（元）①	8.43	1.53
	GDP增长率	GDP growth	上年年末GDP增长率	0.18	0.22
地区和时间		Local×Time	1为陕北，2为关中，3为陕南；每年设置一个虚拟变量，共7个	8.11	5.14
总样本数			742		

在控制变量方面，通过对现有文献进行了梳理，本书选择了一组控制变量，其中，资产规模用取对数后的资产总额表示。理论上讲，作为追求规模经济的金融企业，在"大而不能倒"的隐性补贴保护下，农信社资产规模越大，会过度追求杠杆财务，并产生冒险行为，为稀释风险，农信社

---

① 采用此方法主要是考虑在部分城区（如西安新城、未央等）农户已经全部转变为城市居民而没有农户的实际情况，能够有效避免对农户人均纯收入直接取对数后数值无穷大。

需要补充更多的资本（杨天宇等，2013）。因此，预期扩大资产规模会提高农信社资本充足率。不良贷款率定义为不良贷款余额与贷款余额的比例。不良贷款率越高，农信社风险资产权重就越大，在核销不良贷款时会消耗部分资本增强风险抵补能力，使农信社资本充足率保持较低水平。因此预期不良贷款率降低会提高农信社资本充足率。成本收入比代表农信社盈利能力，成本收入比越高，经营投入可能就越少，净利润也就越低，那么股东获取的权益就较少，在一定程度上会使资本补充机制失效。因此预期成本收入比会降低提高资本充足率。本书同时还选取了市场份额、农户人均纯收入和GDP增长率作为控制变量。另外，本书还加入了时间和地区的虚拟变量来分析特定时间、特定地区农信社产权改革对其资本充足率的影响效应。

5.2 农村信用社资本充足率演变趋势分析

5.2.1 分产权组织形式分析

就平均水平而言（见表5-2），2008—2014年，农信社资本充足率和核心资本充足率分别为6.30%和5.18%，其中，农商行最高（20.70%和18.41%），农合行次之（15.10%和11.71%），一级法人农信社最低（5.18%和3.39%）。农商行和农合行资本充足率水平较高的原因是农商行和农合行需要达到规定的监管要求才能改制，其原始条件相对于一级法人农信社较好，因此资本水平相对较高。从增长速度看，农信社资本充足率和核心资本充足率年均增速分别为4.62%和4.11%，其中，一级法人农信社资本充足率增速较高（4.11%），农商行次之（2.96%），农合行最低（2.45%）；而农商行核心资本充足率增速较高（3.82%），其次是一级法人农信社（3.11%），最低是农合行（2.63%）。不同产权组织形式农信社资本充足率演变趋势出现以上差异原因有二：一是一级法人农信社资本目前主要是为实收资本，而较高的实收资本对农信社通过增资扩股增加资本的依赖性较强，说明一级法人农信社在体制上存在明显的弊端。二是农合行和农商行经营利润相对较高，未分配利润补充核心资本的空间较大，因此其核心资本充足率增速相对较快。

表5-2　　不同产权组织形式农信社资本水平现状情况表　　单位：年，%

时间/类型		资本充足率			核心资本充足率		
		一级法人农信社	农合行	农商行	一级法人农信社	农合行	农商行
2008	最小	-78.30	-4.92	—	-78.28	-4.92	—
	最大	18.07	18.52	—	16.44	12.77	—
	均值	-0.43	12.22	—	-0.72	6.96	—
2009	最小	-16.14	9.34	—	-16.13	9.18	—
	最大	16.34	25.58	—	14.11	22.26	—
	均值	1.41	15.19	—	0.53	12.70	—
2010	最小	-26.63	6.17	25.14	-26.62	3.21	24.50
	最大	16.79	18.11	25.14	14.44	16.62	24.50
	均值	2.71	12.23	25.14	1.43	10.27	24.50
2011	最小	-23.60	10.91	17.09	-23.59	6.84	15.38
	最大	22.24	20.00	19.47	19.30	18.54	18.77
	均值	5.71	14.29	18.28	3.73	11.34	17.08
2012	最小	-15.97	11.44	18.52	-15.97	5.77	15.27
	最大	22.28	25.69	30.96	18.03	23.40	27.36
	均值	7.09	15.52	22.33	4.77	11.84	19.64
2013	最小	-12.25	13.39	11.81	-12.24	10.26	9.16
	最大	24.19	25.41	27.43	16.35	18.58	25.87
	均值	8.97	17.94	19.13	6.30	13.79	15.65
2014	最小	-12.23	16.24	13.18	-12.23	10.12	9.49
	最大	25.84	20.56	24.87	19.21	19.54	27.69
	均值	10.79	18.34	18.61	7.71	15.07	15.19

5.2.2　实际变化路径分析

从改革的实际变化路径来看（见图5-1~图5-8），在2008—2014年农信社资本充足率和核心资本充足率中，改制为一级法人农信社比未改制的一级法人农信社（SXS）分别高10.15%和8.89%，农合行与未改制的一级法人农信社（SHH）分别相差5.52%和7.31%，一级法人农信社仅改为农合行与未改制的一级法人农信社（LHH）分别相差7.49%和5.40%，直接改为农商行的一级法人农信社与未改制的一级法人农信社（LSH）分别相差7.63%和6.49%，先改为农合行再改为农商行的一级法人农信社与未改制的一级法人农信社（LSH）分别相差8.48%和7.62%，改为农商行的农合行与未改制的一级法人农信社（LSH）分别相差14.21%和13.40%，农合行改制前后（DHH）分别相差7.39%和6.08%，农商行改制前后（DSH）分别相差13.07%和13.11%。

上述农信社资本水平随不同改革路径出现明显差异的原因是：新一轮改革是按照投资主体多元化原则对农信社逐步改制，这种做法突破了原有农信社只允许农民入股来补充资本的限制，改变了原有股东股金存款化做法，有效增强了农信社资本实力，特别对农合行和农商行吸引大股东更为有利。但是，随着中央政府政策性补偿的结束，农信社很难再通过外来资金的注入来消化历史包袱，并直接转化为实际资本，使得改革前后以及一级法人农信社的资本水平与农合行和农商行之间相差甚远。

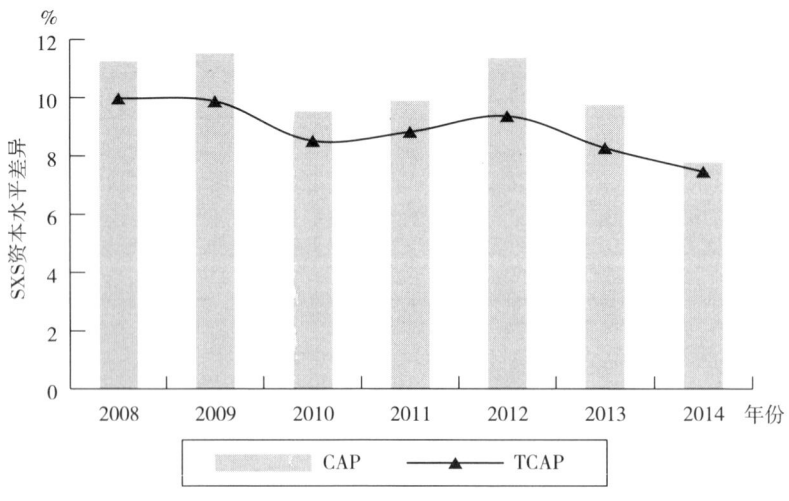

图5-1 SXS资本水平差异趋势

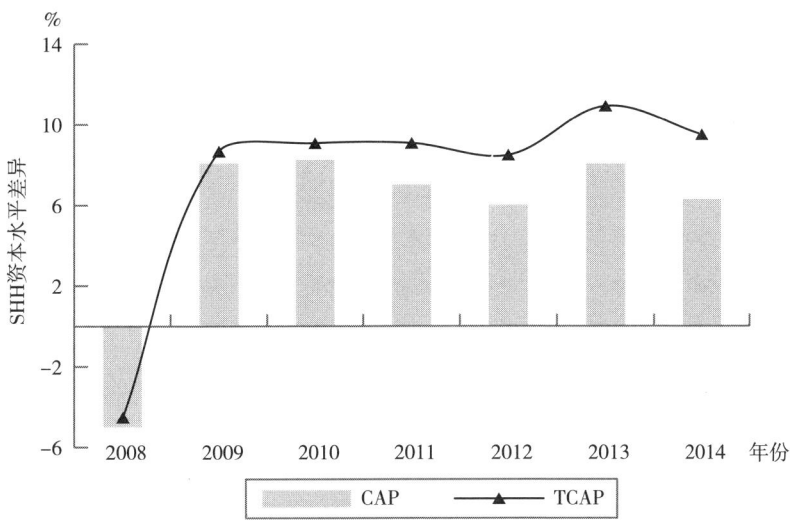

图 5-2　SHH 资本水平差异趋势

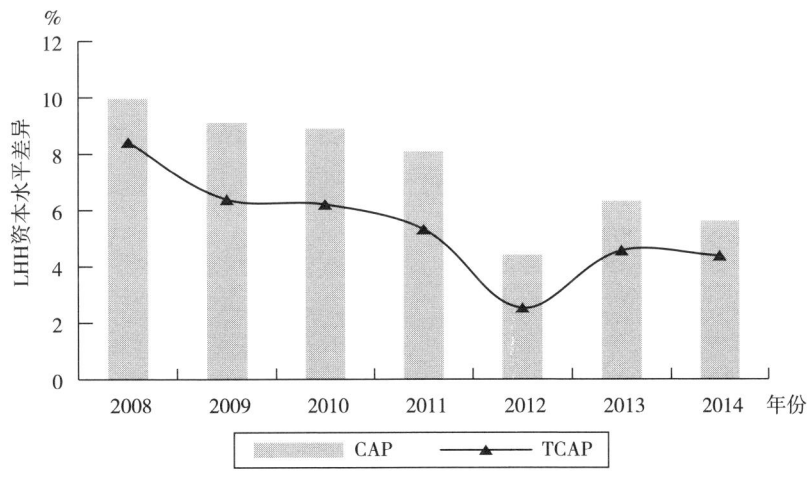

图 5-3　LHH 资本水平差异趋势

5.2.3　时间演进趋势分析

从时间变化看（见表 5-3），农信社资本充足率和核心资本充足率在 2008—2014 年有明显提高，其均值较 2008 年同期分别提升了 2.51% 和

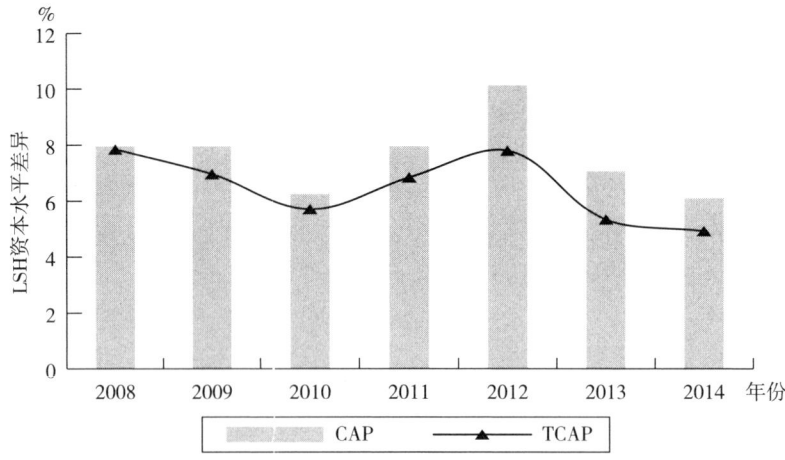

图 5-4　LSH 资本水平差异趋势

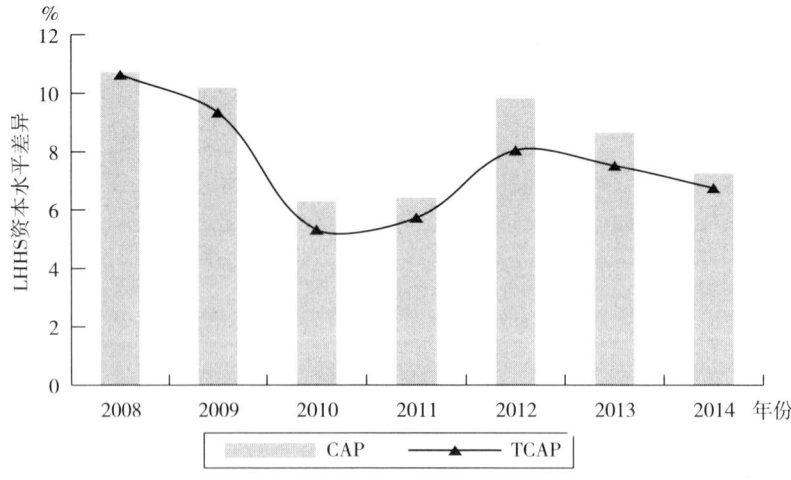

图 5-5　LHHS 资本水平差异趋势

2.20%，变化幅度较大，均超过了行业监管要求。但进一步发现，这种高速增长的背后并不是因为农信社自身经济效益的提升而提高，实际上，更多是政府政策性补偿与无偿性捐赠等资金注入方式所致。进一步从资本的边际提升的变化趋势看，资本充足率与核心资本充足率提升程度逐年下

第五章 产权改革与陕西省农村信用社资本充足率变化实证分析

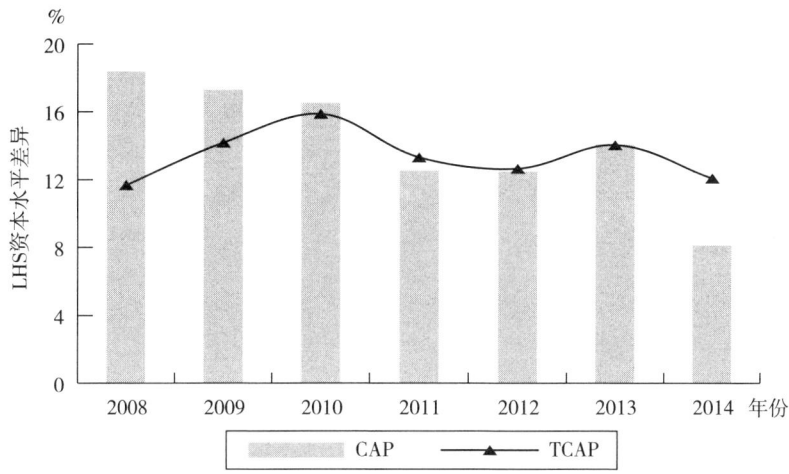

图 5-6 LHS 资本水平差异趋势

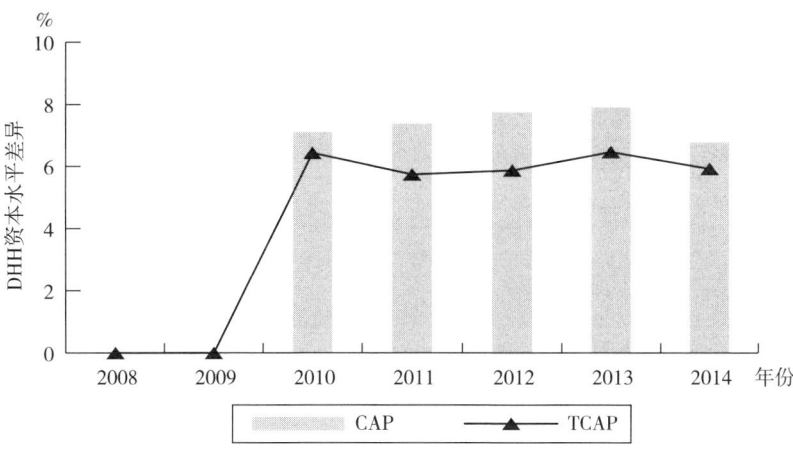

图 5-7 DHH 资本水平差异趋势

降,分别由 2008 年的 4.29% 和 4.07% 降至 2014 年的 2.06% 和 1.91%,这表明农信社资本充足率的提升程度存在着边际递减效应(见图 5-1 和图 5-2)。

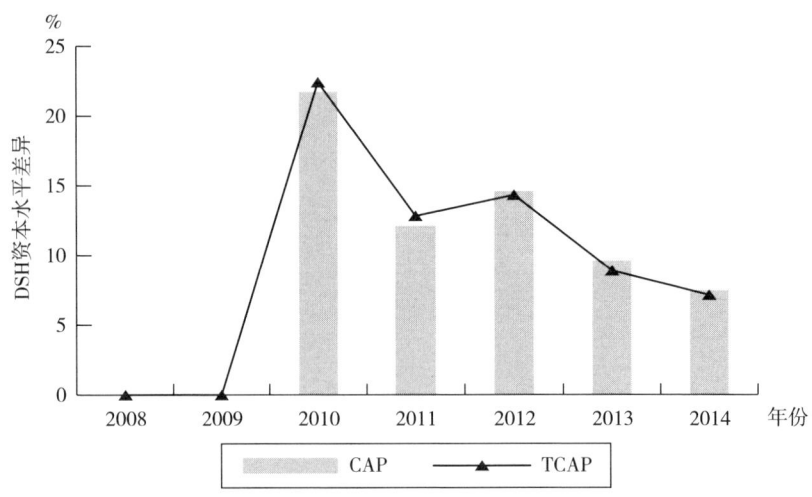

图 5 – 8　DSH 资本水平差异趋势

表 5 – 3　　　　基于时间和区域视角的农信社资本水平情况表　　　单位：年，%

类型	资本充足率				核心资本充足率			
	陕北	关中	陕南	总体	陕北	关中	陕南	总体
2008	9.36	-5.30	2.04	0.04	7.78	-5.35	1.71	-0.44
2009	9.67	-2.19	3.44	2.05	7.58	-2.48	2.23	1.10
2010	11.47	-0.95	5.47	3.63	9.12	-1.53	3.63	2.31
2011	14.67	2.00	8.53	6.67	11.64	0.97	5.40	4.62
2012	14.73	4.75	9.92	8.44	11.64	3.12	6.52	6.00
2013	15.91	7.61	11.69	10.62	12.42	5.58	7.84	7.77
2014	17.36	9.74	14.17	12.68	13.78	7.27	10.06	9.52
平均	13.31	2.24	7.90	6.30	10.57	1.08	5.34	4.41
标准差	3.14	5.45	4.44	4.62	2.41	4.54	3.05	3.62

5.2.4　分地区分析

从地区层次来看，陕北农信社资本水平均值高于陕南和关中，具体来看，从资本充足率和核心资本充足率均值来看，陕北农信社资本充足率和核心资本充足率均值最高，分别为 13.31% 和 10.57%，陕南次之，分别为

第五章　产权改革与陕西省农村信用社资本充足率变化实证分析

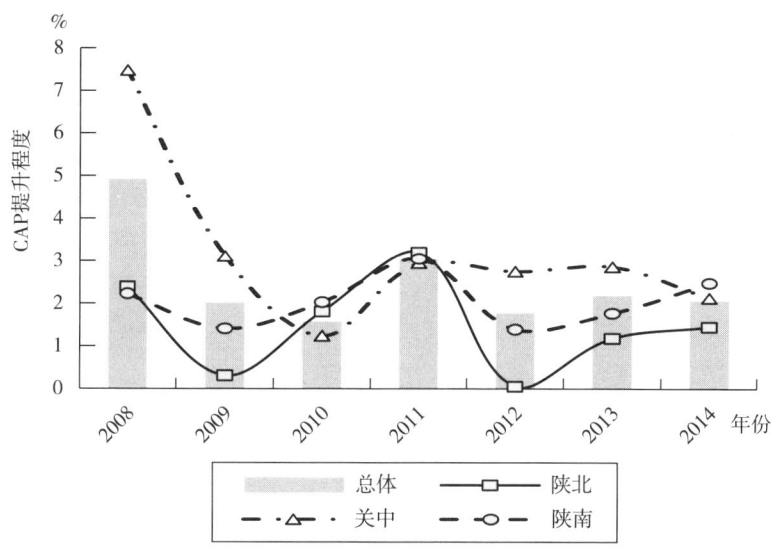

图 5-9　资本充足率提升趋势

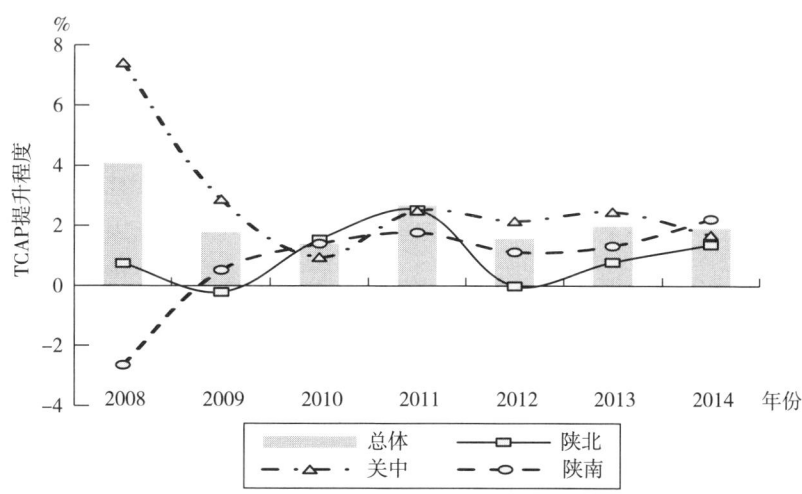

图 5-10　核心资本充足率提升趋势

7.90%和5.34%），关中最低，分别为2.24%和1.08%。从变化趋势来看，陕北农信社资本充足率和核心资本充足率年均值分别提升了1.48%和0.96%，陕南农信社资本充足率和核心资本充足率分别提升了2.05%和0.81%，关中农信社资本充足率和核心资本充足率分别提升了3.22%和

2.86%。从农信社资本充足率边际提升程度看,关中农信社资本充足率提升最快,为3.22%,陕南农信社资本充足率次之,为2.05%,陕北农信社资本充足率最慢,仅为1.48%;从核心农信社资本充足率边际提升程度看,关中农信社核心资本充足率依然最高,为2.86%,陕北农信社核心资本充足率次之,为0.96%,陕南农信社核心资本充足率最慢,仅为0.81%。以上农信社资本水平呈现较为明显的区域性梯度态势的主要原因是:各地区央行专项票据的资金投入力度不同,导致各农信社化解不良贷款和改善资产质量的能力有所差异,加之不同地区经济发展水平不同,从而引起经济变化对农信社发展产生的经济效益不尽相同。

以上描述性分析结果并没有考虑资产规模、不良贷款率等控制性变量对农信社资本水平的影响,可能并不能完全准确地度量农信社产权改革对资本充足率影响的数量关系,因此需要进一步通过计量方法来深入剖析农信社产权改革是否真的提高资本水平。

5.3 农村信用社产权改革对资本充足率影响的模型构建

5.3.1 计量模型的构建

由于本章旨在考察农信社产权改革在选定单位时间内对其资本充足率的影响,这就要求所使用的计量模型能够准确描述农信社资本充足率的影响因素。如前文理论分析,农信社资本充足率的影响因素在选定单位时间内的包括农信社自身条件、外部环境和产权制度变革等多重因素共同作用。各地区经济环境和发展水平存在迥异和明显的地域性的事实表明,考察农信社资本充足率的影响因素要特别注意不同农信社个体之间的差异性,即农信社在选定时间段内可能存在四种情况,一是不同农信社个体之间可能不存在显著性差异;二是不同农信社个体在不同的时刻点上存在显著性差异;三是不同农信社个体在不同的时间序列(个体)上存在显著性差异;四是不同农信社个体不仅在不同的时刻点上存在显著性差异,甚至在不同的时间序列(个体)上也存在显著性差异;五是不同农信社个体存在一个非观测值与解释变量之间不相关,这一结果使得研究者面临面板数据模型的选择问题。鉴于此,本书在参照许国玉(2007)的资本充足率回归框架的基础上,结合面板数据的特点设定如下计量模型：

$$CAP_{ijt} = \beta_0 + \beta_1 Static_{ijt} + \beta_2 Select_{ijt} + \beta_3 Dynamic_{ijt} + \sum_{m=1}^{M} \beta_m X_{ijt,m} + v_j \otimes \tau_t + \varepsilon_{ijt} \quad (5-1)$$

$$TCAP_{ijt} = \beta_0 + \beta_1 Static_{ijt} + \beta_2 Select_{ijt} + \beta_3 Dynamic_{ijt} + \sum_{m=1}^{M} \beta_m X_{ijt,m} + v_j \otimes \tau_t + \varepsilon_{ijt} \quad (5-2)$$

式5-1和式5-2中，被解释变量 CAP_{ijt} 和 $TCAP_{ijt}$ 分别表示 j 区域 t 年第 i 家农信社资本充足率和核心资本充足率。$Static_{ijt}$，$Select_{ijt}$，$Dynamic_{ijt}$ 为核心解释变量，分别代表产权改革的静态效应、选择效应和动态效应，共包括8个细分变量。其中，静态效应反映一级法人农信社和农合行这两种产权制度对资本充足率的长期影响，选择效应反映资本充足率水平高的一级法人农信社或农合行是否选择进行产权改革，对比不同改革路径的资本充足率之间的差异，动态效应反映改革前后资本充足率的变化情况。X_{ijt} 为一组控制变量，主要包括：产权改革之外的影响农信社资本水平的资产规模、不良贷款率和成本收入比等自身特征变量，以及能产生竞争机制的市场份额变量和对农信社产生外部影响的农户人均纯收入、GDP增速等环境变量。为克服时间和地区带来的异质性影响，本书还设置了地区和时间变量的交叉变量（$v_j \otimes \tau_t$）。其中，地区变量主要反映空间距离和存贷款资源禀赋差异等与农信社相关的因素，时间变量主要用来反映特定时间效果和技术进步产生的影响。ε_{ijt} 为随机干扰项。本书以2008年为基期，对所有控制变量滞后了一期。

5.3.2 模型设定的进一步说明

对于模型设定，需要说明几点：第一，为保证研究效度的准确性，本书在模拟计量模型之前，采用 Kruskal - Wallis 统计检验方法，验证了农信社产权改革是否会随时间和地区变化对其资本充足率产生显著影响的假设。从两个检验结果来看，渐近显著性均远低于0.01，应接受存在差异的假设。第二，在模型处理前，本书对变量之间的相关性进行了检验。从结果来看，变量之间并不存在高度的多重共线性问题①。在核心解释变量中，SXS 变量与（核心）资本充足率显著负相关，说明未改制的一级法人农信社资本水平要明显低于改制的一级法人农信社，SHH 变量不显著，其余变量均与（核心）资本充足率显著正相关，说明农信社产权改革的选择效应和动态效应均有显著影响。一些控制变量如资产规模、不良贷款等与农信社资本水平也显著相关。另外，地区与时间的交叉变量与资本水平显著负相关。

在具体的计量分析中，本书采用了聚类稳健标准误对模型进行了估计，以消除农信社资本水平之间由于地域因素可能存在的相似性而产生异方差影响（盖庆恩等，2015）②。本书还针对平衡性面板数据的特征，对混合效应和固定效应模型均进行了 F 检验，同时采用自助法对随机效应和固定效应模型进行了稳健的 Hausman 检验③，检验结果最终支持双向固定效应模型。另外，为进一步解决模型中可能存在的内生性问题，本书还采用了 FE2SLS 方法进行了估计，其检验结果未受内生性因素的影响（刘景中，2009）。

5.4　农村信用社产权改革对资本充足率影响的实证分析

根据是否区分混合效应、随机效应与固定效应，本书首先估计了六个模型，模型 1 与模型 2 是分别以资本充足率和核心资本充足率为被解释变量的混合效应模型，模型 3 与模型 4 为随机效应模型，模型 5 与模型 6 为固定效应模型。从各模型中调整的 R2 值看，固定效应模型拟合程度最高，整体显著性较强。从 Hausman 检验结果看，p 值在 1% 水平下显著，说明固定效应模型具有较好的解释力。下文将采用模型 5 和模型 6 的计量结果，分析各变量对农信社资本充足率的影响（见表 5 – 4）。

---

①　Kruskal – Wallis 统计检验方法主要用于解决多个独立样本在某项指标上的分布是否存在显著性差异问题，若存在显著性差异，则需要从时间和区域上对其差异进行计量模拟，其原假设是多独立样本来自多个总体的分布无显著差异。由于篇幅限制，本书未在正文中列出相关性检验结果。鉴于篇幅原因，本书未列出检验结果，若读者有兴趣，可向作者索要。关于该方法的检验步骤和原理见王伏虎和赵喜仓（2009）的阐述。

②　由于普通标准差假设扰动项是独立分布的，模型估计会因异方差等问题而造成估计结果偏小，因此本书选择聚类稳健标准误进行了估计。

③　采用了 STATA 软件使用自助法进行稳健的豪斯曼检验，若读者对稳健的豪斯曼检验原理及详细步骤有兴趣，可参阅陈强《高级计量经济学及 stata 应用》一书，第 355~358 页。

表5-4 农信社产权改革对其资本充足率影响效果的计量回归结果

变量			混合效应		随机效应		固定效应	
			模型1	模型2	模型3	模型4	模型5	模型6
			CAP	TCAP	CAP	TCAP	CAP	TCAP
产权改革变量	静态效应	一级法人农信社	-0.061 (0.073)	-0.090 (0.065)	-0.062*** (0.0045)	-0.090*** (0.004)	-0.070*** (0.004)	-0.098*** (0.004)
		农合行	-0.001 (0.079)	-0.009 (0.070)	-0.001 (0.017)	-0.009 (0.021)	0.003 (0.018)	-0.007 (0.022)
	选择效应	一级法人农信社仅改为农合行	0.044 (0.076)	-0.009 (0.068)	0.044*** (0.011)	-0.009 (0.012)	0.032*** (0.005)	-0.021** (0.007)
		一级法人农信社直接改为农商行	0.015 (0.073)	-0.027 (0.065)	0.015** (0.006)	-0.027*** (0.005)	0.011* (0.005)	-0.031*** (0.005)
		一级法人农信社先改农合行再改农商行	0.035 (0.076)	-0.002 (0.068)	0.036*** (0.009)	-0.002 (0.012)	0.048*** (0.005)	0.008 (0.007)
		农合行改为农商行	0.086 (0.075)	0.039 (0.067)	0.087*** (0.013)	0.039*** (0.009)	0.082*** (0.008)	0.035*** (0.008)
	动态效应	改制成农合行	0.0024 (0.027)	-0.003 (0.020)	0.003 (0.006)	-0.003 (0.008)	-0.028*** (0.004)	-0.030*** (0.008)
		改制成农商行	0.034** (0.014)	0.037*** (0.012)	0.033*** (0.013)	0.037*** (0.013)	0.004 (0.013)	0.011 (0.013)
控制变量	自身特征	资产规模	-0.011*** (0.003)	-0.009*** (0.003)	-0.011** (0.005)	-0.009** (0.004)	-0.023*** (0.004)	-0.019*** (0.003)
		不良贷款率	-0.230*** (0.032)	-0.198*** (0.029)	-0.230*** (0.041)	-0.198*** (0.031)	-0.133** (0.039)	-0.115*** (0.029)
		成本收入比	-0.027*** (0.010)	-0.024*** (0.009)	-0.028* (0.014)	-0.024** (0.012)	-0.027 (0.016)	-0.023 (0.014)

续表

变量			混合效应		随机效应		固定效应	
			模型1	模型2	模型3	模型4	模型5	模型6
			CAP	TCAP	CAP	TCAP	CAP	TCAP
控制变量	外部环境	市场份额	0.064 (0.094)	0.049 (0.083)	0.064 (0.097)	0.049 (0.097)	0.394** (0.112)	0.333** (0.114)
		农村居民人均纯收入	−0.0018 (0.0018)	−0.001 (0.0016)	−0.002*** (0.001)	−0.001 (0.001)	−0.005*** (0.001)	−0.004*** (0.001)
		GDP增长率	−0.019 (0.013)	−0.016 (0.012)	−0.019* (0.010)	−0.016** (0.008)	0.000 (0.003)	−0.000 (0.004)
其他变量与常数项			Yes	Yes	Yes	Yes	Yes	Yes
AR^2			0.417	0.391	—	—	0.342	0.338
Hausman 检验 p 值			—	—	—	—	0.00***	0.00***
样本数			742	742	742	742	742	742

注：(1) 括号上边的数值是系数，括号中的数值是稳健标准误，下同。(2) "***" "**" "*" 分别表示在1%、5%和10%水平上显著，下同。(3) yes表示常数项已控制，下同。

5.4.1 产权改革对资本充足率影响的实证分析

上文统计性分析证明了：产权改革有助于农信社建立完善的资本补充渠道，有利于提高资本充足率。那么，农信社产权改革如何影响资本充足率？不同产权组织形式农信社的影响程度到底如何？是否又存在明显差异？本书将对该问题作进一步阐述①。

5.4.1.1 静态效应分析

SXS代表改制的一级法人农信社与未改制的一级法人农信社之间资本差异程度，从结果看，CAP和与TCAP系数均显著为负，且比未改制的一级法人农信社分别高7.04%和9.81%，与实际相符，表明改制后的一级法

---

① 需要说明的是：为区别以往研究，本书首先采用了黄惠春等（2015）设定产权改革变量的做法，对模型进行了计量回归，从结果看，产权改革在整体上与资本充足率呈正相关，并具有统计显著性。然后，我们对本书设定的产权改革变量进行计量回归后，发现资产规模、市场份额等变量的系数均有显著变化，这表明某些"隐含"的反映农信社产权改革对资本充足率有重要影响。

人农信社资本水平相对较好。SHH 代表农合行与未改制的一级法人农信社之间资本差异程度，从结果看，CAP 系数为正，且比未改制一级法人农信社平均高 0.34%，TCAP 系数为负，且比未改制一级法人农信社平均低 0.68%，说明与未改制一级法人农信社相比，农合行的核心资本充足率没有明显优势。虽然这一结果并不与上述统计分析完全相符，却也反映了农信社改革的实情，中央政府在过去的几年持续通过资金注入帮助农信社充实资本，但这些改制的一级法人农信社的核心资本充足率水平仍较低。

5.4.1.2 选择效应分析

LHH 代表仅改为农合行的一级法人农信社与未改制的一级法人农信社资本差异程度，从结果来看，CAP 系数显著为正，且比未改制的一级法人农信社高 3.20%，而 TCAP 系数显著为负，且比未改制的一级法人农信社平均低 0.68%。LSH 代表直接改为农商行的一级法人农信社与未改制的一级法人农信社的资本差异程度，从结果来看，CAP 系数显著为正，且比未改制的一级法人农信社平均高 1.11%，TCAP 系数显著为负，且比未改制的一级法人农信社平均低 3.14%。LHHS 代表先改为农合行后再改为农商行的一级法人农信社的资本差异程度，从结果来看，CAP 和 TCAP 系数均为正，但 TCAP 不显著，且比未改制的一级法人农信社平均分别高 4.83% 和 0.82%。LHS 代表改为农商行的农合行与未改制的一级法人农信社的资本差异程度，从结果看，CAP 和 TCAP 系数均显著为正，且比未改制的一级法人农信社平均分别高 8.21% 和 3.51%。以上分析可以看出，农信社改革对其资本充足率的影响具有较强的"选择效应"，即基本上选择了那些资本充足率水平较好的一级法人农信社和农合行进行了改制。对农信社而言，通过产权改革提高资产质量的主要途径之一就是资本充足率水平满足银行业监管要求，才能向股份制转型，并且转型后的农合行和农商行会优化公司治理结构，并通过融资上市、公开发债等方式拓宽资本补充渠道，从而使产权改革促进资本充足率提升的实际效果十分明显。

5.4.1.3 动态效应分析

DHH 代表改制为农合行改制前后的资本充足率变化程度，从结果看，CAP 和 TCAP 系数均显著为负，且改制为农合行之后比改制之前分别低 2.98% 和 2.97%，说明改制为农合行没能对其资本充足率产生促进作用，反而会在较长期间使其显著下降。出现以上结果可能的原因是：一是农合行在发行金融债券、增发国债以及融资上市存在着技术壁垒，使资本补充不足；二是农合行自身体制的过渡性和不完善，这也是多年来部分学者对农信社产权改革的效果存有担忧与质疑（姚耀军，2005）的原因之一。DSH 代表改制为农商行前后的资本充足率变化程度，从结果来看，CAP 和 TCAP 系数均为正，且改制为农商行之后比改制之前分别高 0.38% 和 1.13%，说明改制为农商行会使其提升资本充足率，但效应不显著，其滞后效果还有待继续关注。从这点可以看出，产权改革与农商行增资扩股、吸收优质股东等"包装效应"和风险防控的短期促进效应有关，这些措施可以迅速改善农商行资本充足率水平。

5.4.2 资本充足率影响因素的实证分析

5.4.2.1 资产规模分析

从结果来看，CAP 和 TCAP 系数均为负，并在 1% 显著性水平上通过统计检验，且每增加 1 个单位的资产规模，CAP 和 TCAP 分别降低 2.31% 和 1.93%，这一结果与钟永红（2014）的结论相反。出现这一结果可能的原因是农信社具有市场垄断优势，造成其过度追求规模经济，从而增加了农信社高风险资产规模。可以看出，扩大资产规模不一定有利于提高农信社资本充足率水平，应尽快建立农信社资本补充机制，并减少高风险资产权重的资产业务，进一步优化资产结构，提升核心资本质量。

5.4.2.2 不良贷款率与成本收入比分析

从不良贷款率结果来看，CAP 和 TCAP 系数均显著为负，且每增加 1 个单位的不良贷款率，CAP 和 TCAP 将分别降低 13.3% 和 11.5%，我们认为，可能的原因是当不良贷款过多时，农信社风险资产就越多，于是为增强风险抵补能力，农信社在核销不良贷款时，会消耗一部分资本，从而降低了自身资本水平。所以，降低农信社不良贷款率有利于提高其资本充足率水平。从成本收入比结果来看，CAP 和 TCAP 系数均不显著，但影响为负，表明较多的资本会衍生出部分生息资产业务，但这些业务会形成更多的利息成本，降低利润分配，导致农信社内源资本供给不足。应尽快完善内源资本积累机制，通过控制成本收入来提高经营效益，将有利于提高资本充足率水平。

5.4.2.3 市场份额

从结果来看，CAP 和 TCAP 系数均显著为正，并在 5% 显著性水平上通过统计检验,且每增加1个单位的市场份额,CAP 和 TCAP 将分别增加39.4%和33.3%,这一结果支持了"竞争度—稳定性"假说(Agoraki et al.,2011)。由于市场份额反映了农信社的贷款市场占有率和农村金融市场竞争程度,数值越大,代表农信社市场竞争越小,垄断程度越高,应尽可能扩大市场份额,特别是强化市场竞争机制,将有利于提高资本水平。

5.4.2.4 农村经济发展分析

除自身特征之外,农信社资本水平还受到经济发展的影响。用农户人均纯收入+1取对数表示的农村经济水平对其资本充足率水平具有统计显著的负面效应,但作用很小,并且每增加1%的农户人均纯收入,CAP 和 TCAP 仅仅降低 0.45%和 0.35%。出现这一结果是由于农信社资本水平与农村经济发展水平之间存在微弱的逆周期现象(张珩、罗剑朝,2015)。从用 GDP 增长率表示的整体经济发展水平的结果来看,CAP 和 TCAP 系数不显著,作用方向也不一致,并且 GDP 增速1个百分点,CAP 将提升 0.02%,TCAP 将降低 0.005%,说明经济发展仅仅使农信社资本水平在表面上得到了充实,而难以有效提高核心资本水平,应尽快拓宽外源资本补充渠道,进一步优化农信社资本结构和质量。

5.4.3 时间和地区差异进一步影响的实证分析

上文的统计性描述和 Kruskal – Wallis 检验结果证明:农信社资本水平的提升程度会随时间和地区的差异而发生变化,那么,农信社产权改革对资本充足率的影响是否会随着时间演进和地区差异有所变化?本书进一步在公式5-1和公式5-2的基础上,加入静态效应、选择效应和动态效应与时间、地区的交叉变量,建立模型7和模型8(固定效应模型)来解析该问题,具体计量结果见表5-5和表5-6。

5.4.3.1 时间趋势影响效果分析

就时间趋势来看,和基年2008年相比:(1)静态效应中,SXS 和 SHH 的 CAP 和 TCAP 结果在2009—2014年均不显著,表明改制的一级法人农信社和农合行对资本充足率影响的静态效应并没有随时间变化。从系数来看,2013年和2014年 SXS 的资本充足率系数为负,说明改革后期农信社产权改革对其资本充足率影响的静态效应已呈现出弱化趋势。(2)选择效应中,无论是仅改为农合行、直接改为农商行、先改为农合行再改为农商行的一级法人农信社和改为农商行的农合行，其系数在绝大多数年份均不显著（仅 TCAP 的 LSH 系数在 2014 年显著），表明农信社产权改革对其资本充足率影响的选择效应没有随时间发生变化。从系数来看，LSH 的资本充足率系数在 2014 年为负，LHS 的资本充足率系数在 2010 年之后也为负，表明"选择效应"也呈现出弱化趋势。（3）动态效应中，改制成农合行和改制成农商行的系数在绝大多数年份均为负（仅 DHH 的资本充足率系数在 2011 年为正），表明改革后的农合行和农商行对其资本充足率影响也呈现弱化趋势。

5.4.3.2 区域差异影响效果分析

就区域差异来看，和陕北相比：（1）静态效应中，SXS 的资本充足率和核心资本充足率系数在关中和陕南均显著且为负，SHH 的核心资本充足率系数仅在陕南显著且为负，表明陕南农合行核心资本充足率低于未改制的一级法人农信社。（2）选择效应中，LSH 的资本充足率和核心资本充足率系数在关中和陕南均显著且为负，表明直接改为农商行的一级法人农信社的资本充足率在关中和陕南均相对低于陕北农信社，这与上文分析结果保持一致。（3）动态效应中，DSH 的资本充足率和核心资本充足率系数在关中均显著为正，表明改革后的农商行资本充足率在关中最高。

表5-5 基于时间趋势与区域差异的农信社资本充足率回归结果

		静态效应			选择效应		动态效应		
		SXS	SHH	LHH	LSH	LHHS	LHS	DHH	DSH
时间	2009	0.011 (0.056)	0.110 (0.109)	—	0.008 (0.059)	0.004 (0.072)	0.016 (0.077)	—	—
	2010	0.029 (0.099)	0.125 (0.137)	0.012 (0.095)	0.009 (0.101)	—	−0.003 (0.116)	—	—
	2011	0.050 (0.067)	0.135 (0.116)	—	0.046 (0.068)	0.001 (0.077)	—	0.023 (0.119)	−0.066 (0.097)
	2012	0.058 (0.099)	0.107 (0.115)	—	0.065 (0.102)	0.073 (0.077)	−0.032 (0.125)	—	−0.020 (0.098)
	2013	−0.006 (0.066)	—	—	−0.019 (0.064)	0.042 (0.079)	—	−0.051 (0.118)	−0.103 (0.088)
	2014	−0.092 (0.096)	—	—	−0.142 (0.126)	—	−0.169 (0.136)	−0.147 (0.138)	−0.080 (0.113)

续表

		静态效应			选择效应		动态效应		
		SXS	SHH	LHH	LSH	LHHS	LHS	DHH	DSH
区域	关中	-0.075***	—	—	-0.041**	0.033	—	-0.030	0.071*
		(0.012)	—	—	(0.020)	(0.058)	—	(0.069)	(0.038)
	陕南	-0.034**	-0.141	—	-0.044**	-0.016	—	-0.058	0.016
		(0.017)	(0.137)	—	(0.019)	(0.058)	—	(0.070)	(0.035)
控制变量与常数项		Yes							
AR²		0.393							
F 值		9.538							
Hausman 检验 p 值		0.00***							
样本数		742							

注:"—"表示在实际的计量回归过程被作为参考基准而被剔除。

表 5-6 基于时间趋势与区域差异的农信社核心资本充足率回归结果

		静态效应			选择效应		动态效应		
		SXS	SHH	LHH	LSH	LHHS	LHS	DHH	DSH
时间	2009	0.024	0.125	—	0.012	0.009	0.062	—	—
		(0.050)	(0.098)	—	(0.054)	(0.065)	(0.070)	—	—
	2010	0.077	0.179	0.032	0.053	—	0.094	—	—
		(0.089)	(0.123)	(0.085)	(0.091)	—	(0.104)	—	—
	2011	-0.013	0.092	—	-0.027	0.017	—	-0.102	-0.078
		(0.059)	(0.104)	—	(0.061)	(0.070)	—	(0.107)	(0.088)
	2012	0.114	0.087	—	0.098	0.070	0.079	—	-0.036
		(0.089)	(0.104)	—	(0.092)	(0.070)	(0.113)	—	(0.088)
	2013	-0.052	—	—	-0.086	0.043	—	-0.152	-0.112
		(0.059)	—	—	(0.058)	(0.071)	—	(0.106)	(0.080)
	2014	-0.125	—	—	-0.188*	—	-0.111	-0.228*	-0.093
		(0.086)	—	—	(0.114)	—	(0.123)	(0.125)	(0.102)
区域	关中	-0.057***	—	—	-0.033*	0.019	—	-0.063	0.076**
		(0.010)	—	—	(0.018)	(0.053)	—	(0.062)	(0.034)
	陕南	-0.027*	-0.218*	—	-0.049***	-0.014	—	-0.059	0.002
		(0.015)	(0.123)	—	(0.018)	(0.053)	—	(0.064)	(0.032)

续表

	静态效应			选择效应		动态效应		
	SXS	SHH	LHH	LSH	LHHS	LHS	DHH	DSH
控制变量与常数项	Yes							
AR^2	0.378							
F 值	8.996							
Hausman 检验 p 值	0.00***							
样本数	742							

注："—"表示在实际的计量回归过程被作为参考基准而被剔除。

5.4.3.3 影响效果进一步解释

从以上结果分析来看，没有证据完全表明随着农信社改革的不断推进，或者在经济水平较好的发达地区，农信社产权改革对其资本充足率影响效应更明显。个别研究该问题的学者把原因归结为农信社资产规模与不良贷款率等个体差异的影响（张珩等，2016）。事实上，由于不同地区经济发展水平、信用环境与市场竞争程度存在较大差异，产权改革对农信社经营也会产生明显的差异，解释其原因在于：一是农信社资本来源渠道单一，内部积累与外部补充机制还有待加强，特别是中央银行专项票据工作结束后，农信社很难再通过外部资金注入来补充资本，导致农信社产权改革对其资本充足率的影响效应呈现弱化趋势，这也可以看出农信社改革仅仅是一种内部的、形式上的改革，说明农信社发展已陷入了"内卷化"阶段[①]。二是随着农村经济的发展，特别是传统农业的转变与城镇一体化推进，农信社不再仅仅依赖于外来资金注入，更多是受地方经济增长、客户容量扩展与市场竞争变化等外部因素所带来的马太效应的影响。

---

① 根据《农信社改革试点专项中央银行票据兑付考核操作程序》（银发〔2005〕247号）规定，农信社改革试点专项中央银行票据简称"专项票据"，是中国人民银行通过向深化农信社产权改革试点省（市）农信社（含农商行、农合行）定向发行的、用于置换不良贷款和历年挂账亏损的一种债券。专项票据期限一般为两年，最长可延长至4年，年利率1.89%（由中央银行向农信社支付利息），按年付息，不能流通、转让和质押。国发〔2003〕15号文件中规定，专项票据的兑付标准为：县市两级法人农信社资本充足率应达到2%；一级统一法人社要达到4%；农商行或农合行资本充足率达到8%。推迟后仍无法达标的，人行以其不良贷款和历年挂账亏损置换回专项票据。

5.5 本章小结

本章采用 2008—2014 年陕西省农信社微观面板数据，基于改革实际变迁路径视角，在同一个框架中研究了静态效应、产权结构变化的选择效应和动态效应对其资本充足率的影响机理及变化趋势，为进一步引导农信社进入稳健、高效的发展轨道提供经验证据。

研究发现，一级法人农信社的改制对提升资本充足率有显著影响，这为进一步深化农信社改革提供了实证支持。本书还发现了农信社产权改革具有较强的"选择效应"，即选择了较高资本充足率水平的农信社进行改革，这一点也符合实际发展情况。从动态效应看，产权改革显著降低了农合行资本充足率水平，但对农商行作用不明显，说明农合行体制具有明显的过渡性特征，农商行改革的滞后效果还有待关注。从时间和地区的结果发现，虽然新一轮农信社产权改革有效改善了其资产质量与资本充足性，"花钱买机制"的目标已基本实现，但农信社产权改革对其资本充足率的影响效应已呈现出明显的弱化趋势。本书认为出现这一结果主要来自于中央政府的政策性补偿和地方政府的资金捐赠的外部政策的影响，而不是农信社自身产权组织形式的变化。

随着内外部环境的变化，农信社未来发展依然存在诸多困难。政府主导的农信社产权改革已取得明显效果，但仅仅是局部受益，而非全部受益。这个观点与汪小亚（2009，2013）一致。就陕西省农信社的发展情况来看，此次改革对陕北和关中部分经济较发达地区的农信社产生了明显的影响，而对陕南农信社影响较弱，这主要是由于陕南农信社资源相对贫瘠，市场份额小，当地 GDP 增长率低和获利空间较小所致。因此，针对类似地区应立足服务"三农"的市场定位，有条件稳定县域一级法人地位，并建立科学的资本补充机制，同时强化资本约束，形成农信社资本水平提升的"倒逼机制"，避免农信社发展陷入过度"内卷化"的情形。

第六章 产权改革与陕西省农村信用社普惠金融服务水平变化实证分析

上一章从内部资本充足率视角对农信社产权改革效果进行了实证分析，本章从外部普惠金融服务水平作进一步分析。普惠金融是指能全面、有效地为社会所有阶层及群体提供平等服务的现代金融体系（Helms，2006）。发展普惠金融，不仅是农信社经营业务进一步拓展的需要，更是推进金融创新、适应经济新常态的重要举措。因此，本章在构建农信社普惠金融服务水平评价指标体系的基础上，计算农信社普惠金融服务水平，并进一步分析农信社产权改革对其普惠金融服务水平的影响效果。

6.1 农村信用社普惠金融服务水平分析

6.1.1 普惠金融服务水平的指标体系构建

普惠金融（Financial Inclusion）与金融排斥（Financial exclusion）的英文是一对反义词，现有关于发展中国家的金融排斥研究表明，市场需求主体受到金融排斥的原因主要有三个方面：一是正规金融机构受到利率水平和信贷配给计划的约束。即使在无管制的金融体系中，贫困群体也常因贷款额度小、交易成本高、抵押品少和信用记录缺失而被排除在正规金融市场之外（Carter 1988；Jones et al.，2007）。二是市场参与主体对正规金融机构提供的服务需求不足。Kochar（1995）发现大部分印度农户没有贷款是由于缺乏有效的金融服务需求，Sarmistha Pal（2002）也证实了这一观点。三是农村市场中缺乏有效抵押担保品。林毅夫（2008）认为农村土地和房屋目前还不能作农信社可接受的抵押品是造成金融排斥现象严重的根本原因。Sarmistha Pal（2002）、Veitataki（2008）认为金融排斥既有可能是正规金融机构服务供给不足所致，也可能是市场参与主体自身的需求不足，或者是获取正规金融机构的服务成本较高所致。

6.1.1.1 普惠金融服务水平构建思路及综合表达式

借鉴现有学者对普惠金融服务水平评价指标体系构建的研究成果，本书遵循系统性、层次性、导向性等原则，从渗透度、使用度、效用度、承受度4个层面构建了农信社普惠金融服务水平评价指标体系，并在此基础上建立了农信社普惠金融服务水平评价指标体系的递阶层次结构（详见表6-1），主要包括目标层、准则层和实施层。其中，目标层为农信社普惠金融服务水平，准则层包括4个一级评价指标，实施层包括14个二级评价指标。农信社普惠金融服务水平表达式为：

$$PUEA = PUEA(P_i, U_i, E_i, A_i) = w_{P_i}P_i + w_{U_i}U_i + w_{E_i}E_i + w_{A_i}A_i$$

(6-1)

式6-1中，$PUEA$ 为农信社普惠金融服务水平，其值在［0，1］之间，越接近1，表明水平越高，反之则越低。其中，P、U、E、A 分别为农信社普惠金融服务水平评价指标体系各层面，依次为渗透度、使用度、效用度、承受度，w_P、w_U、w_E、w_A 分别为农信社普惠金融服务水平评价指标体系各层面的权重，i 为农信社普惠金融服务水平评价指标体系各层面的具体指标代码。

6.1.1.2 普惠金融服务水平评价指标体系的内容

（1）普惠渗透度，代表农信社金融产品与服务的覆盖程度。理论上讲，增加农信社营业网点可以节约农户和中小企业获得金融服务的成本，但实际中并不能全面提高金融服务覆盖率。农户和中小企业拥有的农信社银行卡数量，能够代表其直接接触并利用农信社金融产品与服务的情况。因此，本书以每万户农户拥有的农信社营业网点数量、每个农户拥有的农信社银行卡数量、每个行政村村民拥有的农信社营业网点数量及银行卡数量共4个指标来衡量普惠渗透度。

（2）普惠使用度，代表农信社金融产品与服务的使用程度。目前农信社为农户和中小企业提供的金融产品与服务主要是吸收存款、发放贷款，本书采用人均存款余额和人均贷款余额2个指标来反映普惠使用度。同时，由于农村区域存在明显的金融排斥问题，严重影响农户与中小企业贷款可得性，因此，本书选择辖内农户平均贷款余额和辖内企业平均贷款余额2个指标来反映普惠使用度，该指标值越高，说明普惠使用度越高。

（3）普惠效用度，代表农信社对经济发展的贡献程度。目前发展代理保险、理财等中间业务不仅是增加农信社收入的主要来源，也是满足农村经济主体多元化金融服务需求的主要方式之一。因此，本书除采用农信社各项存款余额与当地生产总值之比和各项贷款余额与当地生产总值之比作为指标外,还选择中间业务交易金额与当地生产总值之比来反映普惠效用度。

(4) 普惠承受度,反映农户和中小企业对农信社金融产品与服务价格的接受程度。利率作为金融产品的价格,其水平高低直接影响农户和中小企业的价格承受能力。随着利率市场化的推进,农信社存贷款利率可在规定范围内浮动,上浮幅度越高,农户和中小企业可获得的存款利息就越多,同时需承担的贷款还息压力也越大,因此,本书选取存款加权利率水平和贷款加权利率水平2个指标表示普惠承受度。同时,由于农业天然的弱质性,农信社向农户和中小企业增发贷款会面临较大的信贷风险,因此,本书选择不良贷款率反映普惠承受度。普惠承受度不仅代表了农户和中小企业的价格承受能力,也在一定程度上反映了农信社开展普惠金融服务的可持续性。各指标描述详见表6-1。

表6-1 农信社普惠金融服务水平评价指标体系构建及描述性统计

目标层	准则层指标	实施层指标	代码	均值	标准差
农村信用社普惠金融服务水平	普惠渗透度(P)	每万户农户拥有的农信社营业网点数(个)	P_1	2.88	2.45
		每个农户拥有的农信社银行卡数(张)	P_2	3.42	13.11
		每个行政村村民拥有的农信社银行卡数(张)	P_3	2.51	7.10
		每个行政村村民拥有的农信社营业网点数(个)	P_4	249.88	625.01
	普惠使用度(U)	人均贷款余额(万元)	U_1	0.53	0.62
		人均存款余额(万元)	U_2	0.89	1.03
		辖内农户平均贷款余额(万元)	U_3	8.41	10.91
		辖内企业平均贷款余额(万元)	U_4	310.39	1070.56
	普惠效用度(E)	各项贷款余额与当地生产总值之比(%)	E_1	0.22	0.24
		各项存款余额与当地生产总值之比(%)	E_2	0.36	0.35
		中间业务交易金额与当地生产总值之比(%)	E_3	0.03	0.23
	普惠承受度(A)	存款加权利率水平(利息支出与存款余额之比)	A_1	0.02	0.01
		贷款加权利率水平(利息收入与贷款余额之比)	A_2	0.09	0.05
		不良贷款率(不良贷款余额与贷款余额之比)	A_3	0.11	0.10

6.1.2 普惠金融服务水平评价指标权重的确定

对某一目标进行评价,当指标体系建立之后,还需要科学地确定各指标的权重。层次分析法（AHP）是美国运筹学家萨迪（Saaty）于20世纪70年代提出的一种能将复杂系统的决策逐步层次化的分析方法。为避免传统做法在构建判断矩阵时受到个人偏好和主观臆断的影响，本书引入Cov–AHP方法，以各指标的协方差矩阵为基础，变换计算其判断矩阵，并进行一致性检验，从而得出各指标权重。具体操作步骤如下：

1. 数据的标准化处理。根据上述指标体系的内容，需对渗透度、使用度、效用度各实施层指标数据做正向化处理，对承受度各实施层指标数据需做负向化处理[①]。

2. 计算协方差矩阵。根据标准化处理后的实施层指标数据，计算实施层指标之间的协方差，并得到协方差矩阵 B，其中，b_{mn} 表示第 m 行与第 n 列的协方差。具体结果详见表6–2、表6–3。

表6–2　农信社普惠金融服务水平体系中一级指标的协方差矩阵

	P	U	E	A
P	0.001	0.000	0.000	0.000
U	0.000	0.003	0.000	0.001
E	0.000	0.000	0.001	0.000
A	0.000	0.001	0.000	0.002

表6–3　农信社普惠金融服务水平体系中二级指标的协方差矩阵

P	P_1	P_2	P_3	P_4	U	U_1	U_2	U_3	U_4
P_1	0.028	-0.001	0.001	0.002	U_1	0.009	0.009	0.002	0.001
P_2	-0.001	0.022	0.000	-0.001	U_2	0.009	0.009	0.002	0.001
P_3	0.001	0.000	0.000	0.000	U_3	0.002	0.002	0.004	0.001
P_4	0.002	-0.001	0.000	0.004	U_4	0.001	0.001	0.001	0.004
E	E_1	E_2	E_3		A	A_1	A_2	A_3	
E_1	0.003	0.003	0.000		A_1	0.002	-0.001	-0.001	
E_2	0.003	0.004	0.000		A_2	0.003	0.001	0.001	
E_3	0.000	0.000	0.002		A_3	0.001	0.019	0.019	

---

① 一般地，正向化处理的公式为：$X_i = \{X_i - \min(X_i)\} / \{\max(X_i) - \min(X_i)\}$，负向化处理的公式为：$X_i = \{\max(X_i) - X_i\} / \{\max(X_i) - \min(X_i)\}$。

3. 变换协方差矩阵，构造判断矩阵。第一，变换协方差矩阵。用各列协方差 b_{mn} 除以对角线上的协方差 b_{mm}，将协方差变换为相对协方差，并得到相对协方差矩阵 B'，其中，b'_{mn} 表示第 m 行与第 n 列的相对协方差。第二，构造判断矩阵。在相对协方差矩阵中，对 b'_{mn} 按照 $b'_{mn}/\sqrt{b'_{mn} \times b'_{nm}}$ 进行变换，对 b'_{nm} 按照 $b'_{nm}/\sqrt{b'_{mn} \times b'_{nm}}$ 进行变换，最终得出判断矩阵 C。其中，判断矩阵中的 c_{mn} 表示第 m 行与第 n 列的协方差。具体结果详见表6-4、表6-5。

表6-4 　　农信社普惠金融服务水平体系中一级指标的判断矩阵

	P	U	E	A
P	1.000	1.459	0.976	1.208
U	0.685	1.000	0.669	1.861
E	1.024	1.495	1.000	1.237
A	0.828	0.537	0.808	1.000

表6-5 　　农信社普惠金融服务水平体系中二级指标的判断矩阵

P	P_1	P_2	P_3	P_4	U	U_1	U_2	U_3	U_4
P_1	1.000	0.889	0.220	0.385	U_1	1.000	1.023	0.699	0.666
P_2	1.125	1.000	0.248	0.434	U_2	0.978	1.000	0.683	0.652
P_3	4.539	4.033	1.000	1.749	U_3	1.431	1.464	1.000	0.954
P_4	2.595	2.306	0.572	1.000	U_4	1.501	1.535	1.049	1.000
E	E_1	E_2	E_3		A	A_1	A_2	A_3	
E_1	1.000	1.097	0.765		A_1	1.000	0.999	2.616	
E_2	0.912	1.000	0.697		A_2	1.001	1.000	2.618	
E_3	1.307	1.434	1.000		A_3	0.382	0.382	1.000	

4. 计算权重并检验一致性。首先按照公式 $\prod_{n=1}^{d} c_{mn}$ 计算判断矩阵 C 的每一行元素的积 K_m，其中，$m=1, 2, \cdots, d$，然后计算各行 K_m 的 d 次方根得出 w'_m，最后按照公式 $w'_m / \sum_{n=1}^{d} w'_m$ 对各实施层指标数据作归一化处理，得到各实施层指标数据的权重 w_m。重复上述过程，便可得到准则层各指标数据的权重（结果详见表6-6和表6-7）。为验证所得指标权重的可靠程度，需要计算最大特征值 λ_{max} 和一致性指标 CI，据此计算随机一致性比例

CR，检验判断矩阵的一致性①。结果显示，各级指标判断矩阵的 CR 值均小于 0.1，说明各指标具有较好的一致性。

表6-6 农信社普惠金融服务水平准则层指标权重及一致性检验

一级指标及代码	CI	RI	CR	λ_{max}	总权重
普惠渗透度（P）	0.000	0.900	0.000	4.000	0.283
普惠使用度（U）					0.237
普惠效用度（E）					0.289
普惠承受度（A）					0.191

表6-7 农信社普惠金融服务水平子准则层各指标权重及一致性检验

二级指标及代码	单层权重				CI	RI	CR	λ_{max}	总权重
	渗透度	使用度	效用度	承受度					
P_1	0.108	0	0	0	0.000	0.900	0.000	4.000	0.031
P_2	0.123	0	0	0					0.035
P_3	0.490	0	0	0					0.139
P_4	0.280	0	0	0					0.079
U_1	0	0.204	0	0	0.000	0.900	0.000	4.000	0.048
U_2	0	0.199	0	0					0.047
U_3	0	0.292	0	0					0.069
U_4	0	0.306	0	0					0.073
E_1	0	0	0.262	0	0.000	0.580	0.000	3.097	0.076
E_2	0	0	0.238	0					0.069
E_3	0	0	0.500	0					0.145
A_1	0	0	0	0.420	0.028	0.900	0.031	3.000	0.080
A_2	0	0	0	0.420					0.080
A_3	0	0	0	0.160					0.031

从结果来看，准则层指标的权重依次分别为 0.283、0.237、0.289 和 0.191。这说明，普惠效用度和普惠渗透度的重要程度相对较高。在普惠渗透度层次，各指标权重分别为 0.108、0.123、0.490 和 0.280。其中，P_3 权

---

① 随机一致性比例 $CR = CI/RI$，其中，一致性指标 $CI = (\lambda_{max} - n)/(n - 1)$，$n$ 为判断矩阵阶数，RI 为平均随机一致性指标，通过查表可得。一般地，当 $CI \leq 0.1$ 或 $CR < 0.1$ 时，判断矩阵的一致性就可以接受。参见谢忠秋（2015）。

重最高，说明每个农户拥有的农信社银行卡数量在该层次中最为重要。在普惠使用度层次，各指标权重分别为 0.204、0.199、0.292 和 0.306。其中，U_3 和 U_4 权重较高，说明满足农户和中小企业信贷资金需求是农信社开展普惠金融服务的重要内容。在普惠效用度层次，各指标权重分别为 0.262、0.238 和 0.500。其中，E_3 是所有实施层中权重最高的指标，说明农信社普惠金融服务水平的实际效果主要体现在对农户和中小企业中间业务需求的满足程度上。在普惠承受度层次，各指标权重分别为 0.420、0.420 和 0.160。其中，A_1 和 A_2 权重较高，说明存款利率和贷款利率水平对发展农信社普惠金融有关键性影响。从实施层绝对权重来看，中间业务交易金额与当地生产总值之比的权重最大（0.145），其次是每个农户拥有的农信社银行卡数（0.139），最后是存款加权利率水平和贷款加权利率水平（均为 0.080），这 4 个指标是评价农信社普惠金融服务水平最重要指标。

6.1.3 普惠金融服务水平的实证分析

6.1.3.1 总体分析

按照上文指标权重和 6-1 式计算农信社普惠金融服务水平，得出如下结论：陕西省农信社普惠金融服务水平总体不高，其年均值为 0.196，年均值增长率为 2.45%，在考察期内显示出上升变化趋势。具体来看，2008—2010 年变化明显，农信社普惠金融服务水平有了一定改善；2011—2014 年变化平稳，说明后期农信社普惠金融工作开展较为平稳。出现以上变化可能是由于商业化改革不断推进，农信社出现了目标偏移，更侧重于向中高收入群体提供金融服务，而对贫困农户及弱势产业的服务深度依然不足，与普惠金融理念的实现还相差甚远（罗剑朝，2015）。

6.1.3.2 分地区分析

由于陕西省陕北、关中和陕南三个地区经济发展水平不同，不同地区农信社普惠金融服务水平也具有明显差异。从各地区均值看，陕北农信社普惠金融服务水平最高（0.202），陕南次之（0.197），关中最低（0.192）。关中农信社普惠金融服务水平最低的原因是，它们处于经济欠发达的农业区域，农信社开展普惠金融业务的交易成本较高，特别是风险贷款率与贷款损失率较大，不利于其开展普惠金融服务。进一步来看（详见图6-1）；三个地区农信社普惠金融服务水平在考察期内的演变趋势也有明显差异。其中，陕北和关中总体均保持上升态势，并且陕北具有明显的领先优势，这可能因为是该地区农信社发放贷款能力远大于吸收存款能力，且将吸收的大部分存款有效用于推动地方经济发展，促进了当地普惠金融发展；陕南呈现倒V形趋势，即先升后降，2010年出现明显上升与当地政府开展扶贫工作有关。具体来看，陕北和陕南各年农信社普惠金融服务水平均高于总体水平，而关中各年均低于总体水平，说明关中拉低了陕西省农信社总体的普惠金融服务水平。从以上分析来看，经济发展水平、经济活跃程度与金融生态环境对农信社开展普惠金融服务有一定影响。

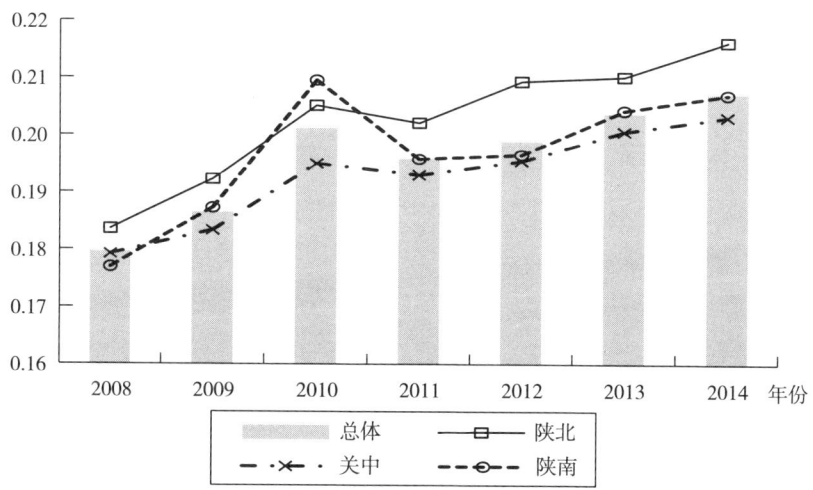

图6-1　总体及地区间普惠金融服务水平及变化

6.1.3.3 分产权组织形式分析

从分析结果可以看出，三种不同产权组织形式农信社普惠金融服务水平也存在差异，其均值从高到低依次为农商行（0.222）、农合行（0.207）和一级法人农信社（0.194）。其中，一级法人农信社服务水平均值最低的原因可能与其为农户和中小企业发放贷款规模较小、扶持弱势群体的能力较差有关。进一步来看（详见图6-2），不同产权组织形式农信社普惠金融服务水平在考察期内的演变趋势并不一致。其中，一级法人农信社显示出上升趋势，特别是2013年超过了农合行，这主要是由于一级法人农信社具有较强的市场优势，许多农户和中小企业习惯于在农信社办理业务；农

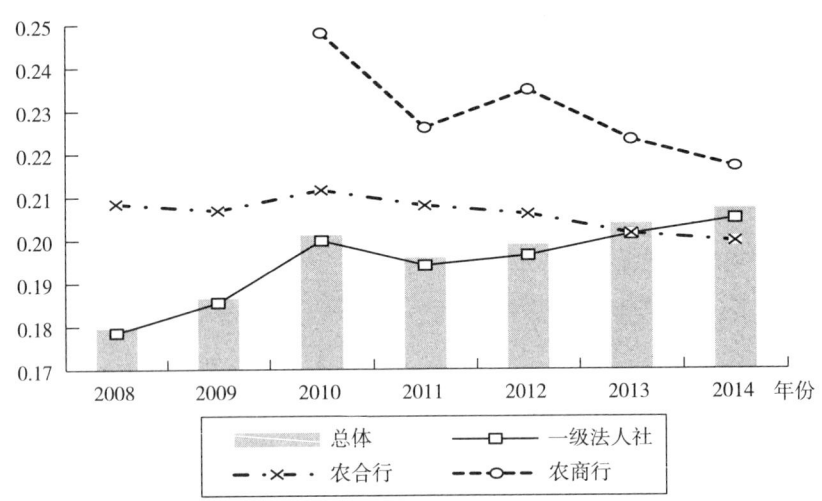

图 6-2 总体及类型间普惠金融服务水平及变化

合行呈现明显下降趋势,这与银监会政策调整有关;农商行一直保持较高水平,并具有行业领先地位,但呈现出明显下降趋势。以上变化可能是由于如下原因:一是目前农信社仍处在深化改革时期,其自身并未完全实现商业可持续发展,导致没有更大的动力为农业产业、农村贫困地区及低收入农户提供金融产品与服务,这一点农商行表现得尤为明显;二是由于农户金融素养普遍偏低,对普惠金融认识不足。

6.1.3.4 分地区分产权组织形式分析

各地区不同产权组织形式农信社普惠金融服务水平也有明显差异。从均值看,陕北、关中和陕南的农商行普惠金融服务水平最高,分别为0.229、0.201、0.217。进一步来看,各地区不同产权组织形式农信社普惠金融服务水平变化趋势也不一致,其中,陕北一级法人农信社保持上升趋势且2013年之后超过农合行,农合行在2013年后下降明显,农商行波动较大(见图6-3左);关中一级法人农信社也呈现上升趋势,农合行保持正V型变化趋势,农商行呈直线上升趋势(见图6-3中);陕南一级法人农信社和农合行较为一致,均呈现倒V形变化态势,且2014年一级法人农信社超过农合行,农商行呈上升趋势(见图6-3右)。综合来看,随着农信社的发展,其在各地区的普惠金融服务水平产生了较大差异,原因如下:一是农商行具有较为规范的业务流程和较强的风险控制能力,因而略显发展优势。二是各地区不同产权组织形式农信社为农户和中小企业提供的普惠金融产品与服务差异较大,从农信社提供的贷款服务来看,无论是贷款金额和贷款期限,还是贷款用途均存在明显差异。这说明,无论采取何种产权模式,均应因地制宜,发展农村普惠金融。

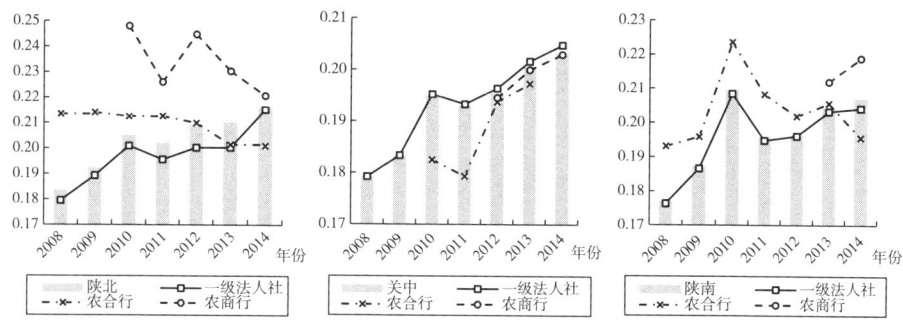

图6-3 各地区不同产权组织形式农信社普惠金融服务水平及变化

6.2 农村信用社产权改革对普惠金融服务水平的影响分析

6.2.1 产权改革对普惠金融服务水平影响的理论分析

关于农信社产权改革对其普惠金融服务水平影响的研究更多侧重于两者的冲突性。目前,国外主要有两种观点。福利主义者认为农村金融市场中金融抑制现象较为严重,高额的信贷成本难以有效覆盖农村地区,会加剧贫困群体的负债与脆弱性,因此扩大服务群体覆盖面是解决农村金融排斥的有效途径(Dichter,1997;Johnson & Rogaly,1997)。制度主义者认为农信社等微型金融机构只有持续发展才能不断扩大服务群体。如,Olivares(2005)认为农信社商业化发展在一定程度上可以有效深化服务覆盖面,提高金融服务渗透度。Doligez & Lapenu(2006)指出微型金融机构商业化发展会对其经营和发展带来更大的压力,很难辨别功能目标与可持续发展目标孰轻孰重。Lapenu & Zeller(2002)通过经验数据验证发现,普惠金融的覆盖面与可持续发展之间存在着冲突。Hartarskan & Nadolnyak(2007)、Perera(2010)认为提高微型金融机构服务水平的有效途径是加大监管力度、增强基础设施建设和增加资金来源。然而,Kereta(2007)、Annim(2009)认为发展普惠金融与财务可持续性之间并不存在冲突,可持续发展一方面可以提高竞争实力强化覆盖面的深度，另一方面能够扩大资金来源扩大覆盖面的广度。

从国内的研究现状来看，在农信社产权改革的进程中，通过公司章程、增资扩股方式与股权设置、组织结构等的转变，不仅消化了农信社不良贷款，也有效促进了其可持续发展（朱华明，2004；褚保金等，2007；张兵、曹阳，2010；蓝虹、穆争社，2014）。然而，在这一制度变迁过程中，农信社已经出现了支农积极性不高、贷款非农化倾向严重、贷款额度低且期限短（谢平等，2006；粟勤、王少国，2013；孔哲礼、李兴中，2014）等诸多偏离信贷支农的问题。

大量研究表明，导致农信社存在目标冲突的主要有三个原因：第一，农村经济的自身特性导致农信社可持续发展偏离发展普惠金融的使命。由于农业自身薄弱性，大大降低了农村信用社贷款回收率，直接影响不良贷款率的高低、资产质量的好坏以及资金周转速度，严重制约了农村信用社可持续发展（谢庆健等，2002；朱华明，2004；谢平等，2006；褚保金等，2007）。第二，农村贷款中的信息不对称会引发农信社道德风险与逆向选择，影响普惠金融的发展。一般来讲，农村贷款的信息不对称来自于如下方面：一是事前的信息不对称，也称为逆向选择。事实上，以农户和中小企业为代表的借款人通常比农信社拥有更多关于借款用途的风险和收益的私人信息。由此，农信社可能会减少发放农村贷款供给，从而大大降低了借款人信贷资金的可获得性，削弱了服务"三农"的功能。二是事后的信息不对称，又称道德选择。它是指农户在获得农信社金融产品与服务后，存在主观上偷懒的激励和动机，逃避偿还本息的责任（马九杰、吴本健，2012），这样会加大农信贷风险，阻碍农信社可持续发展。第三，高额的交易成本加大了农户和中小企业获得农信社金融产品与服务的难度，容易造成金融服务非农化。根据交易成本理论，在农村金融市场上，特别是作为农村经济主体的广泛分布和非规范化的操作流程加大了农信社提供金融服务与产品的调查、了解和监督成本（朱喜、李子奈，2006），由此造成农信社更倾向于将产品与服务配给收益较高、分散度低的其他群体。

为进一步从农信社角度来探讨产权改革对其普惠金融服务水平的影响，本书沿用了第四章和第五章选择的产权改革效应变量，详见第四章。

6.2.2 产权改革对普惠金融服务水平影响的模型构建

参照第四章农信社产权改革与效率的回归框架,本章在研究农信社产权改革对其普惠金融服务水平影响时设定了如下计量模型:

$$PUEA_{it} = \delta_0 + \sum_{\alpha=1}^{2}\delta_{\alpha}Static_{it} + \sum_{\alpha=3}^{6}\delta_{\alpha}Select_{it} + \sum_{\alpha=7}^{8}\delta_{\alpha}Dynamic_{it} + \delta_{11}t^2 + \delta_{12}(Local \times Year) + \varepsilon_{it} \quad (6-2)$$

式 6-2 中,$PUEA_{it}$ 为农信社普惠金融总体服务水平,$Static_{it}$,$Select_{it}$,$Dynamic_{it}$ 分别代表农信社产权改革的静态效应、选择效应和动态效应,共包括 8 个细分变量,t 为时间趋势,$Local \times Year$ 为地区和时间的交叉变量。

6.2.3 产权改革对普惠金融服务水平影响的实证分析

前文分析了不同产权组织形式农信社普惠金融服务水平,为了较为准确地度量农信社产权改革对其普惠金融服务水平的影响,本书采用混合 Tobit 回归模型从静态效应、选择效应和动态效应三个方面作了进一步检验,表 6-8 给出了实证结果。

从结果来看,静态效应中,SXS 的普惠金融服务水平系数显著为负,SHH 的普惠金融服务水平系数显著为正,表明农商行和农合行普惠金融服务水平要明显高于一级法人农信社,这与前面的分析结果基本一致。选择效应中,四个指标中仅有 LHHS 和 LHS 的普惠金融服务水平显著,且 LHHS 的普惠金融服务水平系数为负,LHS 的普惠金融服务水平系数为正,即先改为农合行后改为农商行的一级法人农信社和由改为农商行的农合行对发展普惠金融的选择效应较强,但 LHH 和 LSH 变量的普惠金融服务水平系数不显著,说明并不是普惠金融服务水平高的农信社和农合行选择了改制。总体来看,农信社产权改革对其普惠金融服务水平的影响并不具有较强的"选择效应"。动态效应中,DHH 和 DSH 的普惠金融服务水平系数均不显著,说明农合行和农商行的改制对发展普惠金融并没有起到促进作用。

表 6-8 还分析了所有制和治理结构对农信社普惠金融服务水平渗透度、使用度、效用度和承受度的影响。具体来看,静态效应中,农信社产权改革对普惠金融服务水平渗透度的影响并不明显。选择效应中,

LHS 变量对普惠金融服务水平使用度的影响显著，系数为正表明改为农商行的农信社对普惠金融使用度有明显作用。动态效应中，DSH 变量对普惠金融服务水平使用度和效用度的影响均显著，系数为正表明农信社金融产品与服务使用程度和对经济发展贡献程度在农合行改革前后有较为明显的变化。

另外，本书还给出了时间和地区的交互项（Local×Year）以及时间趋势（t^2）对农信社普惠金融服务水平的影响。其中，农信社普惠金融服务水平承受度的时间和地区交互项系数为显著，系数为正表明不同地区农信社普惠金融服务水平随时间的变化将有所提高，这可能与近年来农信社不良贷款余额和不良贷款率的降低有关。农信社普惠金融服务水平和农信社普惠金融服务水平使用度的时间趋势的系数为正，说明随时间推移，陕西省农信社普惠金融服务水平有所改善，但也呈现出显著的 U 形变化趋势。这一点与上文分析结果基本保持一致。

表6–8 农信社产权改革对其普惠金融服务水平的影响结果

	PUEA 总体水平	P 渗透度	U 使用度	E 效用度	A 承受度
SXS	−0.007***	0.005	−0.003	−0.009	0.002
	(0.002)	(0.011)	(0.011)	(0.011)	(0.008)
SHH	0.009***	−0.001	0.001	0.011	0.000
	(0.001)	(0.011)	(0.009)	(0.010)	(0.008)
LHH	0.006	0.006	0.002	−0.010	0.009
	(0.005)	(0.012)	(0.011)	(0.011)	(0.009)
LSH	−0.003	0.005	−0.003	−0.009	0.005
	(0.003)	(0.011)	(0.011)	(0.011)	(0.009)
LHHS	−0.011*	0.003	−0.008	−0.011	0.006
	(0.005)	(0.011)	(0.011)	(0.011)	(0.009)
LHS	0.036***	0.005	0.035***	−0.011	0.010
	(0.013)	(0.011)	(0.011)	(0.011)	(0.009)
DHH	0.000	−0.001	0.004	−0.000	−0.001
	(0.006)	(0.003)	(0.003)	(0.003)	(0.002)
DSH	0.007	−0.001	0.004**	0.004**	−0.001
	(0.005)	(0.002)	(0.002)	(0.002)	(0.002)

续表

	PUEA 总体水平	P 渗透度	U 使用度	E 效用度	A 承受度
Local × Year	0.000	-0.000	-0.000	0.000	0.001***
	(0.000)	(0.000)	(0.000)	(0.000)	(0.000)
t^2	0.000***	0.000	0.000***	-0.000	0.000
	(0.000)	(0.000)	(0.000)	(0.000)	(0.000)
常数项	0.190***	0.005	0.009	0.017	0.158***
	(0.003)	(0.011)	(0.011)	(0.011)	(0.009)
sigma	0.023***	0.005***	0.006***	0.005***	0.004***
	(0.002)	(0.001)	(0.001)	(0.001)	(0.000)

注："***""**""*"分别表示在1%、5%和10%水平上显著。

6.3 农村信用社普惠金融服务水平影响因素及差异性分析

6.3.1 普惠金融服务水平影响因素的指标选取

普惠金融对于农信社自身发展、农村经济发展都具有重要意义，上文中对于农信社普惠金融服务水平评价指标体系及水平进行了分析，为了深入分析哪些因素制约和影响着农信社普惠金融服务水平的提高，下文将对其影响因素展开分析。

通过文献梳理，本书认为影响农信社普惠金融服务水平的诸项因素可能有①：①投资环境，用各县（区）固定资产投资总额与当地生产总值之比表示。固定资产投资代表金融基础设施完善程度，与资金结算、非现金支付工具和移动终端等有密切联系。一般来讲，经济活跃程度越高，农信社越有条件增设营业网点，增发银行卡，完善金融基础设施建设，提高基础性金融服务的便利性和渗透度。②信用环境，用各县（区）信用户户数与辖区内农户总数之比表示。理论上讲，良好的信用环境能有效约束市场行为，防止农信社发生道德风险，避免逆向选择，从而为普惠金融产品与

---

① 需要说明的是，本书并未考虑政策支持力度和劳动力对农信社普惠金融服务水平的影响，理论上讲，政府财政、税收等优惠政策及劳动力投入，有利于调动各方积极性，降低交易成本，有重要影响。但目前普惠金融还处于发展初期，政策和规模效应尚未充分显现，并且数据也未获取。鉴于此，本书未将这些因素纳入实证分析中。

服务的普及提供条件。③产业结构,用各县(区)第一产业生产总值与当地生产总值之比表示。产业结构体现农信社决策环境与支农程度。理论表明,高度发达的非农产业能有效推动农信社发展,从而帮助其实现普惠金融服务的可持续运行。④竞争环境,用各农信社的存款总额与该地区存款总额之比表示。随着农村金融市场的开放,农信社的竞争对手呈现多样化,这能有效提高其开展金融服务的积极性,有利于发展普惠金融。⑤政府财政支出,用各县(区)地方政府财政支出与当地生产总值之比表示。地方政府财政支出能有效提高农信社开展普惠金融服务的积极性,促进农信社增加金融产品与服务。⑥城乡收入差距,用各县(区)农村居民人均纯收入与城镇居民人均可支配收入之比表示。中国具有城乡二元经济结构特性,城乡居民收入差距较大,收入水平反映了城乡居民对金融产品与服务的消费能力,在一定程度上影响着农信社普惠金融服务水平。

6.3.2 普惠金融服务水平影响因素的模型构建

6.3.2.1 影响因素的模型构建

由于采用层次分析法测算出的农信社普惠金融服务水平取值范围局限于 0~1 之间,属于典型的"受限被解释变量"。对于此类数据而言,虽然有全部观测数据,但部分解释变量可能会被压缩在某一点上,如果这部分数据较多,被解释变量就变成由一个离散点与一个连续分布所组成的混合分布(陈强,2013)。因此,一般的混合效应模型往往可能导致模拟结果失真,这时采用 Tobit 回归模型更为合适。基于本书数据特征,我们在此采用了随机效应的面板 Tobit 方法进行回归分析。具体模型构建如下所示:

$$PUEA_{it} = \alpha_{it} + X_{it}\beta_{it} + \varepsilon_{it} \quad (6-3)$$

式 6-3 中,β_{it} 为普惠金融影响因素模型中自变量的系数估计值,X_{it} 为农信社普惠金融服务水平的各影响因素,ε_{it} 为随机解释变量,α_{it} 为常数项。

6.3.2.2 影响因素比较的模型构建

由于不同地区和不同产权组织形式农信社普惠金融服务水平存在明显差异。因此,为进一步厘清各区域与各类型普惠金融服务水平存在显著差异的原因,我们采用 Oaxaca - Blinder 分解方法,进行两两比较,分析造成差异的具体原因。Oaxaca - Blinder 分解方法由 Oaxaca(1971)最早提出,被广泛应用于各个领域，本书参考 Jann（2008）的二部法对差异进行分解，并设定如下模型：

$$R = \overline{E(PUEA_N)} - \overline{E(PUEA_O)}$$
$$= \overline{X_N}\hat{\beta}_N - \overline{X_O}\hat{\beta}_O = (\overline{X_N} - \overline{X_O})\hat{\beta}_N - \overline{X_N}(\hat{\beta}_N - \hat{\beta}_O) \quad (6-4)$$

式 6-4 中，下标 N 和 O 分别表示基准组与对照组，$\overline{E(PUEA_N)}$ 和 $\overline{E(PUEA_O)}$ 分别表示基准组与对照组的普惠金融服务水平，$\hat{\beta}_N$ 和 $\hat{\beta}_O$ 分别是基准组与对照组的普惠金融影响因素模型中自变量的系数估计值，$\overline{X_N}$ 和 $\overline{X_O}$ 分别是基准组与对照组的自变量均值。式 6-4 右边第一项 $(\overline{X_N} - \overline{X_O})\hat{\beta}_N$ 为基准组与对照组禀赋特征不同（投资环境、信用环境等特征差异）导致的基准组与对照组普惠金融服务水平差异，右边第二项 $\overline{X_N}(\hat{\beta}_N - \hat{\beta}_O)$ 为影响因素模型中自变量的系数估计值差异导致的普惠金融服务水平差异，为"不可解释部分"。

6.3.3 普惠金融服务水平影响因素的实证分析

6.3.3.1 影响因素的实证分析

本书运用 Stata12.0 统计软件，对农信社普惠金融服务水平的影响因素进行了混合回归拟合。为了提高模型的准确性与稳定性，本书首先采用方差膨胀因子（VIF）对 6 个自变量进行多重共线性检验[①]。结果显示，农信社普惠金融服务水平的影响因素回归模型中自变量的 VIF 值在 1.02 ~ 1.68，小于 3 且远小于 10，因此可以认为选取的自变量之间不存在明显的多重共线性问题。从回归模型总体检验结果（见表 6-9）来看，模型总体拟合效果较好（Log Likelihood = 1761.02，p = 0.000）。

从表 6-9 中的总体估计结果来看，投资环境、产业结构、竞争环境、财政支出、城乡收入差距均对农信社普惠金融服务总体水平有显著影响。其中，投资环境的影响在 1% 的水平上显著。目前，陕西省农村金融基础设施建设较为滞后，ATM 等设备仍然较少，严重影响了普惠金融服务的便

---

① 一般而言，自变量的方差膨胀因子（VIF）等于 1 时，可认为各自变量之间不存在多重共线性；当 VIF 大于 3 时，可认为各自变量之间存在一定程度的多重共线性；当 VIF 大于 10 时，可认为各自变量之间高度相关，会影响到模型结果的准确性。

利性。产业结构的影响在 1% 的水平上显著。产业结构反映了农信社信贷决策环境，其系数为负，表明开展以农业类为主的信贷业务与普惠金融发展的目标背道而驰，不利于农信社普惠金融服务水平的提高。竞争环境的影响在 1% 的水平上显著。随着新型金融机构逐渐进入农村金融市场，为争夺资源，农信社与这些机构之间的竞争会更加激烈，其系数为正，表明市场竞争越激烈，越有利于农信社普惠金融服务水平的提高。地方政府财政支出的影响在 1% 的水平上显著。虽然地方政府可以通过资金支持促使农信社实现支农目标，但过多的资金干预也可能会限制农信社发展。该系数为正表明，政府财政支持有利于农信社提高普惠金融服务水平。城乡收入差距的影响在 5% 的水平上显著。城乡收入差距直接影响农户贷款业务是否会被农信社排除在外，其系数为正，说明缩小城乡收入差距、提高农户收入水平有利于提高农信社普惠金融服务水平。

表 6-9 农信社普惠金融服务水平影响因素的 Tobit 回归结果

自变量	回归系数	标准误	Z 统计量	P 值
投资环境	0.000 ***	0.000	5.01	0.000
信用环境	0.001	0.002	0.33	0.744
产业结构	-0.058 ***	0.009	-6.32	0.000
竞争环境	0.132 ***	0.035	3.72	0.000
财政支出	0.060 ***	0.007	8.01	0.000
城乡收入差距	0.035 **	0.014	2.44	0.015
常数	0.178 ***	0.006	28.56	0.000
Log Likelihood			1761.02	
Wald χ^2			112.14	

注："*""**""***"分别表示在 10%、5% 和 1% 的水平上显著。

6.3.3.2 影响因素比较的实证分析

（1）不同地区农信社普惠金融服务水平影响因素差异分析。表 6-10 中的分解结果显示，关中（对照组）与陕北之间农信社普惠金融服务水平总体差异的 57.58% 受不可解释的系数差异影响，总体禀赋差异部分虽占 42.42%，但也影响显著，其中，政府财政支出是导致陕北与关中之间农信社普惠金融服务水平禀赋差异的最显著因素，对总体禀赋差异的贡献率为 54.55%，这可能是因为陕北各县地方财政收入普遍较高，地方政府出台的

第六章 产权改革与陕西省农村信用社普惠金融服务水平变化实证分析

优惠政策优于关中。投资环境扩大了关中与陕北之间农信社普惠金融服务水平的禀赋差异，其他因素影响较小。由于禀赋差异，关中（对照组）农信社普惠金融服务水平明显低于陕南农信社。其中，投资环境、产业结构和城乡收入差距均是导致关中与陕南之间农信社普惠金融服务水平禀赋差异的最显著因素，对总体禀赋差异的贡献率分别为 - 71.79%、- 87.18%和23.08%，说明优化投资环境、调整产业结构和加快缩小城乡收入差距是提高关中农信社普惠金融服务水平不容忽视的因素。政府财政支出扩大了关中与陕南之间农信社普惠金融服务水平的禀赋差异，其他因素影响较小。由于禀赋差异，陕南（对照组）农信社普惠金融服务水平明显低于陕北农信社，其中，投资环境、产业结构和城乡收入差距均是导致关中与陕南农信社普惠金融服务水平禀赋差异的最显著因素，对总体禀赋差异的贡献率依次分别为140.68%、57.63%和50.85%，说明优化投资环境、调整产业结构和加快缩小城乡收入差距也有利于提高陕南农信社普惠金融服务水平。

表6-10　　　　不同地区农信社普惠金融服务水平差异
Oaxaca - Blinder 分解结果

自变量	关中（对照组）对陕北		关中（对照组）对陕南		陕南（对照组）对陕北	
	禀赋差异	系数差异	禀赋差异	系数差异	禀赋差异	系数差异
投资环境	-0.003*** (-29.29%)	0.012*** (121.21%)	0.003*** (-71.79%)	-0.000 (5.13%)	0.008*** (140.68%)	0.003 (57.63%)
信用环境	0.000 (2.02%)	0.004 (36.36%)	0.000 (-2.56%)	0.009 (-243.59%)	-0.000 (-3.39%)	0.014 (232.20%)
产业结构	0.001 (9.09%)	0.005* (50.51%)	0.003*** (-87.18%)	0.011 (-271.79%)	0.003** (57.63%)	0.016 (279.66%)
竞争环境	0.000 (0.00%)	0.001 (13.13%)	-0.000 (12.82%)	0.002 (-43.59%)	-0.001 (-20.34%)	0.004 (62.71%)
财政支出	0.005*** (54.55%)	-0.002 (-24.24%)	-0.011*** (287.18%)	0.000 (-2.56%)	-0.002* (-40.68%)	-0.006 (-94.92%)
城乡收入差距	0.001 (7.07%)	0.029** (296.97%)	0.001** (-23.08%)	0.029 (-735.90%)	0.003** (50.85%)	0.057** (961.02%)

续表

自变量	关中（对照组）对陕北		关中（对照组）对陕南		陕南（对照组）对陕北	
	禀赋差异	系数差异	禀赋差异	系数差异	禀赋差异	系数差异
常数	—	-0.043***	—	-0.050	—	-0.093***
	—	(-437.37%)	—	(1279.49%)	—	(-1577.97%)
总体	0.004***	0.006**	-0.004*	0.000	0.011***	-0.005
	(42.42%)	(57.58%)	(110.00%)	(-10.00%)	(183.05%)	(-83.05%)

注："*""**""***"分别表示在10%、5%、1%的水平上显著；括号上边的数字为系数；括号内的数字为差异百分比，即自变量系数的差异系数除以不同地区农信社普惠金融服务水平的总差异。

（2）不同产权组织形式农信社普惠金融服务水平影响因素差异分析。表6-11中的分解结果显示，一级法人农信社（对照组）与农合行之间普惠金融服务水平差异的80.96%受不可解释的总体系数差异影响，总体禀赋差异部分虽仅占19.04%，但其影响也很显著。其中，投资环境是导致一级法人农信社与农合行之间普惠金融服务水平禀赋差异的最显著因素，对总体禀赋差异的贡献率为-7.73%。这主要是由于一级法人农信社享受到的来自地方政府的财政补贴、税收减免及资金支持等优惠政策要明显多于农合行。城乡收入差距扩大了一级法人农信社与农合行之间普惠金融服务水平的禀赋差异，其他因素影响较小。一级法人农信社（基准组）与农商行之间普惠金融服务水平差异的73.51%受不可解释的总体系数差异影响，总体禀赋差异部分虽仅占26.49%，但影响显著。其中，投资环境是导致一级法人农信社与农商行普惠金融服务水平禀赋差异的最显著因素，对总体禀赋差异的贡献率为-2.93%，这与一级法人农信社与农合行之间的情况相同。产业结构与城乡收入差距扩大了一级法人农信社与农商行之间普惠金融服务水平的禀赋差异，这是由于农商行分布于经济较发达地区，其非农产业发展快，农村居民收入与城镇居民收入差距较大。其他因素影响较小。农合行（对照组）与农商行之间普惠金融服务水平差异的72.47%受不可解释的总体系数差异影响，总体禀赋差异部分仅占27.53%，影响不显著。进一步分析发现，结果中并没有显著的影响因素导致一级法人农信社与农合行之间普惠金融服务水平存在禀赋差异，说明农合行与农商行之间普惠金融服务水平的差异很小。

表 6-11　不同产权组织形式农信社普惠金融水平差异
Oaxaca-Blinder 分解结果

自变量	一级法人农信社（对照组）对农合行		一级法人农信社（对照组）对农商行		农合行（对照组）对农商行	
	禀赋差异	系数差异	禀赋差异	系数差异	禀赋差异	系数差异
投资环境	0.001*** (-7.73%)	-0.015*** (118.24%)	0.001** (-2.93%)	0.003 (-9.70%)	-0.001 (7.79%)	0.019** (-120.82%)
信用环境	-0.000 (0.33%)	-0.000 (1.59%)	-0.000 (1.14%)	-0.031** (108.62%)	-0.001 (6.26%)	-0.030* (191.43%)
产业结构	-0.001 (6.56%)	-0.010** (81.74%)	-0.004*** (15.51%)	0.011 (-39.25%)	-0.002 (12.97%)	0.020* (-128.08%)
竞争环境	-0.002* (12.82%)	-0.004 (28.38%)	-0.001 (3.04%)	0.004 (-13.43%)	0.000 (-1.13%)	0.008 (-51.33%)
财政支出	0.000 (-0.38%)	0.001 (-5.60%)	-0.000 (1.53%)	0.003 (-10.60%)	-0.000 (0.29%)	0.002 (-11.86%)
城乡收入差距	-0.001** (7.43%)	0.051** (-402.21%)	-0.002*** (8.20%)	-0.070 (246.91%)	-0.000 (1.36%)	-0.122* (783.67%)
常数	— —	-0.033 (258.83%)	— —	0.059 (-209.04%)	— —	0.092 (-590.53%)
总体	-0.002* (19.04%)	-0.010*** (80.96%)	-0.007*** (26.49%)	-0.021*** (73.51%)	-0.004 (27.53%)	-0.011** (72.47%)

注："*""**""***"分别表示在10%、5%、1%的水平上显著；括号上边的数字为系数；括号内的数字为差异百分比，即自变量系数的差异系数除以不同产权组织形式农信社普惠金融服务水平的总差异。

6.4　本章小结

本章采用2008—2014年陕西省农信社微观调查数据，基于外部普惠金融服务视角，深入分析了农信社普惠金融服务水平、农信社产权改革对其普惠金融服务水平的影响以及普惠金融服务水平的影响因素及差异性。研究结论如下：

借鉴现有研究，从普惠渗透度、使用度、效用度与承受度四个维度构建农信社普惠金融服务水平评价指标体系，同时克服传统主观确权做法，采用 Cov-AHP 方法对普惠金融服务水平评价指标确定权重，并借助 Oaxaca-Blinder 分解方法，深入探讨了不同地区和不同产权组织形式的农村信用社所提供的普惠金融服务水平存在差异的主要原因。研究得出中间业务交易金额与当地生产总值之比、农户拥有农村信用社银行卡数量、存款加权利率水平和贷款加权利率水平是评价农信社普惠金融服务水平最重要的 4 个指标；陕西省农信社普惠金融服务水平总体水平均值为 0.196，年均值增长率为 2.45%，呈上升趋势，不同地区和不同产权组织形式农信社所提供的普惠金融服务水平差异较大，并呈现出分化格局，说明发展普惠金融应因地制宜，切忌"一刀切"；农信社产权改革对其普惠金融服务水平具有较强的"选择效应"，说明大多机构选择了普惠金融服务水平较好的农信社进行改制；不同改革路径的"选择效应"并不明显，长期来看，农信社产权改革对农合行和农商行普惠金融服务水平并没有产生提升效应；投资环境、产业结构、竞争环境、政府财政支出、城乡收入差距对农村信用社普惠金融服务总体水平有显著影响。

第七章 深化陕西省农村信用社改革的总体战略方案构想

理论上来讲,农信社并无固定不变的发展模式,经济发展水平、市场竞争程度和信用环境的差异均决定了农信社发展模式。因此,选择合理的模式不仅影响着农信社未来发展路径,也有利于农户增收和农村经济增长。鉴于此,通过前面对陕西省农信社演变发展现状、相关实证分析的基础上,本章进一步提出符合地方特色的深化农信社改革的总体战略方案构想。

7.1 深化陕西省农村信用社改革的基本原则

7.1.1 坚持立足服务"三农"原则

农信社与地方农民、农业和农村经济紧密相连,服务"三农"是农信社的立足之本。作为农村金融的主力军,农信社拥有网点优势,熟悉农户信用、生产周期、当地农村经济发展特征,为服务"三农"提供了便利的条件。因此,深化农信社改革不仅要坚持谋求自身发展,更应紧紧围绕服务"三农"目标,从现实问题出发进行探索式改革,并坚持面向农村,坚持普惠金融,真正实现农信社改善农村金融服务、促进其"三农"发展。

7.1.2 坚持政企分开原则

坚持政企分开原则,不仅可以促进省联社职能转变,而且还能够尊重农信社独立法人地位,保证省联社不干预农信社的具体业务经营。首先,省联社要坚持履行好对各县区农信社管理、指导、协调、服务职责,逐步培养各县区农信社自律管理的能力,并重点突出服务职能,弱化管理职能。其次,人民银行、银监会要依法加强对农信社进行监督管理,协助省级人民政府、省联社管理各家农信社。最后,为进一步加强对农信社风险的监控考核，健全风险预警和市场退出机制，并及时采取停业整顿、依法接管、重组等措施，有效控制和化解风险。

7.1.3 坚持市场化发展原则

坚持市场化发展原则，不仅有利于拓展农信社业务，还可以增加农信社对农村金融产品与服务的供给能力，从而满足农村金融市场多元化的需求。作为农村金融的需求主体，农户和中小企业贷款不仅受制于自身条件，而且还要受农信社金融排斥的影响。因此，深化农信社改革一方面应适当提高农信社贷款利率浮动比例，并在提高农信社对农户和中小企业信贷供给的积极性的同时，实现供需主体利益共赢。另一方面，要按照市场化原则，对存在问题的农信社机构，通过重组、整顿、撤销、合并等手段加快改革步伐。另外，还要根据农信社经济效益，合理确定辖内营业网点安排与建设，实现营业网点的优化布局。

7.1.4 坚持政策扶持原则

由于农业产业和非农产业的预期收益有较大差异，因此，在趋利机制作用下，大量的信贷资金转向了非农产业。鉴于此，在支持农业产业发展时，政府应坚持政策补偿为主，农信社内部补偿为辅的原则；在支持非农产业发展时，应将政策补偿和农信社内部补偿原则结合起来，由政府和农信社共同承担风险和损失。在支持经济落后地区发展时，应着力发挥政策性金融支农功能，并由中央和地方政府提供政策补偿，省级政府承担金融支农所带来的风险和损失。

7.1.5 坚持分类指导与因地制宜原则

按照"循序渐进、分步实施"的思路，积极探索和分步实施组建金融控股集团运作模式。针对有条件的地区，农信社将继续改制组建农商行，其他地区可以继续实行县（区）一级农信社。针对现有不同地区和不同产权组织形式农信社，应对其进行分类指导，主要是在考察农信社经营能力与风险管理水平的基础上，采取"区别对待、分类指导"的原则，采取不同的治理措施，防范、控制和化解经营风险，确保各县级农信社商业可持续发展。

第七章 深化陕西省农村信用社改革的总体战略方案构想

7.2 深化陕西省农村信用社改革的总体战略方案设计

7.2.1 深化陕西省农村信用社改革的金融控股集团化模式战略

从前面分析中可以发现,陕西省农信社总体效率水平明显不高,这可能与省联社管理体制有关,可见应尽快梳理现有管理模式的利弊与得失,亟须进行新一轮的全面深化改革。那么,选择哪种模式才能有效促进陕西省农信社的发展呢?中央政府目前对农信社管理模式并没有统一要求,除了北京、天津、重庆、上海、杭州等少数经济发达省市外,全国绝大多数选择了省级联社管理模式,具体来看:

1. 省联社模式。省联社起源于2001年的江苏改革试点,2003年中央政府为理顺管理体制,将农信社管理权下放给省级政府,省级政府要求各县级农信社按照自愿原则出资入股成立省级联社,于是省联社成为县级农信社实际管理者,并对各县级农信社履行管理与服务职能。在该管理模式下,首先,省联社能有效整合辖区内各方资源,并在资金调剂、人才培养、产品研发等方面采用统一制度进行管理与服务,有效实现了农信社系统管理的有效性和连续性;其次,省联社能有效监督、指导各县级农信社经营与管理,在一定程度上缓解了农信社法人治理不完善等问题。最后,省联社模式对当地金融生态发展水平较低,对农信社服务"三农"的要求较为明确,能最大限度地保留农信社支农惠农的使命,确保各县级农信社支持农村经济发展。但由于省联社作为上级管理机构,很容易对各县级农信社形成强烈的外部干预,并造成省联社产权与控制权错配和管理与服务效率低下等问题,严重制约着各县级农信社发展。

2. 统一法人模式。统一法人模式以重庆农商行和天津农合行为代表,是对当地农信社进行合并重组,取消县级农信社法人资格,设立省级农商行,并对农信社实行集中管理。在该管理模式下,农信社企业性质与体制关系变得更为清晰,农信社是完全按照现代金融企业运行,不仅激发了农信社自身的竞争动力,增强了品牌效应,还有效保障其商业可持续发展,并为后续增资扩股提供了较大可能性。但由于该模式完全按照现代商业银行模式发展,剥夺了原有农信社县域法人的主体地位,大大削弱了其服务

"三农"的积极性,从而加大了处理盈利目标与支农目标之间冲突的难度。

3. 金融控股公司模式。金融控股公司模式以宁夏黄河农商行为代表,是通过引进战略投资者,将省联社改制为由省级政府为最大股东的金融控股母公司,然后由金融控股母公司对县级法人机构投资控股,并使县级农信社成为省联社的金融控股子公司。其中,母公司不经营具体业务,通过资本纽带对子公司履行管理职能。在该模式下,农信社通过自上而下入股和自上而下管理,不仅能有效解决原有农信社与省联社之间产权与权责错配问题,也有利于调动资本投资支持"三农"发展。但由于该模式的业务种类较多,大大增加了农信社各类经营风险和母公司对子公司管理的难度。

4. 联合银行模式。联合银行模式以杭州联合农商行为代表,是在省联社、市联社或县级农信社的基础上,通过网络关系,由各县级农信社入股,自发组建区域性质的联合银行,以满足各县级农信社目前无法开展的各种业务。该模式完全摒弃了省联社,通过单纯地对各农信社提供履行产品服务职能,实现农信社商业可持续发展。由于该模式对各入股农信社的公司治理和当地金融生态发展水平要求很高,可能更适宜于在经济发达地区组建。

5. 金融服务公司模式。蓝虹(2016)认为将省联社改制为金融服务公司的条件已经成熟,改制后,金融服务公司主要是向辖内所有地方性农村金融机构提供科技支撑、产品研发、咨询营销、人员培训等金融服务。该模式不仅有利于实现省级政府、省联社以及县级农信社之间的利益共赢,而且还能有效增强省联社履行服务职能,促进农信社进一步发展。上述五种模式的具体比较如表 7-1 所示。

表 7-1　　　　　　　　农信社改革模式比较

管理模式	产权与管理匹配程度	行业约束力	支农力度
省联社模式	结构错配	银监会有权无责	不发生变化
统一法人模式	企业性质明确 体制关系明晰	存在政府干预隐患	县级法人地位缺失 削弱服务"三农"效用
金融控股模式	基本匹配	对监管要求很高	利于调动资本投资"三农"
联合银行模式	不匹配	较弱	不发生实质性变化
金融服务公司模式	不匹配	很弱	不发生实质性变化

从以上来看，农信社改革模式之间既有同质性也有差异性。实际上，要深化农信社改革，其核心问题之一是基于现有改革模式存在的问题与不足来进行改进或重新设计。由于陕西省不同地区农信社经济发展水平、信用环境与市场竞争程度存在较大差异，且不同产权组织形式农信社在改革过程中经营能力、支农行为等存在明显异化，使得各县农信社产权效果也存在较大差异。鉴于此，本书结合陕西省农信社地方发展特色和以上现有模式的优缺点，进一步提出了深化陕西省农信社改革的金融控股集团化模式战略。

金融控股集团是金融业实现综合经营的一种组织形式，也是追求资本投资最优化、利润最大化的典型运作模式。随着农村经济快速增长，集团化已经成为农信社发展的重要战略选择，集团化不仅能满足农信社实现规模经济和范围经济的战略诉求，而且也能满足多元化的金融市场需求，是农信社未来发展的必然趋势。深化陕西省农信社改革的金融控股集团化模式战略就是支持陕西秦农农村商业银行（简称秦农银行）通过控股、参股，按照母子银行模式整合省内外农村金融资源，即将秦农银行作为最大股东的金融控股母公司，逐步投资控股省内各县级农信社，使各县级农信社成为秦农银行的金融控股子公司，同时积极配合支持省联社体制改革，将省联社组建为秦农银行控股下的金融信息科技公司和农村金融服务公司，从而实现陕西省农信社迈向金融控股集团化发展。

具体来看，在推进秦农银行控股各县级农信社时，对于一些经营极差的农信社，由秦农银行直接吸收合并；对于还未转型为农商行的农信社，由秦农银行通过采取处置不良资产、历年亏损挂账等方式，化解历史包袱，使这些农信社机构各项经营指标达到组建农商行的监管要求，从而成为秦农银行的金融控股子公司；对于已经转型为农合行和农商行的农信社，秦农银行可通过资本注资形式，使这些农信社机构各项指标达到上市要求，从而成为秦农银行的金融控股子公司。通过对各县级农信社控股有两个优点，一是母公司具有一定的灵活性和协同性。母公司通过控股各县级农信社，在公司治理结构上将拥有更大的灵活性，不用满足监管部门对农信社金融业务和公司治理结构的规定，同时通过收购、兼并各县级农信社，使得母公司可以发挥出更大的资源整合效应，从而更好地满足多元化的农村市场需求。二是有利于降低各县级农信社经营管理风险。母公司控股各县级农信社后，仅对子公司行使股权投资的职能，并且各子公司相互独立，能够最大限度地保障子公司较高的业务管理能力。

在推进省联社体制改革中，金融信息科技公司主要为借贷双方牵线搭桥，为急需资金者寻找合法的资金来源，为农村中小金融机构提供优质投资渠道，设计多样化的金融服务品种，涉及金融市场、理财、信贷等为一体的服务品种；农村金融服务公司能够利用专业化团队和市场化机制，有效为农村中小金融机构开展专业化的人员培训、业务咨询、发展规划、稽核审计、资金清算等工作，切实解决农村中小金融机构面临的难题。事实上，通过组建金融信息科技公司和农村金融服务公司可以为地方农村中小型金融机构提供统一的公共金融服务机构，不仅能从根本上消除省联社对各县级农信社的行政管理，确保农信社县域法人独立性，而且有利于为农业和贫困农民供给信贷资金，充分发挥金融资源配置功能，从而实现农信社金融支农目标。

7.2.2 深化陕西省农村信用社改革的多元化经营战略

随着利率市场化加速推进、存款保险制度实施和农村金融竞争加剧，农信社面临存贷款市场份额难稳难增、息差收窄、业务发展与盈利模式的短板凸显等新的经营压力，仅仅依靠传统的存贷利差来增加农信社收入已难以为继。因此，从长远来看，实行多元化经营战略是未来农信社的必然选择。

7.2.2.1 转变经营理念与思维

首先，培养各农信社高级管理人员对农信社商业可持续发展的责任意识，正确面对深化农信社改革中存在的一系列内部问题，积极应对改革转型和多元化经营产生的各种外部经济形势的变化。其次，在深化农信社改革过程中，要紧紧围绕农户和中小企业发展业务，更新客户思维与意识，树立品牌效应，通过辐射效应赢得市场，从而实现业务发展和经营效益的提高。最后，还应定期对员工进行培训，并与大中型金融机构进行合作交流，强化员工风险合规意识，提高员工业务素养，让员工切实了解到风险合规在业务操作中的重要性。

7.2.2.2 提升风险控制能力

长期以来，风险管理是农信社经营管理的核心点，也是深化改革中实现业务转型的现实需要。随着利率市场化的不断推进，农信社未来将持续面临信贷风险、利率风险和操作风险等，因此，要从内部风险控制制度抓起，全面提升农信社风险管理水平。首先，应加强信贷管理制度，严格要求信贷人员落实贷前调查尽职尽责、贷时审查严防准入和贷后检查与追踪制度，同时及时提醒客户按期还款，防止逾期贷款和不良贷款的产生，针对故意拖欠贷款的客户应采取诉讼等法律手段进行消化。其次，以《商业银行操作风险管理指引》《农村信用社内部控制评价办法》《商业银行治理指引》等制度为指导，以省联社《风险管理长效机制建设》为修订框架，健全完善各家农信社相关内控制度，形成一个较为完整的农信社内控制度体系。最后，要建立风险管理动态监测机制，定期组织开展以财务报销、人事安排、信贷管理、票据业务为核心的专项检查工作，通过自查、内外部审计、远程预警等方式，及时纠正违规事件，并探索建立风险预警、风险追踪处置机制，适时掌握各类风险动态，从而采取适当的方法防范金融风险。

7.2.2.3 突出业务多元化经营

随着农村金融市场多元化、产品多样化、农村需求多性化程度的不断深入，农信社资产和负债结构正在发生根本性变化，因此，大力突出业务多元化与特色化，满足农村客户日益增长的业务需求，是未来农信社发展的必然趋势。具体来看，多元化经营需要农信社压缩非生息资产占比，稳步扩大投资规模，调整资产结构；发行适合农户和中小企业的短期融资券和中期票据，扩大信贷规模，改变现有信贷规模过度集中局面；提高低成本核心存款占比，增加储蓄存款份额，提高定期存款占比，改善负债结构；加快发展理财产品、基金、保险等中间业务，优化收入结构，转变现有盈利模式；加强与大中型商业性金融机构业务合作，尝试利用资产业务租赁化、信托化等手段，开展资产业务；完善存放同业资金价格管理机制，增设约期存款品种，规范开展存放同业业务；鼓励县级农信社加入银行间债券市场，开展国债、政策性金融债和央票等债券投资业务，提高投资收益水平；有选择地支持一批符合条件的农商行上市，鼓励票据发行、债券融资，拓宽资金来源；全面推动农商行在省内外发起设立村镇银行等战略规划，实现跨区经营；积极试点推进建立消费金融公司、金融租赁公司等非银行金融机构，实现综合化经营。需要说明的是，由于不同地区和不同产权组织形式农信社的经营能力、管理水平和资源禀赋的不同，各家农信社要根据自身实际发展水平和能力确定符合自身条件的战略定位，明确业务发展重点，并在多元化经营中突出适应不同法人机构市场定位的重点领域，从而促进农信社总体利益最大化。

7.2.3 深化陕西省农村信用社改革的资本运营战略

随着新型金融机构的成立、国有银行重新进入农村领域，农信社面临更为激烈的市场竞争。高效、健康的资本运营模式对实现农信社增资扩股、充实资本有重要作用。农信社作为一种特殊的资金密集型企业，只有扩大资本规模才能够有效抵御各种风险。基于第五章对资本充足率分析可以看出，农信社资本来源较为单一，资本充足率还明显处于较低水平。因此，深化陕西省农信社改革的资本运营战略就是要进一步扩大自有资本，提高农信社资本充足率水平。

按照现行监管政策和农信社自身经营能力，一般通过提取一般风险准备等方式积累资本，就有能力贴近农民、扎根农村，农村信用社的支农功能就可以可持续运行。具体来看，深化陕西省农信社改革的资本运营战略主要体现在：

一是提升内源融资能力，完善不良贷款管理、利润留存和拨备覆盖制度，降低高风险资产业务，提高核心资本，实现农信社内部"造血"功能。二是在满足基本业务发展和监管对资本要求的基础上，尝试发行优先股、可转换债等债务性资本，补充附属资本，确保形成覆盖风险能力强且有效服务"三农"的资本补充机制。三是由于农商行在农村金融市场中具有较好的领先地位，因此针对一些条件较好的县域法人机构，可以考虑试点开展次级债、混合资本债等传统债务融资工具，进一步拓宽资本来源，优化资本结构，实现核心资本的持续补充。四是重视外源资本渠道建设，密切关注产融结合趋势，有选择性地引进战略投资者，优先吸收认同农信社服务"三农"战略、追求长期价值的民营企业投资入股，并建立与战略投资者之间行之有效的业务协同机制，打破"形似而神不似"的公司治理困境。五是积极参股村镇银行，通过杠杆效应增加农信社资本规模。积极参股村镇银行是进一步实现服务"三农"的有效方式。农信社参股村镇银行，能有效牢固贴近农民、扎根农村的市场定位，体现农信社支农功能，形成农信社与村镇银行之间相互促进、共同发展的网络布局。六是实行资产业务组合。根据农信社现有经营能力与风险管理水平，确定服务群体的信贷种类、组合方式和信贷资产组合的集中程度，寻求在股本收益最大化下的最高利润点。七是提高资本运营的集约化程度。加大资本投资效率的激励约束力度，优化贷款业务结构，打破原有过度依赖资本占用高的高风险信贷业务，增加零售信贷等低资本占用型的业务，不断提高资本运营的集约化程度。深化农信社改革的资本运营具体战略详见表7-2。

表7-2　　深化农信社改革的资本运营战略方案设计

具体战略	具体措施	实现目标
实施资本约束	分类推进实施资本管理制度	确立以资本充足率为核心的约束机制，实现建成资本充足、合规稳健的现代农村金融机构
加强资本运作	发起设立村镇银行	
拓宽资本来源	加大资本公积、发行次级债券、引进战略投资者	
规范股权资质	规范老股金及股东素质	

7.2.4　深化陕西省农村信用社改革的区域协同战略

由于不同经济发展水平的较大差异，造成了陕西省农信社发展存在明显差异，因此要进一步推动农信社区域协同战略。区域协同战略是指实现不同经济区域农信社发展战略，在不同地区有针对性地制定和实行对应的发展战略，从而实现农信社与区域经济的协同发展。作为地方法人金融机构，农信社业务发展与地方经济深度融合，经营发展的区域特征十分明显，因此，深化陕西省农信社改革的区域协同战略不仅是促进不同地区经济发展的必然要求，也是农信社非均衡发展在空间上的表现。从第四章、第五章和第六章实证分析结果可以看出，陕北、关中和陕南农信社在生产效率、资本充足率和普惠金融服务水平方面差别很大，呈现出明显的梯度式发展态势，若"一刀切"地对农信社进行股份制改革，不能有效解决陕西省农信社出现的区域失衡问题，所以在深化陕西省农信社改革的同时，必须紧紧围绕陕西省经济发展总体战略，并立足不同地区农信社业务实际和资源禀赋，着力推进农信社区域协同战略。

具体来看：一是在区分现有不同地区经济发展特色的基础上，根据所处经济环境、区域等重新进行市场定位和资源的重新整合，实施错位竞争,寻找适合自身市场定位的目标客户,同时形成自发型的地区间协调机制,加快形成与不同地区经济特点相匹配的业务发展格局。二是按"陕北、关中、陕南"梯度发展模式,针对性地推进农信社发展。对于陕北地区,应紧抓陕北能源化工基地和新型工业基地建设的契机,要积极创新产品与服务,大力发展金融市场业务,努力实现跨越式发展。对于关中地区,应紧紧围绕西安构建国际化大都市、"西咸一体化"区位辐射效应,充分发挥自身资源与竞争优势,打破传统思维模式,以更高、更快的标准创建"标杆"农商行,实现率先发展。对于陕南地区,应紧紧围绕陕南循环经济发展重点,跟进循环经济产业核心区建设、十大循环产业链重点项目建设,做好农村普惠金融工作,实现突破式发展。三是选择适合当地区域农村经济特点的产权组织形式,对条件较好、经济发达地区,鼓励以"奖"为主,适当减少行政干预,通过政策性补偿和资金捐赠等优惠政策引导农信社向股份制转型;对于特色经济发展地区,支持以"精"为主,通过精细化管理和标准规范现有产权制度,有效发挥其服务于地方经济发展;对于条件一般、经济欠发达地区,建议以"稳"为主,稳固县域法人地位,对于条件极差、经济特别不发达地区,要求以"退"为主,建议按照市场化原则予以彻底退出。深化农信社改革的区域协同具体战略设计详见表7-3。

表7-3 深化农信社改革的区域协同战略方案设计

地区	具体战略	实现目标
陕北	开展金融市场业务	跨越式发展
关中	发挥资源与平台优势	率先发展
陕南	推进普惠金融工作	突破式发展
条件较好、经济发达	政策性补偿和资金捐赠	股份制转型
条件一般、经济欠发达	精细化管理、规范现有制度	支持地方经济发展
条件极差、经济特别不发达	以稳为主	稳固县域法人地位

7.3 本章小结

本章在借鉴国内外农商行和大中型金融机构发展经验的基础上,从不同视角提出了符合陕西省地方特色的深化农信社改革的总体战略方案构想，认为深化陕西省农信社改革应坚持立足服务"三农"、政企分开、市场化发展、政策扶持和分类指导与因地制宜的五大原则，并根据未来农信社发展的重点领域与方向，设计提出了深化陕西省农信社改革的金融控股集团化模式、多元化经营、资本运营和区域协同等四大战略方案构想。

第八章　促进陕西省农村信用社改革方案实施的政策建议与对策

随着产权改革的稳步推进可以看出，陕西省农信社生产效率、资本充足率和普惠金融服务水平均有待进一步提升。事实上，改革的目的就是在保证农信社商业可持续发展的基础上，进一步提升农村金融服务"三农"能力。因此，在农信社逐渐步入新的攻坚阶段，不仅要优化农信社经营机制，并全面激发转型发展的新活力，同时还需要一系列其他配套制度的支持，如加强政策扶持体系、建立市场竞争机制、完善监管制度、修订法律法规、建设信用环境体系、优化生态环境等配套措施予以支持，从而形成农信社与农村金融市场协调发展的良性互动机制。

8.1　加快省联社体制改革

目前，传统的省联社的管理模式不但不能有效消除各县域农信社金融风险，还暴露出对各县域农信社管理过宽、过细、过死等问题，一定程度上会使各县域农信社乏适应市场发展的灵活性和风险控制的动力，因此，要加快省联社体制改革。然而，由于省联社改革涉及面广、情况复杂、政策性强，改革的总体进展不但要与政府职能转化的进程相协调，还要对农信社再保险制度要有充分的考虑，以确保各方利益不受损失，为此，应从四个方面进行强化：一是注重内控制度建设。作为农信社的管理机构，省联社必须严格按照《商业银行内部控制指引》的具体要求，指导和督促各县级农信社尽快健全贷款审查、财务管理、人事管理等决策组织与制度要求，并明确岗位职责，实行授权审批制度，健全风险识别和监控系统。二是转换自身机制。作为具有独立法人资格的金融机构，省联社应在规范各县级农信社的同时，要尽快建立能进能出、能上能下的人力资源合理配置机制、建立以经营管理绩效为标准的高管人员评价和任用机制、建立与个人贡献挂钩的薪酬分配机制、建立以满足客户需求为目标的业务拓展机制和以市场为导向的农信社机构重组机制。三是强化公共服务职能。在注重内控制度建设以及转换自身机制的基础上,进一步强化公共服务职能、淡出行政管理,推动省联社体制改革,将省联社一分为二,转型为金融服务公司和金融科技公司,从而实现省联社由管理型向服务型的转变,并解决单家县区机构因自身规模小、信息不充分、交易成本高等因素产生经营难题,充分有效发挥省联社在科技支撑、产品研发、咨询营销、人员培训等方面的优势。四是尝试建立全国性农信社行业协会。适时成立全国性行业协会或全国农商行联合行,赋予行业自律、支付系统开发共享、风险准备金调剂、系统性风险管理等职能,这不仅能推动农信社行业金融创新,还有利于实现农信社行业的业务发展和机构治理与管理的规范化、制度安排的系统化、行业公共服务的集中化、发展手段的科学化,进而获得社会的广泛认同、接受与信赖。

8.2 提高农村信用社资本聚集能力

明晰产权制度、完善法人治理、提高资本聚集能力是深化农信社改革的重要环节,也是建立现代企业制度的基础。从目前农信社实际状况来看,需要从以下几个方面进一步优化:第一,明晰产权归属。要根本解决产权农信社不明晰问题,就需要加强农信社民主管理和群众监督制度,从源头上解决好农信社"产权主体虚位""代理人缺位"等问题,从而完善公司治理结构,使委托人对代理人的监督变得有效。第二,按多元化原则推进农信社产权改革。扩大增资扩股渠道,引入一级法人农信社、农合行和农商行等多元化的产权组织形式。第三,建立和完善"三会"制度。农信社应严格执行三权分离制度,形成决策权、经营权、监督权各司其职、分工协作、相互制约、真正发挥作用的新型法人治理结构。第四,引入独立董事参与农信社决策。独立董事既不是农信社股东,也不是农信社的内部员工,是从外部产生的,不与直接利益相关。独立董事依照法定程序由农信社董事会聘任,独立依法行权,并承担相应的法律责任。独立董事以客观公正的立场参与董事会决策,有助于农信社决策的科学有效,保证专家决策的有效性。第五,拓宽农信社资本来源。有选择性地引进战略投资者和中小企业投资者参股,优先吸收认同农信社服务"三农"战略、追求长期投资价值的民营企业投资入股,促使分散化的农信社出资人来优化公司治理,形成有一定刚性约束的资本经营机制,提高资本聚集能力。第六，创新资本补充机制。目前农信社收入来源有限，吸收外资与上市的条件尚不成熟，中央和地方政府不能完全对农信社直接注资。因此，监管部门应允许农信社拓宽投资范围，鼓励其开展次级债券业务。这样，既能减轻股金分红压力，又能优化资本金结构。

8.3 提高农村信用社普惠金融产品与服务渗透度

创新农信社金融产品与服务，提高普惠金融服务水平就是运用先进的技术与方法，转变现有的要素组合，以获取现有的经营方式与金融产品所无法获取的潜在利润，实现全新的金融要素与资源有机组合。在面对农信社全面升级转型的关键时期，必须加快产品创新，转变服务方式，强化普惠金融顶层设计，提高服务质量，不仅是推动农村金融市场不断进步，加快农村经济发展的有效途径，也是农信社服务"三农"，维持现有市场份额的重要手段。鉴于此，需要从以下两个方面进行优化。

8.3.1 鼓励多元化的普惠金融产品创新

在金融产品供给方面，农信社应该围绕现代农业发展的新要求和新变化，推行"三位一体"的核心产品体系，创新适合"三农"需要的金融服务品种，为农户和中小企业提供多方面金融服务。具体来看，一是打造中小企业金融产品。针对中小企业现有特征，借鉴大中型商业银行为中小企业提供金融产品的先进经验，对中小企业设计更多的融资方式，如票据贴现、项目融资、科研贷款、订单贷款等，有效破解中小企业金融产品种类不足问题。二是发展农业科技型金融产品。随着现代农业的快速发展，农信社应以生物制药、林木产业等农业高新技术示范企业为纽带，建立优质客户群，研发适合农业科技型企业的金融产品，促进农村金融与农业高新技术的有效对接。三是创新农户特色金融产品。针对不同地区农村金融需求的差异性，农信社应从金融产品的额度、期限、用途、使用方式等方面进行细分，提供切实符合农民实际需求特点的金融产品，同时创新贷款担保方式，扩大贷款抵押品范围，试点推动农村土地承包经营权和宅基地使用权抵押贷款，探索开展涉农贷款保险等，创新农村担保机制，推动农村金融资源与生产要素自由结合，使农信社由"成长发育"向"成熟稳重"过渡。

8.3.2 稳妥发展农村金融新型服务模式

在服务方式方面，农信社金融服务方式的创新应该具有大局观念，应以服务"三农"，带动农村经济发展为建设契机，坚持农村服务渠道广覆盖，实现经济效益与社会效益的有机统一。具体来看：一是积极适应互联网金融快速发展趋势，农信社应运用现代科技手段，简化农村金融服务流程，尽量采取远程代理模式来提供农村金融服务，如 ATM、POS 机、网络银行、手机银行等支付工具，为农村经济主体提供更加便捷、高效、优质的现代农村金融服务。二是继续打通金融服务"最后一公里"。农信社应消除偏远乡镇的金融服务空白区，推动实现基础性金融服务"村村全覆盖"，强化惠农功能，例如在空白乡镇发展电话银行业务，方便空白乡镇农民可以利用电话和移动手机办理查询、转账、汇款、消费、缴费等相关业务，大力推进小额贷款业务，扩大农村金融服务的效率。三是优化营业网点建设。根据农村经济环境与金融资源进行分析预测，农信社应合理确定区域内营业网点、自助设备的最佳数量，优化农村服务网点布局。同时确定不同网点的目标客户群和业务种类，打造综合服务网点、特色专营网点和农村社区服务网点等多种类型，以此通过错位竞争，突出农信社营业网点专业化服务水平。

8.4 建立政府诱导型市场改革机制和政策体系

长期以来，如何合理界定政府与市场的有效边界是处理好农信社改革的核心问题之一。目前来看，农信社自身的特殊性决定了其在多元化产权改革过程中，既要有效利用政府的政策支持，又必须充分发挥市场机制作用。从农信社改革历程来看，国家一直是农信社改革的倡导者，中央政府只有依靠其权威，才能保证农信社高效运转。但是，由于政府决策行为并不是以农信社效率最大化为目标，因此，这种以政府为主导的改革方式会忽略农村信用社自身发展需求，很容易激化利益主体之间的矛盾。同时，由于现有农村金融市场化程度普遍不高，不同地区经济发展水平、信用环境与市场竞争程度等方面的差异决定了农信社改革不能完全由政府主导，而农村经济天然的弱质性又决定了农信社完全依赖市场机制也不符实际。另外，鉴于未来农信社要完全按照商业化模式运转，要巩固市场机制对农信社的地位与作用，并尽快建立政府诱导型市场改革机制，推进农信社可持续发展。

所谓政府诱导型市场改革机制是政府在农信社改革过程中逐渐淡出，让位于多元化的农村经济主体，并由农村经济主体的参与来改变政府对农信社经营的行政干预，同时在放宽金融市场准入条件的基础上，通过完善政策扶持体系、法律法规制度、金融生态环境，构建商业性金融、合作性金融和政策性金融协调配合的诱导机制，引导农信社逐步进入市场向正规化发展迈进。政府诱导型市场改革机制的基本思路是：在政府介入帮助农信社克服现有障碍的基础上，最大限度地发挥政府政策效应，并通过发挥市场机制的竞争与激励功能，提高农信社生产效率、降低交易成本、优化农村金融资源配置。其中，政府诱导机制的政策扶持需要在两个方面进行强化：第一，运用财政补贴和税收减免等措施撬动农信社开展普惠金融主动性，并以有限的财政资金建立农村金融机构风险补偿基金，以应对农信社破产的危机；同时，针对资产质量差、不良贷款率高的高风险农信社机构，人民银行应尽快发行新一轮的中央银行专项票据。第二，运用货币政策工具扩大农村信用社资金来源，并在利率市场化不断推进过程中，对一级法人农信社继续实行低存款准备金率政策，保证农信社能够商业化可持续运转。同时加大农信社开展支农再贷款、再贴现等业务，有效发挥农信社开展农村普惠金融工作的支持与激励机制；另外，适当提高农信社的农业贷款拨备提取比例，在确保农信社商业化可持续运转的基础上，强化农信社对涉农贷款风险防范能力。

从以上来看，建立政府诱导型市场改革机制推进农信社发展，就是要不断深化市场机制的作用，减少政府干预，在生产要素市场化组合的基础上，采取渐进式稳步使政府退出，逐渐将原有的政策倡导角色转变为监管角色，有效确保农信社实现商业可持续发展与普惠金融发展双重兼顾，但这并不意味着政府在农信社未来改革中采取置之不理的态度。

8.5 加大农村金融市场开放力度

理论研究表明，引入外部竞争者能有效促进金融机构之间的良性竞争，推动金融市场的高效运转（Levine, 2005; Semih & Philippatos, 2007）。由于农村金融长期处于以农信社为垄断的金融组织体系中，农村金融机构种类少、市场准入门槛高、金融产品单一、金融服务覆盖程度低等问题制约了农村金融市场的发展，加剧了金融资源在农村领域的不均衡分布，这些均是导致农信社在农村金融市场缺乏功能上的竞争机制的主要表现。为实现农村金融市场的有序竞争，促进形成农信社"倒逼机制"，必须加大农村金融市场开放力度，形成以合作性金融、政策性金融和商业性金融三位一体的农村金融市场竞争体系。

8.5.1 激活农村金融市场竞争机制

农村金融市场的多元化局面，将随着金融市场逐步开放而出现，因此，要加大农村金融市场开放力度，全面激活农村金融市场竞争机制。一是建立规范有序的农村金融市场秩序。良好的市场秩序是农村金融机构扩展业务、提高资源配置的前提条件，因此在激活市场竞争机制之前，首先要建立有序的农村金融市场秩序，并在健全和完善农村金融市场的长效竞争机制的基础上，促进农村金融机构将城市富余资金转向农村领域，形成农村金融机构发展的"洼地效应"。二是发展新型农村金融组织。通过以农村金融机构增量方式促进农信社存量改革，即通过鼓励村镇银行、小额贷款公司和农村资金互助社等内生型金融组织进入农村金融市场，带动农信社存量改革，是激活市场竞争机制的有效途径之一。开启新型金融组织增量改革，推动偏远农村地区基础金融服务全覆盖，不仅能有效形成农村金融体系的"鲶鱼效应"，还能进一步有效填补农村金融服务空白，发挥新型农村金融组织对县域经济发展的"输血"功能。三是鼓励大中型商业性金融机构在县域设立营业网点。通过大型商业银行、股份制商业银行、地方性商业银行在县域和农村地区设立分支机构，优化网点布局建设，不仅有利于多元化、多层次农村金融体系的建设，还能进一步增强农村金融产品与服务供给能力，为农村经济发展"造血"。四是增强农业发展银行政策性功能。随着现代农业一体化发展趋势日益明显，国家应进一步增强政策性金融对农村金融服务功能，明确政策性金融在农村金融体系中的市场定位与社会责任，加快农业发展银行向专业化政策性银行方向改革，加大现代农业开发、农村基础设施建设和贫困群体的政策性信贷支持力度，使农业发展银行逐渐转变为开发现代农业综合发展、建设农村基础设施、优化农业产业结构的专业性银行，从而增强政策性金融在农村金融市场中的"增血"作用。

8.5.2 建立农村信用社重组及退出机制

在农信社改革中,虽然中央和地方政府通过发行专项票据、置换不良资产、减免税收等方式,最大限度地避免了农信社因盈利能力较差、经营状况不佳而引发的混乱,但在农村金融市场日趋多元化和优胜劣汰的市场规律作用下,不良贷款总量较高、抗风险能力较差的农信社机构依然会濒临破产与倒闭风险。因此,建立完善的市场退出机制成为未来农村金融改革中不可或缺的重要环节。随着利率市场化加速推进、存款保险制度实施和农村金融竞争加剧,农信社将面临更大的竞争压力,既有来自经营风险过大暴露的资产质量问题,又有为应对利率市场化改革所产生的新挑战,尤其是受经济下行与市场流动性双重影响,农信社信贷风险将会逐渐暴露,不良贷款和不良贷款率将不断双升,个别县域农信社发生破产、风险集中暴露的概率可能持续上升,一旦农信社出现破产,就需要建立"退有保障,进有支持"的市场机制,亟待解决农信社如何退出市场、如何消除负外部性问题。当然,考虑到农信社在市场中的特殊性和不同区域农信社之间的差异性,通过实践对不同产权组织形式农信社制定具有针对性的市场退出机制,从而促进形成农信社发展的"倒逼机制"。

8.6 实行差异的去"内卷化"监管制度

理论研究表明,良好的金融市场秩序离不开健全的监管体系。从以上研究可以看出,农信社产权改革的边际效应在逐渐弱化,已表现出明显的"内卷化"情形,且不同产权组织形式农信社经营能力和不同地区农村经济发展水平已经决定了有必要优化现有农村金融监管体系,并建立一个职责明确、全面有效、多头监管、差异化的农村金融监管机制。首先,在陕西省不同地区经济发展水平差异日趋明显的背景下,若继续对陕北、关中、陕南实施相同的金融监管政策,可能会与制度环境产生相互冲突,不利于监管政策效果的实现,因此,需要结合农信社现有经营特点与当地实际经济情况,建立与地方经济发展水平相适应的农村金融监管机制,以此规范农信社发展。其次,针对不同产权组织形式农信社风险管理水平的差异,一方面,监管部门要在加快实施新资本协议标准的基础上,建立针对一级法人农信社、农合行和农商行不同规模和发展状况的资本过渡期，并适当提高对农信社不良贷款率、资本充足率和拨备覆盖率等审慎经营指标的监管刚性。另一方面，监管部门要健全现有风险监管评级体系，重新对农信社划分风险评级，并修正完善资本充足率、不良贷款率等监管指标，建立针对农村普惠金融业务的风险容忍度与弹性监管规则，以政策激励和监管约束引导农信社不断提高核心竞争力，从而形成对农信社有效的战略方向监管体系。最后，强化外部监管，精简外部监督主体，消除监督"真空"地带，避免重复监督，提高监督效率。针对目前多部门多重管理形成的监管机制"黑洞"，应确定各级政府、省联社、人民银行、银监部门等外部监管体系的主体地位，明确各部门的主要监管职责，完善中央和地方双层监管体制，给予地方政府负责处置农信社的金融风险的权利，同时由人民银行承担农信社资金流向监测的职责，银监部门承担农信社退出、日常操作和风险案件的监督职责，并建立第三方评级的市场监管体系，提高农村金融市场的信息透明度，从而建立有序分层、分工明确的农村金融监管体系。

8.7 加快农村金融法律法规的修订

金融立法问题一直以来是农村金融的"短板"，有理论研究表明，良好的金融法律环境为规范市场主体行为提供外部条件。在当前中国正处于社会纵深发展的转型阶段，任何经济主体的市场活动都需要受到法律的保护和规范，支持农村经济发展的农村信用社也不例外。从国际发展经验来看，一些发达国家（如美国、德国、法国、日本）和部分发展中国家（如印度）均有完备的农村金融法律法规来规范农村信用合作组织的发展，使农村信用合作组织在发展过程中有章可循、有法可依，有利于支持农村经济的快速发展。目前，中国金融法律中关于农村金融部分一直存在着界定模糊不清、专门的农村合作金融立法欠缺和抵押担保的相关法律不完善等问题，从而导致农村金融改革很难取得突破性进展。随着当前中国经济步入新常态，农村金融市场将会不断释放出更大的活力，这就需要国家在现有法律法规的基础上，针对农村制度变迁的实际特点，加快农村金融相关法律法规的修订与改革，为陕西乃至全国农村金融机构的可持续发展建立基本良好的法制环境。首先，鉴于农业银行成立"三农事业部"、邮储银行重返农村市场等现状,并依据农村金融实际情况,国家应尽快完善《商业银行法》《贷款通则》,通过修订相关法律法规,明确"三农事业部"、邮储银行和新型金融机构等在内的金融机构的法律地位、功能定位、业务范围等内容,提升农村金融机构的企业形象和法律地位,有效维护其合法权益。其次,针对日趋竞争激烈的农村金融市场下,农信社未来可能将面临业务重组、兼并和退出市场等情况,鉴于此,国家应尽快出台《农村合作金融法》等相关法规,从组织形态、管理方式、业务种类、业务范围、政策扶持等多个方面作出规定,从法律上引导农信社可持续发展。最后,鉴于农村承包土地的经营权和农民住房财产权抵押贷款在全面范围的铺开,国家应加快完善《担保法》《物权法》等与农村抵押担保相关的法律法规,保障农村创新型贷款的不断开展,有效解决农村抵押物缺乏法律保障的问题。

8.8 优化农村金融生态环境

良好的农村信用体系和生态环境不仅是农信社长期立足"三农"的基础,也是促进农村金融市场良性竞争和优化金融资源配置的重要外部条件。从农村金融生态发展现状来看,农村信用体系不完善、金融基础设施建设相对滞后、农村经济生态环境十分薄弱依然是当前制约中国农村金融发展的主要因素。为此,要进一步完善农村信用体系,加快金融基础设施建设,优化农村经济生态环境。

8.8.1 完善农村信用体系

理论上来讲,完善的农村信用体系建设不仅能够有效提高农民金融意识与素养,还可以通过信用功能促进农村金融与经济发展(刘仁伍,2006)。从现有农村信用体系来看,需要从三个方面进行完善:第一,地方政府积极开展农村信用评级活动,全面推动信用镇、信用村、信用户建设活动,帮助农户培养良好的信用观念与意识,并逐步搭建农信社与农户之间的信用桥梁,增强农信社甄别和控制涉农信贷风险的能力,确保农信社商业可持续发展。同时,有针对性地进行金融知识普及,增进客户守法履约意识,提高农户对农村信用知识的知晓度。第二,积极培育信用中介服务机构。采取市场化竞争为涉农金融机构、相关行业和政府机关等部门提供有效的信用信息服务，确保使信用中介机构服务到位，从而培育规范农村信用评级市场发展。同时，建立失信行为的惩戒机制，对存在蓄意欺骗、出具虚假信息的服务机构，严究责任，提高农村信用评级行业市场公信力和社会影响力。第三，建立中小企业信用信息采集、共享机制。相关部门应确定统一、规范的信用信息采集标准，以中小企业为对象，协同相关部门对数据进行定期采集，完善中小企业信息采集、信用评价、成果应用、信息发布、融资等评价体系。同时，加强涉农金融机构、相关行业及政府机关等部门之间的交流，提高信息采集的准确度，探索实行"征信+培育+担保+融资"等信用评价机制，及时了解和掌握企业信用动态，培育优质信贷主体，保障金融信用信息数据库安全运行。

8.8.2 夯实农村金融基础设施

农村基础设施建设是建设社会主义新农村的基础工程。未来强化农村金融基础设施建设主要体现在四个方面：第一，推动现代农村支付结算系统与服务，强化农村支付结算安全管理，增加助农取款服务点建设。同时，针对农村经济发展实际现状，大力发展移动金融公共服务平台，鼓励农村金融机构加快实现手机支付、网络支付等移动金融支付手段。第二，加强大数据、互联网等信息化技术手段在农村金融领域中的应用。充分发挥农村金融机构数据挖掘能力，鼓励农村金融机构建设大数据平台，利用互联网、大数据提升农村普惠金融服务水平。第三，完善农村金融机构普惠金融服务水平指标评价体系。考虑到农村普惠金融发展的阶段性和数据的可获得性，吸收和借鉴《G20普惠金融指标体系》，整合现有指标，并重点突出政策环境和互联网金融等指标，进一步建立完善具有权威性的农村金融机构普惠金融服务水平指标评价体系。同时，搜集与之匹配的农户、中小企业等需求主体对金融产品与服务满意度等方面的数据，并尝试将两类数据兼顾起来，探讨构建能全面反映供给方和需求方的农村普惠金融指数。第四，大力引进金融、计算机等高端人才，同时不断强化农信社员工专业理论知识，逐步提高人员素质，从而强化农村金融基础设施建设。

8.8.3 打造农村成熟金融生态

金融生态环境的好坏决定着金融机构对地方经济的支持与发展。从农村金融生态环境现状来看，需要从三个方面强化：首先，建立由地方政府、农村金融机构、中小企业和农户等共同参与的诚信激励和惩罚机制，以避免出现违法违规行为。针对县（区）经济发展中出现的农村金融机构"惜贷""慎贷"现象，地方政府应加大对农村金融生态环境整治力度，从政策、治安、产业等方面为农村金融机构服务"三农"营造良好的生态环境。同时针对农户和中小企业恶意欠款、骗取贷款、非法集资等违法行为打击力度，营造公平有序的金融市场氛围。其次，构建全方位的农村金融权益保护机制，规范农村金融机构市场行为，畅通农户和中小企业金融权益纠纷解决渠道，维护农户和中小企业等弱势群体的金融合法权益。同时加强普惠金融知识普及与宣传活动，充分提高农户和中小企业对金融权益保护的认识和积极性，从而增强农户和中小企业风险防范与自我保护意识。最后，根据现代农业发展需求，引导金融机构优化信贷结构，增加信贷投放，拓宽信贷支持领域，重点支持农业龙头化企业、家庭农场、"订单农业"、农田水利基本建设、农业科技成果转化等现代农业发展。同时以市场为基础推动"城乡统筹"发展，加大对贫困农户资金支持力度，并加快农村生产要素在不同地区之间的流动，在提升农村就业率的同时，促进农村经济发展。

8.9　本章小结

本章提出了促进陕西省农信社改革方案实施的政策建议与对策，主要有省联社管理体制改革；明晰产权制度，提高资本聚集能力；创新金融产品与服务，提高普惠金融渗透度；优化政策支持体系，建立政府诱导型市场改革机制；加大农村金融市场开放力度，促进形成农村信用社"倒逼机制"；改善农村金融监管方式，实行差异的去"内卷化"制度；加快农村金融法律法规的修订；优化农村金融生态环境等促进陕西省农信社改革实施方案的对策建议。

结 束 语

解决农村金融供求失衡,促进农村经济快速发展,有赖于建立完整高效、功能齐全的农村金融服务体系。作为农村金融市场的主力军,农村信用社长期扎根县域、立足"三农",对有效解决"三农"金融问题发挥着重要作用。2003年以来的深化改革,不仅有效推动了农信社可持续发展,也对促进中国农村金融的改革具有重要意义。基于此,本书以陕西省农信社为例,分析了农信社产权改革效果,并提出深化陕西省农信社改革方案构想与对策建议,最终形成了以下研究结论:

第一,在分析产权改革与农信社总体生产效率变化及收敛方面,发现考察期内陕西省农信社总体上保持着静态效率提升与动态全要素生产率增长态势,但生产效率水平并不高,静态生产效率和动态GML指数年均值分别为0.600和1.071。不同地区和不同产权组织形式农信社静态效率与动态生产率表现出不同特征。不同地区中,一级法人农信社动态生产率增长最快,但静态效率却出现严重异化,说明深化改革应因地制宜,切忌"一刀切";不同产权组织形式中,一级法人农信社静态效率低于农合行和农商行,但动态生产率增长最快,"追赶效应"明显;农信社产权改革对其生产效率具有较强的"选择效应",说明农信社改革主要选择了效率较好的农信社机构;不同改革路径的"选择效应"差异较大,一级法人农信社直接改为农村商业银行对规模效率和技术规模的选择效应较强,一级法人农信社先改为农村合作银行后改为农村商业银行对技术进步的选择效应较强,农村合作银行改为农村商业银行对规模效率和技术规模的选择效应较强,说明应分类推进农信社改革。长期来看,改革对农村合作银行和农村商业银行效率的提升效应较为明显。此外,陕西省农信社生产效率表现出显著的收敛性特征,随着时间的推移,不同地区和不同产权组织形式农信社生产效率差异逐步缩小,产权改革对农信社效率的影响呈倒"U"形变化趋势,并出现相对停滞状态,需引起关注。

第二,在分析产权改革与农信社内部资本充足率变化方面,发现考察期内一级法人农信社的改制对提升资本充足率有显著影响,为进一步深化农信社改革提供了实证支持。农信社产权改革对其资本充足率的影响具有较强的"选择效应",即选择了较高资本充足率水平的农信社机构进行改革。从动态效应看,农信社产权改革显著降低了农村合作银行资本充足率水平,但对农村商业银行作用不明显,说明农村合作银行产权体制具有明显的过渡性特征,农村商业银行改革的滞后效果还有待关注。从时间和地区的影响结果发现,虽然农信社产权改革有效改善了其资产质量与资本充足性,但影响效果已呈现出明显的弱化趋势。这主要来自于中央政府的政策性补偿和地方政府的资金捐赠等外部政策影响,而不是自身产权组织形式的变化。随着内外部环境的变化,农信社未来发展依然存在诸多困难。政府主导的农信社产权改革已取得明显效果,但仅仅是局部受益,而非全部受益。因此,更应有条件稳定县域一级法人地位,并立足市场定位,服务"三农",同时建立科学的资本补充机制,强化资本约束,形成农信社资本聚集的"倒逼机制",避免陷入过度"内卷化"的情形。

第三,在分析产权改革与农信社外部普惠金融服务水平方面,从普惠渗透度、使用度、效用度与承受度四个维度构建农信社普惠金融服务水平评价指标体系,运用 Cov – AHP 方法确定各指标权重,并借助 Oaxaca – Blinder 分解方法,深入探讨了不同地区和不同产权组织形式农信社普惠金融服务水平差异的主要原因。分析发现:中间业务交易金额与当地生产总值之比、农户拥有农信社银行卡数量、存款加权利率水平和贷款加权利率水平是提高农信社普惠金融服务水平最重要的四个指标;陕西省农信社普惠金融总体服务水平较低,年均值仅为 0.196,不同地区和不同产权组织形式农信社提供普惠金融服务水平差异较大,并呈现出分化格局;农信社产权改革对其普惠金融服务水平的影响具有较强的"选择效应",即选择了普惠金融服务水平较好的农信社机构进行改革;不同改革路径的"选择效应"并不明显;长期来看,农信社产权改革对农村合作银行和农村商业银行普惠金融服务水平并没有产生显著的提升效应;投资环境、产业结构、竞争环境、政府财政支出和城乡收入差距对农信社普惠金融服务总体水平有显著影响。

第四,提出深化陕西省农信社改革应坚持立足服务"三农"、政企分开、市场化发展、政策扶持和分类指导与因地制宜原则,在此基础上,进一步提出了深化陕西省农信社改革的金融控股集团化模式战略、多元化经营战略、资本运营战略和区域协同战略等总体战略方案设计，并提出加快省联社管理体制改革；提高农信社资本聚集能力；提高农信社普惠金融产品与服务渗透度；建立政府诱导型市场改革机制和政策体系；加大农村金融市场开放力度；实行差异的去"内卷化"监管制度；加快农村金融法律法规的修订；优化农村金融生态环境等促进陕西省农信社改革方案的对策建议。

  本书的写作是一个反复思考、论证、修改的循环过程，虽然本书采用了陕西省农信社全机构数据，但受限于时间和精力，本书也存在着不足之处。第一，仅利用机构层面的数据分析了农信社产权改革对其总体生产效率、内部资本充足率和外部普惠金融服务水平的影响效果，有必要搜集与之匹配的农户、中小企业等需求主体对农信社产权改革的满意度评价方面的数据，并尝试将两类数据兼顾起来，探讨构建更为完善的农信社产权改革效果理论分析框架。第二，对于提出的深化陕西省农信社改革的总体战略方案构想中，笔者是根据实地调查情况和研究结论，拟提出了农信社金融控股集团化模式战略、多元化经营战略、资本运营战略和区域协同战略，能否在实际中得以有效实行，还有待进一步讨论。

参 考 文 献

[1] 巴曙松，林文杰，袁平. 当前农村信用联社体制的缺陷及出路 [J]. 中国农村经济，2007：128-130.

[2] 白广玉. 印度农村金融体系和运行绩效评介 [J]. 农业经济问题，2005（11）：75-78.

[3] 蔡洋萍. 湘鄂豫中部三省农村普惠金融发展评价分析 [J]. 农业技术经济，2005a（2）：42-49.

[4] 蔡洋萍. 中国农村普惠金融发展的差异分析——以中部六省为例 [J]. 财经理论与实践，2005b（6）：31-37.

[5] 曹建华. 资本监管与银行风险行为：一个理论模型 [J]. 探索，2012（2）：99-103.

[6] 陈海燕. 面板数据模型的检验方法 [M]. 北京：经济科学出版社，2012.

[7] 陈宏卫，朱迪星. 资本质量、法人治理与农村信用社改革发展——基于湖北省县级法人的实证分析 [J]. 上海金融，2014（12）：53-58.

[8] 陈鹏，孙涌. 边际约束及成本结构变动下的农村金融改革与发展 [J]. 管理世界，2007（3）：81-88.

[9] 陈强. 高级计量经济学及stata应用（第二版）[M]. 北京：高等教育出版社，2014.

[10] 陈伟平，冯宗宪. 不良贷款约束下中国农村商业银行生产率增长及收敛性研究 [J]. 商业经济与管理，2015（1）：71-79.

[11] 程凤朝，叶依常. 资本充足率对宏观经济的影响分析 [J]. 管理世界，2014（12）：1-11.

[12] 褚保金，张兰，王娟. 中国农村信用社运行效率及其影响因素分析——以苏北地区为例 [J]. 中国农村观察，2017（1）：11-23.

[13] 董晓林，徐虹. 我国农村金融排斥影响因素的实证分析——基

于县域金融机构网点分布的视角［J］．金融研究，2012（9）：115－126．

［14］冯契．哲学大辞典—分类修订本［M］．上海：上海辞书出版社，2007．

［15］付朝干，朱建华．农村信用社产权制度改革绩效评析［J］．金融论坛，2014（12）：10－16．

［16］高沛星，王修华．我国农村金融排斥的区域差异与影响因素——基于省际数据的实证分析［J］．农业技术经济，2011（4）：93－102．

［17］谷慎，李成．金融制度缺陷：我国农村金融效率低下的根源［J］．财经科学，2006（9）：98－102．

［18］韩俊．推进农村金融体制的整体改革［J］．中国金融，2003（17）：17－18．

［19］何广文，冯兴元，李莉莉．农村信用社制度创新模式评析［J］．中国农村经济，2003（10）：37－43．

［20］何勇．农村信用社法人治理结构的契约分析［J］．云南社会科学，2006（5）：66－69．

［21］洪正．新型农村金融机构改革可行吗？——基于监督效率视角的分析［J］．经济研究，2011（2）：44－58．

［22］黄惠春，曹青，李谷成．不良贷款约束下农村信用社改革效率分析——基于SBM方向性距离函数［J］．农业技术经济，2014（10）：86－94．

［23］黄惠春，杨军．县域农村金融市场结构与农村信用社绩效关系检验——基于GMM动态面板模型［J］．中国农村经济，2011（8）：63－71．

［24］黄宪，鲁丹．银行业资本监管对中国宏观经济波动效应的实证研究［J］．经济评论，2008（3）：48－53．

［25］蒋海，罗贵君，朱滔．中国上市银行资本缓冲的逆周期性研究：1998—2011［J］．金融研究，2012（9）：34－47．

［26］蒋瑛琨，刘艳武，赵振全．货币渠道与信贷渠道传导机制有效性的实证分析——兼论货币政策中介目标的选择［J］．金融研究，2005（5）：70－79．

［27］焦瑾璞，黄亭亭，汪天都. 中国普惠金融发展进程及实证研究［J］. 上海金融，2015（4）：12-22.

［28］孔哲礼，李兴中. 贷款利率、农户违约风险与农村信用社可持续发展能力［J］. 农业技术经济，2014（12）：76-83.

［29］孔哲礼，李兴中. 农户小额信贷与农村金融机构可持续发展关系研究［J］. 经济问题，2014（12）：111-117.

［30］兰草. 截面、面板数据分析与STATA应用［M］. 武汉：武汉大学出版社，2012.

［31］蓝虹，穆争社. 中国农村信用社改革后的绩效评价及提升方向——基于三阶段DEA模型BCC分析法的实证研究［J］. 金融研究，2014（4）：63-82.

［32］黎洁，邰秀军. 西部山区农户贫困脆弱性的影响因素：基于分层模型的实证研究［J］. 当代经济科学，2009（5）：110-115，128.

［33］李春景. 我国农村信用社改革中面临的若干矛盾的分析［J］. 管理世界，2008（8）：172-173.

［34］李伏安. 当前农信社管理体制存在的问题及政策建议［J］. 中国农村金融，2011（7）：27-29.

［35］李婧，朱承亮，郑世林. 不良贷款约束下的农村信用社绩效——来自陕西省8市86个县（区）的证据［J］. 中国农村经济，2015（11）：63-76.

［36］李文泓，罗猛. 关于我国商业银行资本充足率顺周期性的实证研究［J］. 金融研究，2010（2）：147-157.

［37］李雨谦. 农信社改革仍缺乏退出机制［J］. 中国农村信用合作报，2013（12）.

［38］梁斯. 商业银行核心资本充足率的影响因素——基于中国上市银行的实证分析［J］. 金融论坛，2014（10）：64-72.

［39］林毅夫. 诱致性制度变迁与强制性制度变迁. 盛洪. 现代制度经济学（下卷）［M］. 北京：北京大学出版社，2003.

［40］凌涛. 探索农村金融改革新思路——也谈我国农村信用合作社体制改革的争论［J］. 金融研究，2013（7）：60-66.

［41］刘波，王修华，彭建刚. 金融包容水平与地区收入差距——基

于湖南省 87 个县（市）2008—2012 年的经验数据［J］. 当代财经，2014，(11)：46-56.

［42］刘景中. 银行竞争度、市场竞争度与风险——台湾实证研究［J］. 经济论文，2009（1）：101-135.

［43］刘仁伍. 新农村建设中的金融问题［M］. 北京：中国金融出版社，2006.

［44］刘勇. 中国农村信用社制度变迁研究［D］. 武汉：华中农业大学，2010.

［45］刘忠. 我国普惠型农村金融改革理论与实践研究［D］. 武汉：武汉大学，2015.

［46］罗必良. 新制度经济学［M］. 太原：山西经济出版社，2005.

［47］罗剑朝等. 农村金融发展报告［M］. 北京：中国金融出版社，2015.

［48］马九杰，吴本健. 利率浮动政策、差别定价策略与金融机构对农户的信贷配给［J］. 金融研究，2012（4）：155-168.

［49］马晓楠. 中国农村合作金融的异化与回归研究［D］. 辽宁：辽宁大学，2014.

［50］马宇，许晓阳，韩存. 经营环境、治理机制与农村信用社经营绩效——来自安徽省亳州市的证据［J］. 金融研究，2009（7）：185-196.

［51］莫衡. 当代汉语词典［M］. 上海：上海辞书出版社，2001.

［52］穆争社. 破解农村信用社法人治理结构的"民有资本官营化"困局［J］. 金融研究，2009（7）：161-169.

［53］穆争社. 激励农村信用社引进民有资本的战略投资者［J］. 财贸研究，2010（1）：51-57.

［54］穆争社. 农村信用社法人治理与管理体制改革研究［M］. 北京：中国金融出版社，2011.

［55］穆争社. 农村信用社管理体制改革：成效、问题及方向［J］. 中央财经大学学报，2a（4）：33-38.

［56］诺斯 DC. 制度，制度变迁和经济绩效［M］. 上海：上海三联书店，2008.

[57] 曲小刚. 农村正规金融机构双重目标兼顾研究 [D]. 陕西：西北农林科技大学，2013.

[58] 冉晓东，帅旭. 农村金融机构的资本结构协同效应及其优化——基于农村信用社的实证 [J]. 财经科学，2014（8）：49-58.

[59] 沈坤荣，马俊. 中国经济增长的"俱乐部收敛"特征及其成因研究 [J]. 经济研究，2002（1）：33-39，94-95.

[60] 盛煜. 我国农村商业银行运营效率比较与评价——基于数据包络分析法 [J]. 金融发展研究，2012（4）：70-74.

[61] 师荣蓉，徐璋勇. 基于随机边界分析的农村信用社利润效率及其影响因素研究 [J]. 中国软科学，2011（9）：76-83.

[62] 师荣蓉，徐璋勇. 农村信用社成本效率及其影响因素研究——来自陕西省81个区县的统计数据 [J]. 农业技术经济，2012（3）：78-85.

[63] 宋磊，王家传. 山东省农村信用社产权改革绩效评价的实证研究 [J]. 农业经济问题，2007（8）：70-75.

[64] 宋锐. 农信社的普惠金融实践 [J]. 中国金融，2015（11）：81-82.

[65] 粟勤，王少国. 我国农村合作金融机构客户对象的比较研究：基于金融包容的视角 [J]. 贵州社会科学，2013（12）：47-51.

[66] 粟勤，朱晶晶，刘晓莹. 金融包容、金融深化与经济增长——来自65个发展中国家银行业的证据 [J]. 云南财经大学学报，2015（1）：99-109.

[67] 孙莎，李明辉，刘莉亚. 商业银行流动性创造与资本充足率关系研究——来自中国银行业的经验证据 [J]. 财经研究，2014（7）：65-76，144.

[68] 孙阳昭，穆争社. 论农村信用社制度变迁特征的演变 [J]. 中央财经大学学报，2013（1）：20-25.

[69] 田杰，陶建平. 农村普惠性金融发展对中国农户收入的影响——来自1877个县（市）面板数据的实证分析 [J]. 财经论丛，2012（2）：57-63.

[70] 田霖. 我国农村金融包容的区域差异与影响要素解析 [J]. 金

融理论与实践,2012(11):39-48.

[71] 汪小亚. 农村金融体制改革研究[M]. 北京:中国金融出版社,2009.

[72] 汪小亚. 农村金融改革:重点领域和基本途径[M]. 北京:中国金融出版社,2013.

[73] 王兵,朱宁. 不良贷款约束下的中国上市商业银行效率和全要素生产率研究——基于SBM方向性距离函数的实证分析[J]. 金融研究,2011(01):110-130.

[74] 王兵,朱宁. 不良贷款约束下的中国银行业全要素生产率增长研究[J]. 经济研究,2011(5):32-45,73.

[75] 王婧,胡国晖. 中国普惠金融的发展评价及影响因素分析[J]. 金融论坛,2013(6):31-36.

[76] 王俊芹,宗义湘,赵邦宏. 农村信用社改革的绩效评价及影响因素分析——以河北省为例[J]. 农业技术经济,2010(6):82-88.

[77] 王磊玲. 陕西农村正规金融发展区域差异研究[D]. 陕西:西北农林科技大学,2012.

[78] 王淑云. 农村信用社改革模式探析——以河南省为例[J]. 金融理论与实践,2012(4):50-54.

[79] 王文莉,孙倩. 农村信用社经营效率研究评述[J]. 开发研究,2011(2):111-114.

[80] 王文莉. 中国农村合作金融产权改革与制度创新研究[D]. 陕西:西北农林科技大学,2004.

[81] 王修华,关键. 中国农村金融包容水平测度与收入分配效应[J]. 中国软科学,2014(8):150-161.

[82] 王秀丽. 中国农村信用社法人治理研究[D]. 辽宁:辽宁大学,2011.

[83] 吴俊,康继军,张宗益. 中国经济转型期商业银行资本与风险行为研究——兼论巴塞尔协议在我国的实施效果[J]. 财经研究,2008(1):51-61.

[84] 吴俊,张宗益,徐磊. 资本充足率监管下的银行资本与风险行为——《商业银行资本充足率管理办法》实施后的实证分析[J]. 财经论

丛, 2008 (02): 36-42.

[85] 向洪. 人才学辞典 [M]. 四川: 成都科技大学出版社, 1987.

[86] 肖四如. 关于完善农村信用社管理体制的几点思考 [J]. 中国行政管理, 2009 (6): 92-95.

[87] 谢平, 徐忠, 沈明高. 农村信用社改革绩效评价 [J]. 金融研究, 2006 (1): 23-39.

[88] 谢庆健, 褚保金, 应瑞瑶. 改革中求发展: 农村信用合作社股份制改造个案研究——以常熟市农村信用合作社改制为例 [J]. 金融研究, 2002 (02): 70-78.

[89] 谢升峰, 路万忠. 农村普惠金融统筹城乡发展的效应测度——基于中部六省 18 县 (市) 的调查研究 [J]. 湖北社会科学, 2014 (11): 59-64.

[90] 谢志忠, 刘海明, 赵莹. 福建省农村信用社经营效率变动的测度评价分析 [J]. 农业技术经济, 2011 (6): 62-69.

[91] 谢忠秋. Cov-AHP: 层次分析法的一种改进 [J]. 数量经济技术经济研究, 2015 (8): 137-148.

[92] 徐明东, 陈学彬. 货币环境、资本充足率与商业银行风险承担 [J]. 金融研究, 2012 (7): 489, 50-62.

[93] 徐少锦. 伦理百科辞典 [M]. 北京: 中国广播电视大学出版社, 1999.

[94] 徐晓光, 冼俊城, 郑尊信. 中国城市金融效率提升路径探析 [J]. 数量经济技术经济研究, 2014 (10): 53-68, 83.

[95] 许国玉. 苏北地区农村信用社改革绩效的实证研究 [D]. 江苏: 南京农业大学, 2008.

[96] 阎庆民, 向恒. 农村合作金融产权制度改革研究 [J]. 金融研究, 2001 (7): 67-75.

[97] 颜鹏飞, 王兵. 技术效率、技术进步与生产率增长: 基于 DEA 的实证分析 [J]. 经济研究, 2004 (12): 55-65.

[98] 杨峰. 中国农村信用合作社管理体制改革研究 [D]. 陕西: 西北农林科技大学, 2012.

[99] 杨俊, 邵汉华, 廖尝君. 银行竞争环境下资本缓冲行为的实证

研究［J］．经济科学，2015（2）：82-93．

［100］杨树旺，成金华．对我国农村信用社体制改革问题的现实思考［J］．管理世界，2014（6）：142-143．

［101］杨天宇，钟宇平．中国银行业的集中度、竞争度与银行风险［J］．金融研究，2013（1）：122-134．

［102］张兵，曹阳．商业可持续、支农力度与农村信用社新一轮制度变迁——基于苏南农村商业银行的实证分析［J］．中国农村经济，2010（6）：87-96．

［103］张珩，罗剑朝，郝一帆．农村普惠金融发展水平及影响因素分析——基于陕西省107家农村信用社全机构数据的经验考察［J］．中国农村经济，2017（1）：2-15．

［104］张珩，罗剑朝，牛荣．产权改革与农信社效率变化及其收敛性：2008—2014——来自陕西省107个县（区）的经验证据［J］．管理世界，2017（5）：92-106．

［105］张珩，罗剑朝，牛荣．产权改革对农信社资本充足率的影响及其区域差异研究——以陕西省为例［J］．农业技术经济，2016（4）：59-70．

［106］张珩，罗剑朝，王佳楣．农村合作金融机构运行效率测度及其影响因素实证研究——基于陕北25个县（区）的面板数据分析［J］．金融经济学研究，2012（4）：60-71．

［107］张珩，罗剑朝．农村合作金融机构资本充足率影响因素研究——以陕西省为例［J］．农业技术经济，2015（7）：60-69．

［108］张杰．中国农村金融制度：结构、变迁与政策［M］．北京：中国人民大学出版社，2013．

［109］张龙耀，褚保金．农村金融市场失灵与金融创新研究［M］．北京：科学出版社，2012．

［110］张世春．小额信贷目标偏离解构：粤赣两省证据［J］．改革，2010（9）：63-68．

［111］张振海，茹少峰．陕西省金融支农效率评价及影响因素分析［J］．农业技术经济，2011（7）：82-89．

［112］赵崇生．基于金融效率理论的中国农村金融改革研究．北京：

人民出版社，2008.

[113] 赵伟，马瑞永. 中国经济增长收敛性的再认识——基于增长收敛微观机制的分析 [J]. 管理世界，2005（11）：12－21.

[114] 钟永红. 商业银行核心资本充足率影响因素实证分析 [J]. 国际金融研究，2014（1）：64－73.

[115] 周小川. 深化农村金融改革进一步提升农村信用社资本及其质量 [J]. 投资研究，2012（1）：4－14.

[116] 朱迪星. 后改革时期农村信用社法人治理目标研究 [J]. 上海金融，2013（12）：47－53.

[117] 朱华明. 制度、流动性与农村信用社支农绩效的实证研究 [J]. 金融研究，2004（12）：119－127.

[118] 朱喜，李子奈. 我国农村正式金融机构对农户的信贷配给——一个联立离散选择模型的实证分析 [J]. 数量经济技术经济研究，2006（3）：37－49.

[119] 庄岁林，谢琼，王雅鹏. 农村信用社改革模式比较研究 [J]. 农业经济问题，2007（7）：27－32，110.

[120] A. J. M. O. F. (1983). The Bank Capital Decision: A Time Series – Cross Section Analysis. *Journal of Finance*, 38 (4), 1217－32.

[121] Agoraki, M. E. K., Delis, M. D., & Pasiouras, F. (2008). Regulations, Competition and Bank Risk – taking in Transition Countries. *Journal of Financial Stability*, 7 (1), 38－48.

[122] Anderloni, L., & Vandone, D. (2008). Migrants and Financial Services: Which Opportunities for Financial Innovation?. Frontiers of Banks in a Global Economy. Palgrave Macmillan UK.

[123] Annim, S. K. (2009). Targeting the Poor versus Financial Sustainability and External Funding: Evidence of Microfinance Institutions in Ghana. *Brooks World Poverty Institute*, Working Paper 8809.

[124] Arora, R. U. (2010). Measuring Financial Access. ISSN: 1837－7750, Griffith University. 15. Beck, T., A.

[125] Barro, R. J. (1991). Economic Growth in a Cross Section of Countries. *Quarterly Journal of Economics*, 106 (2), 407－443.

[126] Beck, T., A. Demirguc-Kunt and M. Peria. (2007). Reaching Out: Access to and Use of Banking Servicesacross Countries. *Journal of Financial Economics*, 85 (1), 234-266.

[127] Beck, T., Crivelli, Juan Miguel, & Summerhill, W. (2005). State Bank Transformation in Brazil – Choices and Consequences. *Journal of Banking & Finance*, 29 (s 8-9), 2223-2257.

[128] Beck, T., Cull, R., & Jerome, A. (2005). Bank Privatization and Performance: Empirical Evidence from Nigeria. *Journal of Banking & Finance*, 29 (8-9), págs. 2355-2379.

[129] Beck, T., Demirgçkunt, A., & Honohan, P. (2009). Access to Financial Services: Measurement, Impact, and Policies. *World Bank Research Observer*, 24 (1), 119-145.

[130] Bergendahl, G., & Lindblom, T. (2008). Evaluating the Performance of Swedish Savings Banks According to Service Efficiency. *European Journal of Operational Research*, 185 (3), 1663 – 1673.

[131] Berger, A. N., & Humphrey, D. B. (1997). Efficiency of Financial Institutions: International Survey and Directions for Future Research. *Social Science Electronic Publishing*, 98 (2), 175-212.

[132] Berger, A. N., Clarke, G. R. G., Cull, R., Klapper, L., & Udell, G. F. (2005). Corporate Governance and Bank Performance: A Joint Analysis of the Static, Selection, and Dynamic Effects of Domestic, Foreign, and State Ownership. *Journal of Banking & Finance*, 29 (8), 2179-2221.

[133] Berger, A. N., Deyoung, R., Flannery, M. J., Lee, D., & Özde Öztekin. (2008). How Do Large Banking Organizations Manage Their Capital Ratios?. *Journal of Financial Services Research*, 34 (2-3).

[134] Cannata, F., & Quagliariello, M. (2006). Capital and Risk in Italian Banks: A Simultaneous Equation Approach. Journal of Banking Regulation, (7), 283-297.

[135] Chakravarty S. R. & Pal R. (2010). Measuring Financial Inclusion: An Axiomatic Approach, *Microeconomics Working Papers*, http://www.igidr.ac.in/pdf/publication/WP-2010-003.pdf.

[136] Charnes, A., Cooper, W. W., & Rhodes, E. (1978). Measuring the Efficiency of Decision Making Units. *European Journal of Operational Research*, 2 (6), 429 – 444.

[137] Cho, D., & Graham, S. (1996) The Other Side of Conditional Convergence. *Economics Letters*, 50 (2), 285 – 290.

[138] Cochran, P. L., & Wartick, S. L. (1988). Corporate Governance: A Review of the Literature. *Financial Executives Research Foundation*.

[139] Dan, B. (1991). Some Tests of Specification for Panel Data: Monte Carlo Evidence and an Application to Employment Equations: Monte Carlo Evidence and an Application to Employment Equations. *Review of Economic Studies*, 58 (2), 277 – 297.

[140] Diamond, D. W., & Rajan, R. G. (2001). Liquidity Risk, Liquidity Creation and Financial Fragility: A Theory of Banking. Journal of Political Economy 109. *General Information*, 109 (2), 287 – 327.

[141] Dichter, T. W. (1997). Questioning the Future of NGOs in Microfinance. Journal of International Development, Vol. 8 (2): 259 – 270.

[142] Doligez, F., C. Lapenu. 2006. Stakes of Measuring Social Performance in Microfinance. CERISE Discussion Papers, No 1.

[143] E. Grifell – Tatjé. (2011). Profit, Productivity and Distribution: Differences across Organizational Forms – The Case of Spanish Banks. *Socio – Economic Planning Sciences*, 45 (2), 72 – 83.

[144] Esho, N. (2001). The Determinants of Cost Dfficiency in Cooperative Financial Institutions: Australian Evidence. *Journal of Banking & Finance*, 25 (5), 941 – 964.

[145] Fu, Xiaolan. (2013). Computerisation and Efficiency of Rural Credit Cooperatives: Evidence from India. *Journal of International Development*, 25 (25), 412 – 437.

[146] Fukuyama, H. (1996). Returns to Scale and Efficiency of Credit Associations in Japan: A Nonparametric Frontier Approach. *Japan & the World Economy*, 8 (3), 259 – 277.

[147] Fukuyama, Hirofumi, & W. L. Weber. (2009). A Directional

Slacks – based Measure of Technical Inefficiency. *Socio – Economic Planning Sciences*, 43（4）, 274 – 287.

［148］Galor, O. (1996). Convergence Inferences from Theoretical Models. *Economic Journal*, 106（437）, 1056 – 1069.

［149］Gerd, B. (1989). Telescopic Tube for Housing Luminaires. DE3833239.

［150］Glass, J. C., Mckillop, D. G., & Rasaratnam, S. (2010). Irish Credit Unions: Investigating Performance Determinants and the Opportunity Cost of Regulatory Compliance. *Journal of Banking & Finance*, 34（1）, 67 – 76.

［151］Godlewski, C. J. (2005). Bank Capital and Credit Risk Taking in Emerging Market Economies. *Journal of Banking Regulation*, 6（2）, 128 – 145.

［152］Gupte, R., Venkataramani, B. and Gupta, D. (2012). Computation of Financial Inclusion Index for India, *Procedia – Social and Behavioral Sciences*, 37（1）: 133 – 149.

［153］Hancock, D., & Wilcox, J. A. (1994). Bank Capital, Loan Delinquencies, and Real Estate Lending. *Journal of Housing Economics*, 3（2）, 121 – 146.

［154］Hartarska, Nadolnyak. 2007. Do Regulated Microfinance Institutions Achieve Better Sustainability and Outreach? Cross – country Evidence. *Applied Economics*, Vol. 39（10/12）: 1207 – 1222.

［155］Helms, B., Assist poor, C. G. T., & Bank, W. (2006). Access for all: Building Inclusive Financial Systems, *World Bank Publications*, 9（2）: 247 – 264.

［156］Hermes, N., Lensink, R., & Meesters, A. (2011). Outreach and Efficiency of Microfinance Institutions. *World Development*, 39（6）, 938 – 948.

［157］Jacques, K., & Nigro, P. (1997). Risk – based Capital, Portfolio Risk, and Bank Capital: A Simultaneous Equations Approach. *Journal of Economics & Business*, 49（6）, 533 – 547.

[158] Jaffry, S., Ghulam, Y., Pascoe, S., & Cox, J. (2007). Regulatory Changes and Productivity of the Banking Sector in the Indian Sub-Continent. *Pakistan Development Review*, 44 (4), 1021-1047.

[159] James R. Barth, Gerard Caprio Jr., & Ross Levine. (2004). Bank Regulation and Supervision: What Works Best?. *Journal of Financial Intermediation*, 13 (2), 205-248.

[160] Jann, Ben. (2008). The Blinder-Oaxaca Decomposition for Linear Regression Models, *Stata Journal*, 8 (4): 453-479.

[161] Jessen, J., & Frederiksen, F. F. (1991). Danske Erhvervsvirksomheders Gældsgrader et Internationalt Perspektiv. Nationaløkonomisk Tidsskrift.

[162] Johnson, S., B. Rogaly. (1997). Microfinance and Poverty Reduction. Oxford: Oxfam and London: Action Aid.

[163] Kang, H. P., & Weber, W. L. (2006). A Note on Efficiency and Productivity Growth in the Korean Banking Industry, 1992-2002. Journal of Banking & Finance, 30 (8), 2371-2386.

[164] Kereta, B. 2007. Outreach and Financial Performance Analysis of Microfinance Institutions in Ethiopia. African Economic Conference, *Addis Ababa*.

[165] Kerstens, K., & Woestyne, I. V. D. (2011). Negative Data in DEA: A Simple Proportional Distance Function Approach. *Journal of the Operational Research Society*, 62 (7), 1413-1419.

[166] Ki Young Park. (2012). New Evidence on Procyclical Bank Capital Regulation: The Role of Bank Loan Commitments. *Ssrn Electronic Journal*.

[167] Lapenu, C., Zeller, M., & Meyer, R. L. (2002). The Microfinance Revolution: Implications for the Role of the State. Journal of Alloys & Compounds, 358 (1-2), 297-320.

[168] Levine, R. (2005). Finance and Growth: Theory and Evidence, in Aghion, Philippe and Durlauf, Steven N. (eds): *Handbook of Economic Growth*, Vol (1), chapter 12, The Netherlands: Elsevier Science.

[169] Lin, X., & Zhang, Y. (2009). Bank Ownership Reform and

Bank Performance in China. *Journal of Banking & Finance*, 33 (1), 20 – 29.

[170] Luc Laeven, & Ecgi Ross Levine. (2006). Corporate Governance, Regulation, and Bank Risk Taking. *Journal of Financial Economics*, (5), S89.

[171] Maddaloni, A., & Peydró, J. (2011). Bank Risk – taking, Securitization, Supervision, and Low Interest Rates: Evidence from the Euro – area and the U.S. Lending Standards. *Review of Financial Studies*, 24 (6), 2121 – 2165.

[172] Marques, M. O., & João, C. D. S. M. (2004). Capital Structure Policy and Determinants: Theory and Managerial Evidence. *Ssrn Electronic Journal*.

[173] Martin, A., & Parigi, B. M. (2011). Bank Capital Regulation and Structured Finance. *Journal of Money Credit & Banking*, 45 (1), 87 – 119.

[174] Oaxaca, Ronald. (1971). Male – Female Wage Differentials in Urban Labor Markets, *International Economic Review*, 14 (3): 693 – 709.

[175] Olivares Polanco, F. (2005). Commercializing Microfinance and Deepening Outreach?. *Journal of Microfinance*, Vol. 7 (2): 47 – 69.

[176] Otchere, I., & Chan, J. (2003). Intra – industry Effects of Bank Privatization: A Clinical Analysis of the Privatization of the Commonwealth Bank of Australia. *Journal of Banking & Finance*, 27 (5), 949 – 975.

[177] Perera. (2010). Commercial Microfinance: A Strategy to Reach the Poor. Working Paper Series, January 16, *University of Kelaniya – Department of Accountancy*.

[178] Priyadarshee, A., Hossain, F., & Arun, T. (2010). Financial Inclusion and Social Protection: A Case for India, *Post Competition & Change*, 14 (3 – 4): 324 – 342.

[179] Quah, D. T. (1996). Convergence Empiricsacross Economies with (some) Capital Mobility. *Journal of Economic Growth*, 1 (1), 95 – 124.

[180] Repullo, R., & Suarez, J. (2010). The Procyclical Effects of Bank Capital Regulation. *Review of Financial Studies*, 26 (2010 – 29S), 452 – 490.

[181] Rochet, J. C. (1992). Capital Requirements and the Behaviour

of Commercial Banks. *European Economic Review*, 36 (5), 1137 – 1170.

[182] Sarma, M. & Paris J. (2008). Financial Inclusion and Development: A Cross Country Analysis, *Annual Conference of the Human Development and Capability Association*, pp. 26 – 27.

[183] Schaeck, K., & Cihák, M. (2012). Banking Competition and Capital Ratios. *European Financial Management*, 18 (5), 836 – 866.

[184] Semih Yildirim, H. & Philippatos G. C. (2007). Efficiency of Banks: Recent Evidence from the Transition Eeconomies of Europe, 1993 – 2000. *European Journal of Finance*, 13 (2), 123 – 143.

[185] Servin, R., Lensink, R., & Berg, M. V. D. (2012). Ownership and Technical Efficiency of Microfinance Institutions: Empirical Evidence from Latin America. *Journal of Banking & Finance*, 36 (7), 2136 – 2144.

[186] Shrieves, R. E., & Dahl, D. (1992). The Relationship between Risk and Capital in Commercial Banks. *Journal of Banking & Finance*, 16 (2), 439 – 457.

[187] Tone, K. (2001). A Slacks – Based Measure of Efficiency in Data Envelopment Analysis. *European Journal of Operational Research*, 130 (3), 498 – 509.

[188] Verstegen, J. A. A. M., Huirne, R. B. M., Dijkhuizen, A. A., & King, R. P. (1995). Quantifying Economic Benefits of Sow – Herd Management Information Systems using Panel Data. *American Journal of Agricultural Economics*, 77 (2), 387 – 396.

[189] Westley, G. D., & Shaffer, S. (1997). Credit Union Policies and Performance in Latin America. *Ssrn Electronic Journal*, 23 (4086), 1303 – 1329.

[190] Williams, J., & Nguyen, N. (2005). Financial Liberalisation, Crisis, and Restructuring: A Comparative Study of Bank Performance and Bank Governance in South East Asia. *Journal of Banking & Finance*, 29 (s 8 – 9), 2119 – 2154.

[191] Worthington, A. C. (2004). Determinants of Merger and Acquisition Activity in Australian Cooperative Deposit – Taking Institutions. *Journal of Business Research*, 57 (1), 47 – 57.

后　记

本书是在我的博士论文的基础上进行了大量的内容修改和完善而完成的，并得到教育部 2011 年度"长江学者和创新团队发展计划"创新团队项目"西部地区农村金融市场配置效率、供求均衡与产权抵押融资模式研究"（项目编号：IRT1176，2012.01～2014.12）、国家自然科学基金面上项目"农村土地承包经营权抵押融资试点效果评价、运作模式与支持政策研究"（项目编号：71573210，2016.01～2019.12）、西北农林科技大学软科学研究项目"农村普惠金融与支持政策"（项目编号：2016RKX02，2016.04～2016.12）、西北农林科技大学基本科研业务费—人文社科项目"农村土地承包经营权抵押担保融资效果评价、运作模式与支持政策研究"（项目编号：2014RWZD01，2014.05～2017.05）等项目经费资助。再次翻阅论文，求学生涯的酸甜苦辣涌上心头。回想起读博时的点点滴滴，尽管有难以承受的各种压力，也曾莫名其妙的伤感，但收获更多的是那份人生积淀与淡然心态。值此出版之际，故将博士论文致谢照录如下，以作后记。在此，衷心地对那些帮助我、激励我和关心我的老师、同学和朋友们表示一声：谢谢！

一

"饮其流时思其源，成吾学时念吾师。"感谢我的恩师罗剑朝教授的授业之情，感谢多年来对我的关心、爱护和孜孜不倦的教导，这都让我受益匪浅。在我印象中，恩师看着严肃冷峻，实则和蔼可亲，看着平常普通，实则成就卓著。总而言之，有三大特色：

一是严师。起初接近恩师时，感觉他特别严厉。几乎所有学生都因他对论文的严格要求而哭鼻子流泪。当然我也不例外。在本书撰写方面，大到本书题目和结构安排，小到文中的错别字，恩师处处关心，手把手指导，多次详细地为我校阅本书，先后修改了不下 10 余次，稿件上到处是密密麻麻的批注和修改意见，我为之震撼，并将这些文稿当做"文物"保留了下来，准备用一生时间去体会他对我的用心良苦。

二是益友。当深入了解罗老师之后，就会发现老师是一个秉性耿直、为人低调的良师益友。恩师做学问，令我折服而汗颜。每次去办公室找他，都能看到他在伏案写作，曾经有几次长达几分钟敲他办公室的门没人响应，本以为不在，临走之际，他却开门告诉我说在学习最新研究成果，准备写份政策咨询建议……对于农村穷人金融的研究，他总是那么坚持，那么执着。更让我难忘的是，我对农信社改革的前因后果还有许多迷惑之处，告知恩师后，他毅然决然地带着我亲赴北京，登门拜访汪小亚和穆争社两位知名学者，并与他们进行了长达3个小时的讨论，为我解决学术困惑。

三是"暖男"。当走入罗老师心灵中，我深深感触到他在科研和生活中处处流露出的可爱与暖男气质。"你懂的""弱弱地问一句"都是他与我交流中常用的惯语，这些当下时髦的词语无一不流露恩师的幽默可爱。在生活上，恩师也一直关心我、鼓励我，他不仅关心着我的身体，还关心着我的感情生活，深知我的不易，总是寻找各种理由，通过各种方式给我资助补贴。在博士期间，恩师每个学期都会额外给我几千元的补助。有一次，我感冒严重，恩师专门叮嘱我，叫我去医院打针吃药，第一次受到这样的"待遇"，我真是欣喜若狂，感觉到他特别"暖心"，也深感恩师的情深意重。

二

高山仰止，景行行止。

感谢恩师的严厉。如果没有那些苛刻要求，就不会有我现在学术水平和学养的提升，也不会有在《管理世界》《中国农村经济》《农业经济问题》《农业技术经济》上高质量论文的发表。

感谢恩师的鼓励。不善于言谈、英语底子薄、金融专硕出身曾一度让我自卑、困扰，是恩师的言传身教，耳提面命，不断鼓励，让我信心倍增。

感谢恩师的关心与爱护。他诚挚谦虚、包容善良的品格，让我在人生道路上不断进步与提升，终身受益。

感谢恩师的悉心培养。在我未来何去何从的问题上，我们曾有过争执、分歧，但因我的任性与倔强，以及对银行工作的特殊情感，最终未遂他愿，或许让他很寒心、很失望，但也只能在此说一声抱歉，还望谅解，

后　记

海涵！

三

本书的顺利完成写作，得益于诸多老师的指导。上海交通大学的史清华教授，总是言传身教，不厌其烦。记得第一次拜访史老师时，他从办公室里找出一些审阅过的博士论文，赠送于我，并让我好好研读。在之后的写作中，史老师也倾注了大量的心血，特别是在本书的第四章至第六章中，史老师手把手教我如何描述数据来源、如何凝练创新之处，并指导我从论文修改中提高学术能力，史老师的学术造诣，让我汗颜！我也坚信他对我的每一次批评、每一次训斥，都是在用不同的方式鞭策我、激励我，让我不断进步，不断提升，我深表感谢！中国工商银行董事汪小亚女士，百忙中审阅了我的本书初稿，并一针见血提出了10多条修改意见，汪老师如同母亲一般，对我和蔼可亲、关心备至，同时她那感性洒脱的个性，不仅让我为之感染，也很是敬畏！

浙江大学周洁红教授，中国农业大学何秀荣教授，上海交通大学的朱喜副教授，盖庆恩副教授，同济大学程名望副教授，中国社会科学院经济研究所郑红亮研究员，中国人民银行货币政策司穆争社研究员，中国社会科学院农村发展研究所杜志雄研究员，中国农业科学院农经所李玉勤研究员，西北农林科技大学的郑少锋教授、赵敏娟教授、姚顺波教授、陆迁教授、朱玉春教授、孔荣教授、刘天军教授、夏显力教授、牛荣副教授、石宝峰博士等，都对本书的研究框架和内容提出了很好的修改意见，感谢他们的耐心指导与教诲！

还要感谢本科班主任校招生办主任苏蓉老师，经济管理学院吕德宏教授、杨立社教授、王静教授、崔红梅老师、姜晗老师、陈海滨老师、杨虎锋老师、马红玉老师、李敏老师、罗添元老师、朱郭奇老师、钱冬冬老师、研究生辅导员张静老师，研究生秘书白晓红老师、朱敏老师和杨维老师等在求学期间给予的热情帮助！

四

要感谢的人很多！

感谢中国人民银行西安分行、中国银行业监督管理局陕西监管分局、陕西省农村信用社联合社、陕西秦农农村商业银行等单位的工作人员，没有他们提供的数据，很难想象本书实证分析如何完成！感谢陕西省银行业协会的宁喜祥秘书长、陕西秦农农村商业银行的赵永军董事长、陕西杨凌农村商业银行的李林董事长，在他们的热心帮助下，本书的数据收集得以顺利完成！

感谢陕西省联社资金营运中心的苑梅总经理、李凌副总经理、楚帆科长、薛卫孝科长、彭晓桩经理、张新媛经理、李晶经理，秦农农村商业银行金融市场部的汪磊经理等，在实习期间，他们总是耐心地指导我、帮助我，不仅让我的实践能力有了很大提高，也让我的感情生活有了新的进展，非常感谢！

特别要感谢榆阳农村商业银行的党盛亘经理，他在我发生交通意外之时，照顾我、帮助我，并背着满身是伤的我去医院做检查，我很是感动，患难之恩谨记于心，日后必当涌泉相报！

对师门中亲爱的王磊玲师姐、张云燕师姐、王佳楣师姐、杨希师姐、黎毅师兄等在我本书写作过程中，给予的耐心帮助与指导，表示感谢！同时感谢其他同门，他们总能无私地帮助我、鼓励我，让我能顺利毕业，他们是陈靖、曹燕子、房启明、孙铱、庸晖、徐佳璟、庞玺成、孟楠、杨丹丹、梁虎、李晋阳、常亮等。还有未点到的其他兄弟姐妹，你们的帮助我也谨记于心，在此也祝愿你们前程似锦、事业有成！

感谢来自五湖四海的2014级博士班同学，很有幸与你们从相识到熟悉，大家互帮互助，共同进步，结下了深厚友谊，每周一次的学术讨论，每月一次的聚餐活动，不仅在科研上给予了我许多帮助，也让原本枯燥乏味的校园生活变得无限欢乐。特别要感谢的是：何学松、张玮、穆文超、耿宇宁、袁雪霈、王文略、郝一帆、段培、赵越云、李昊、刘小童、尤亮、孟樱、徐涛、乔丹等，在我发生交通意外后，他们一直关心我、问候我、帮助我，让我颇为感动，此生我将铭记于心！

感谢我的好友陈林、董科霖、张虎、罗犇、闫啸、马燕妮，读博期间他们总是关心着我的学习和感情生活，为我排忧解难，感谢他们一直陪伴在我的身边，带给我无数的欢乐和支持。

三年的博士生活也让我结识了许多同学与朋友，他们是安庆师范大学王全忠博士、广东外语外贸大学袁方博士、江苏理工学院文龙娇博士、上海交通大学谢刚博士等,是他们在读博这段难忘的岁月里给予了我的无限理解、支持与帮助,在此深表感谢!

由衷地感谢我的十年挚友中国人民大学李琪博士,是他的带动与鼓励,让我有了继续深造攻读博士的想法,并付诸实践;感谢他,每在我遇到生活与学习上的困难之时,总是无私地给予我雪中送炭式的精神鼓励;感谢他,每在本书写作及数据处理过程中,总是不厌其烦,手把手教我处理数据,解决数理模型推导的困惑,让我收获良多!

感谢我曾经工作过的长安银行股份有限公司的各位领导与同事,他们给予了我太多的支持与帮助,他们是人力资源部肖梅总经理,风险管理部寇国明副总经理,信贷管理部张红茹经理,会计结算部张佳静经理,西咸新区支行办公室刘欣欣总经理,丝绸之路支行业务拓展部樊理斌经理,莲湖区支行王海平行长、朱宁佳副行长、业务拓展部张倍源经理和张弛经理等。特别要感谢前任董事长孙宗宽与现任董事长毛亚社两位领导,正是他们的大力支持与鼓励,才使我有了继续在职深造的机会!

五

十分感谢在求学路上一直给我坚强后盾的父母!读博这几年,每每想起那少不经事气得父母伤心落泪的场面,每每想起父母因我还未成家立业而焦虑不安,每每望着父母额角上的一条条银丝爬满额头,心中难免有些自责、伤感,一种滚烫的东西顿时从眼眶中迸出,我越发体会到了父母的艰辛和给予我深沉的爱,在此感谢他们含辛茹苦的抚养和一如既往的支持与鼓励。路漫漫其修远兮,在人生的道路上,我会不断努力,继续前进,用一切行动去报答他们!

最后,我想起了英年早逝的舅舅,多少次夜晚我都泪流满面地梦到他,梦到小时候经常架在他脖子上快乐地玩耍,梦到他一直期望我能进入省联社工作,实现农村信用社事业发展的梦想,虽然他已离我而去了,但他的笑容永远烙印在我的脑海中……

2016 年 12 月于家中